La protection des droits de l'homme en République démocratique du Congo

Collection « Études africaines »

dirigée par Denis Pryen et son équipe

Forte de plus de mille titres publiés à ce jour, la collection « Études africaines » fait peau neuve. Elle présentera toujours les essais généraux qui ont fait son succès, mais se déclinera désormais également par séries thématiques : droit, économie, politique, sociologie, etc.

Dernières parutions,

Fweley DIANGITUKWA, *L'Afrique dans la dynamique de l'intégration régionale,* 2021.

Guy Saturnin TSETSA, *Pratique des saisies mobilières en droit OHADA,* 2021.

Hugues Prudent Espoir TOSSA, *Le droit face aux ondes. Monde en mutation technologique et droit au Bénin*, 2021.

Marc-Laurent HAZOUMÊ, *Bénin : La rupture. Déstructuration de l'esprit de la Conférence nationale ou conjuration de la fatalité ?* 2021

Alexis NDABARUSHIMANA, *Le Burundi face aux besoins fondamentaux de sa population*, 2021.

Marie Agnès FEUKEU TCHOUMBA, *Le pouvoir de sanction de l'Union africaine. Analyse des mécanismes de coercition du système d'intégration régionale africain,* 2021.

Abdel Kader BONGO DOYENDZE, *Le Paléolithique en République du Gabon : Étude des industries préhistoriques du Haut Ogooué*, 2021.

Mamadou Bakaye DEMBELE, *L'échec d'une construction légale du droit des successions au Mali*, 2021.

Yassine KERVELLA-MANSARÉ, *La condition peule hier et aujourd'hui. Étude comparative de communautés : Guinée et Tchad*, 2021.

Saliou NGOM, *Femmes et politique au Sénégal. Les dynamiques imbriquées d'inclusion-exclusion de l'indépendance à nos jours,* 2021.

Patient Mpunga Biayi

La protection des droits de l'homme en République démocratique du Congo

Quelle effectivité ?

Préface de Didier-Prince Agbodjan

L'Harmattan

***

5-7, rue de l'École-Polytechnique – 75005 Paris
www.editions-harmattan.fr
ISBN : 978-2-343-22843-3
EAN : 9782343228433

Le concept des droits de l'homme ne peut retrouver tout son sens que s'ils sont redéfinis comme le droit à la condition humaine elle-même…qui, si elle n'est pas garantie…non seulement n'existe pas mais est le dernier mythe, vraisemblablement le plus arrogant que nous ayons inventé dans toute notre histoire. Les droits de l'homme ne peuvent être appliqués que s'ils deviennent le fondement prépolitique d'une nouvelle politique, la base prélégale d'une nouvelle structure légale, le fondement préhistorique pour ainsi dire d'où l'histoire de l'humanité tirera sa signification essentielle.

Hannah ARENDT, « En guise de Conclusion » (1951), *in Les origines du totalitarisme* : *Eichmann à Jérusalem*, trad. Martine LEIBOVICI, Paris, Gallimard, 2002, p.873.

Les droits de l'homme n'existent comme droits qu'à partir du moment où ils sont effectivement consacrés et protégés, c'est-à-dire à partir du moment où une action attentatoire aux droits de l'homme peut effectivement, par des voies juridiques, être prévenue ou si elle a eu lieu, donner lieu à une réaction juridique par la sanction positive (satisfaction équitable) ou négative (condamnation des auteurs, annulation des actes). À défaut d'être effectifs, les droits de l'homme ne sont pas des droits, mais de simples prétentions.

Erick MILLARD, « Effectivité des droits de l'homme », *in* ANDRIANTSIMBAZOVINA (J) et AA., *Dictionnaire des droits de l'homme*, Paris, P.U.F., 2008, p.352.

DÉDICACE

A toute la famille Kateta Biayi

A mon épouse Anastasie Abiba Bampa

A mes enfants Happy Biayi et Joseph Biayi

A ma mère feue Georgette Kamwanya Mulenda

SOMMAIRE

PRÉFACE

La fabrique des droits humains en Afrique, une expérience socio-totale

Les sociétés africaines souffrent d'un déficit flagrant d'effectivité des droits de l'homme, comme en attestent les nombreuses actualités révélées par la presse et les organisations sociales, tant internationales que nationales. Depuis l'avènement de la chose étatique coloniale, puis sous la houlette des États indépendants en mal structurel de la bonne administration des droits fondamentaux, les violations des droits humains sont parfois et paradoxalement inscrites dans les vétustés légales, ce qui justifie l'examen sociohistorique des cadres légaux censés fonder la garantie des droits de l'homme. Outre la dimension juridique formelle, l'expérience en tant qu'« essai », « épreuve » ou « tentative », me semble être un canon approprié pour aborder les passables appropriations des droits fondamentaux en Afrique. De plus, la notion d'expérience renvoie à un processus de « dévoilement » à soi et à autrui, processus inscrit donc dans une dialectique d'« intérité » et d'altérité, ce qui permet de spécifier les vices socio-structurels propres aux États africains.

En somme, l'approche par l'expérience montre deux voies constitutives d'évaluation : l'une a trait à la valorisation des actes de promotion et l'autre précise les axes de fragilité à traiter. Du point de vue positif, il faut bien saluer les entrées diverses et multiples dans les actions de promotion et protection des droits humains, y compris en ce qui concerne les demandes de réparation des torts et de nécessaires réformes. Du point de vue des fragilités, il est bien établi que les résistances au changement social, les démissions et les indifférences en matière de droits fondamentaux et de dignité humaine constituent un chantier majeur. En effet, ce dernier aspect me semble déterminant dans l'évaluation des résultats passables de l'acculturation aux droits fondamentaux en Afrique, nonobstant les divers engagements sous les oripeaux de droits humains.

Comment donc, à l'expérience, comprendre et analyser la lente et difficile mise en œuvre des droits humains en Afrique en vue d'œuvrer à leur plus grande effectivité ?

Sur cette question, Patient BIAYI s'invite au débat en examinant la précarité de la protection des droits fondamentaux en République démocratique du Congo (RDC), État emblématique des paradoxes africains en matière de mise en œuvre des droits humains, paradoxes que je pourrais résumer à la « malédiction des ressources ». Cette formule couramment utilisée rend compte de la précarité générale des populations africaines alors qu'elles disposent de ressources humaines et naturelles foisonnantes et conséquentes. Il y a bien un premier intérêt à cette étude, celui propre au caractère hautement représentatif du cas congolais en Afrique.

La précarité des droits humains en RDC est liée aux obstacles structurels et institutionnels soutenus par des causes sociopolitiques, socioéconomiques et sociojuridiques. À l'examen des déficits d'État de droit, de démocratie, de développement, on se rend bien compte du caractère social total des expériences des violations des droits fondamentaux, tous ces phénomènes étant à la fois juridiques, économiques, religieux, etc.

Je retiendrai en prélude à la lecture des diverses expériences présentées, deux lieux d'attention : celui de la connaissance et des savoirs nourris à l'épreuve des violations des droits humains d'une part, et de l'autre, celui de l'engagement des acteurs au titre d'acteurs sociaux.

L'expérience de connaissance dans la fabrique des droits humains : connaitre/comprendre les situations d'inhumanité pour construire des principes et démarches idoines

Les droits humains sont un construit social constitué de discours anthropo-philosophique et de substance métajuridique, le tout en constant affermissement à travers les épreuves, conflits et combats pluriséculaires. Leur affirmation s'est sans cesse précisée et enrichie au fil de l'histoire, à l'aune des défis et aux fins de conservation et promotion de la dignité humaine. En effet, les situations de souffrances aigües, massives et « inhumaines » rendent compte de la méconnaissance et du manque de respect des principes de dignité humaine, comme l'ont indiqué l'ensemble des grandes Déclarations de droits, au cours de tous les temps et sous tous les cieux, nonobstant la variété ethnographique de leur substance matérielle. Il est donc essentiel de connaître la mythologie de la dignité humaine et les circonstances sociohistoriques de son institutionnalisation à travers des lois fondamentales destinées à les prévenir et à les protéger. Aussi est-il essentiel de se poser la question de savoir s'il est encore possible, passivement, de se contenter d'obtenir « expertement » le système des droits de l'Homme à prétention universelle en préfabriqué, pour constater à l'expérience qu'il n'est que formel et cosmétique. N'y a-t-il pas un manque d'imagination éthique et praxéologique à la source des obstacles à penser et organiser, avec courage contemporain, un système de promotion et protection des droits humains pour les personnes et communautés singulières d'Afrique ?

La question du courage contemporain mérite bien une attention mémorielle pour saisir les blessures singulières des personnes et communautés concernées, dans leur humanité fondamentale, tant à l'occasion de la rencontre du monde, qu'à l'occasion des processus contemporains de libre disposition, les confrontant aux maux « intéritaires ». C'est dans cette perspective que le poète-politicien Aimé Césaire, dans son *Discours sur la Négritude*, affirmait croire à « la vertu plasmatrice des expériences séculaires accumulées et du vécu véhiculé par les cultures », pour fonder positivement sa définition de la Négritude comme avant tout « prise de conscience de la différence,...mémoire,...fidélité et...solidarité ...(dans) une attitude active et offensive de l'esprit,...une entreprise de réhabilitation de nos valeurs par nous-mêmes, d'approfondissement de notre passé par nous-mêmes, du ré-enracinement de nous-mêmes dans une histoire, dans une géographie et dans une culture... ». Admettant que les droits humains sont universels, il est tout autant donné de constater que la réalité humaine est multicomposite sur le plan culturel. Admettant qu'il faut articuler l'universalisme avec la promotion de la diversité des expressions culturelles qui constituent le patrimoine de l'humanité, il est donné de constater que la dignité humaine, en tant que qualité matricielle et consubstantielle à l'humain, est un viatique vecteur de capacités instauratrices de garanties adaptées aux défis singuliers de chaque pays, en l'occurrence la RDC. Ainsi qu'on peut le mesurer dans le dernier chapitre de cet ouvrage, les droits universels d'humanité peuvent servir de cadre de valeurs et de visée fondant des propositions éthico-juridiques et des réformes socio-légales en vue de rendre les lois d'indemnisation des victimes plus efficientes.

Les systèmes de droits humains sont en effet féconds, à partir des leçons tirées de l'expérience, notamment, celle des situations qui n'ont pas grandi l'humanité de certaines personnes et communautés ou qui ne valorisent pas cette humanité universelle dont chaque personne ou communauté est l'hôte authentique. Nous mesurons dans cette étude, en creux, combien les contenus et pratiques des droits humains se consolident, dans et à travers ces épreuves humaines.

L'expérience d'acteur social dans la fabrique des droits humains : sensibiliser et responsabiliser les citoyens, chacun à son niveau d'intervention

Les droits humains, en tant qu'objet culturel et social total, nécessitent un programme substantiel de promotion par l'éducation au sens large (sensibilisations, instruction éducative, formations techniques, spécialisations techniques et recherches). Les analyses de Patient BIAYI montrent les limites des acteurs gouvernementaux et non-gouvernementaux ainsi que celles de leurs interventions respectives alors même que la garantie des droits fondamentaux s'inscrit essentiellement dans les pratiques d'acteurs. En effet, force est de constater dans les nœuds d'achoppement faisant obstacle à la réalisation des droits humains, que persistent la vulnérabilité et les irresponsabilités diverses des citoyens et acteurs. Il me semble donc essentiel de souligner combien ici, on se rend compte que le statut citoyen n'est pas le fruit d'un décret ou d'un postulat mais qu'il est d'abord un défi sociopolitique, au sens noble d'Hannah Arendt, à savoir qu'il s'agit de paroles échangées et données dans les rapports entre les personnes et les communautés. Cette quête de statut citoyen est indémêlable des engagements d'acteurs.

L'étude fait ressortir de flagrantes carences des acteurs, tant gouvernementaux que non-gouvernementaux, ce qui pose le défi pour les acteurs publics de tout type, de s'inscrire dans une posture d'acteur social et ce, à chaque geste, en chaque quotidien, sous tous rapports. L'espace de l'État souverain, en tant qu'espace social de base en matière de protection des droits humains, devrait mobiliser les acteurs publics autour de modifications substantielles des représentations du sujet humain, du sujet citoyen, du service public, de la redevabilité et des responsabilités quant aux pratiques institutionnelles. Ce travail de représentation, à nouveaux frais, est indispensable à la recomposition des espaces d'interventions ou d'actions publiques. En effet, la souveraineté de l'État, faut-il le répéter, protège à la fois la dynamique d'institution du peuple, à travers le contrat politique constitutif liant les citoyens, et les droits fondamentaux desdits citoyens, aux titres individuel, collectif et communautaire. Dans ce cadre, la posture d'acteur social aiderait les acteurs publics à se démarquer des routines autoritaristes et des automatismes positionnant l'État contre la société au nom d'une myope légalité de parti majoritaire. Car l'auteur montre dans de trop nombreux cas, des actes négateurs des droits humains, fondés sur une représentation « tribale », « clanique » ou « clientélaire » de la chose publique. Bien plus, la posture d'acteur social des acteurs publics gouvernementaux permettrait de constituer un cadre interne solide et d'orientation pouvant accueillir des œuvres et interventions efficaces de coopération et assistance internationales, en relais entre autres, aux opérations liées à la responsabilité internationale de protéger. C'est ainsi que nombre d'initiatives sécuritaires, humanitaires et pénales en cours en RDC pourraient gagner en plus-value sociale face aux polémiques politiciennes et géopolitiques, aux controverses régionales et aux responsabilités pénales en raison de crimes de masse.

Pour ce qui concerne les acteurs non-gouvernementaux, ceux de la société civile en général, il serait indiqué qu'ils affinent, en position d'acteur social, les connaissances et savoirs tant universels que locaux, notamment les savoirs de type sociologique et ethno méthodologique. Ce travail leur permettrait de mieux s'approprier des cadres d'interventions, aussi géniales et magiques soient-elles, se démarquant des reproductions mimétiques, cosmétiques et « bancaires » aboutissant aux regrettables échecs présentés par Patient BIAYI dans son exposé. Cette démarche de saine et active appropriation devrait être des plus inclusives et participatives en vue de fonder un espace de mobilisation dense et attractif pour les citoyens.

En effet, les limites socioculturelles relevées dans cet ouvrage nécessitent des outils innovants de veille locale, de mobilisation sociale, de mouvement social et de changement social, à travers des démarches de plaidoyer et d'interventions holistiques, à des fins d'émancipation sociale. Il nous semble, à travers les éléments indiqués dans l'étude, qu'est devenu urgent, le défi d'une plus forte incarnation populaire de l'action des ONG, en termes de diagnostics et expertises partagés, condition essentielle pour instituer une sorte de « communs sociopolitiques » locaux, à même d'influencer positivement les politiques publiques. L'étude montre au sein des communautés, une kyrielle de dérives politiciennes violentes à la source des tensions sociales, des massacres des civils et des guerres locales. Ces diverses démarches et expériences d'acteurs sociaux pourraient ensuite être mutualisées à travers des réseaux d'échanges autour des pratiques, puisque l'auteur montre bien de nombreux cas d'isolement, de perdition et de détournement des statuts et parcours de la société civile.

Les expériences de violations des droits humains, ici présentées, constituent un ensemble d'objets d'interpellation pour penser la praxis de la protection des droits fondamentaux, en complexité locale, dans ses ancrages matériels et immatériels et dans les liens dynamiques de construction/déconstruction sociale et d'agencement. La démarche de cette étude, à travers la dimension sociojuridique, nous semble indiquée et à approfondir, en lien avec l'héritage de Jean-Marc ELA, à savoir la sociologie des innovations et de la renaissance africaines par le bas.

Didier Prince-Agbodjan

Maitre de conférences
Enseignant-chercheur à l'Université catholique de Lyon
UR Confluence Sciences et Humanités,
Pôle « Développement Intégral, Écologie, Éthique »

LISTE DES SIGLES ET ABRÉVIATIONS

Al :	alinéa
Art :	article
ASF :	Avocats sans frontières
BCNUDH :	Bureau conjoint des Nations Unies aux droits de l'homme
CEDH :	Cour européenne des Droits de l'homme
CIADH/	Cour interaméricaine des Droits de l'homme
CENI :	Commission électorale nationale indépendante
CETIM :	Centre Europe-Tiers Monde
CIJT :	Centre International pour la Justice transitionnelle
CNDH :	Commission nationale des droits de l'homme
Coll. :	Collection
CPI :	Cour pénale internationale
CSJ :	Cour suprême de justice
CVR :	Commission vérité et réconciliation
Dir :	Sous la direction de
DUDH :	Déclaration universelle des droits de l'homme
Ed. : Édition.	
FARDC :	Forces armées de la République démocratique du Congo

HCDH :	Haut-Commissariat des Nations Unies aux droits de l'homme
L.G.D.J. :	Librairie générale de droit et de jurisprudence
MONUSCO :	Mission de l'Organisation des Nations Unies pour la stabilisation du Congo
OMP :	Officier du Ministère Public
ONG :	Organisation non gouvernementale
ONU :	Organisation des Nations Unies
OPJ :	Officier de Police Judiciaire
P :	Page
PIDCP :	Pacte international relatif aux droits civils et politiques
PIDESC :	Pacte international relatif aux droits économiques, sociaux et culturels
PUC :	Presses universitaires du Congo
PUF :	Presses universitaires de France
PUK :	Presses universitaires de Kinshasa
PUL :	Presses universitaires de Lubumbashi
PUZ :	Presses universitaires du Zaïre
RDC :	République démocratique du Congo
TGI :	Tribunal de grande instance
TGM :	Tribunal de garnison militaire
UNICEF :	Fonds des Nations Unies pour l'enfance
Vol :	Volume

INTRODUCTION GÉNÉRALE

Dès sa genèse, la Déclaration universelle des droits de l'homme a été reçue avec des sentiments négatifs par les différents pays qui se trouvaient sous le joug colonial. En conséquence, l'universalité des droits de l'homme qu'elle contenait fut de prime abord récusée par les peuples d'Afrique[1]. Par la suite et sous l'impulsion de la communauté internationale, les États africains ont commencé à tendre vers une compréhension commune des droits de l'homme au point d'adopter un instrument régional en la matière : la Charte africaine des droits de l'homme et des peuples[2]. Cette adhésion au courant universel des droits de l'homme fut pratiquement rendue possible par la mise en œuvre de la conditionnalité de

---

[1] DE DECKER (H), « La Déclaration universelle des droits de l'homme, quarante ans plus tard : Une mise en question africaine et une vision chrétienne », *Congo-Afrique*, n°236, 1989, pp.274-275. La Déclaration universelle des droits de l'homme était perçue par les pays africains comme un document fabriqué de toutes pièces par la tradition juridique occidentale, proclamant à sa façon la liberté et la dignité de la personne humaine, de manière individualiste, alors que ces mêmes nations maintenaient sous le joug colonial des millions d'africains, en leur déniant les droits politiques fondamentaux, en exploitant sans scrupules leurs ressources économiques au profit de l'économie de la métropole, et en méconnaissant leurs valeurs authentiques et leurs expressions culturelles qu'elles jugeaient inférieures aux leurs ; DE DECKER (H), *Ibidem*, pp.274-275.

[2] Voir KAMTO (M), « Charte africaine, instruments internationaux de protection des droits de l'homme, Constitutions nationales : Articulations et perspectives », *in* FLAUSS (J-F) et ABDELGAWAD (E-L), Dir., *L'application nationale de la Charte africaine des droits de l'homme et des peuples*, Bruxelles, Bruylant, 2004, pp.11-47 ; MUTOY MUBIALA, *Le système régional africain de protection des droits de l'homme*, Bruxelles, Bruylant, 2005, pp.14 et S.

l'aide au développement par les États occidentaux[3]. Sous cette influence, on a assisté sur le continent africain à la libéralisation de la vie publique par la suppression des Partis-États, à la tenue des consultations électorales et à l'organisation des Conférences nationales. Tous les États africains ont inscrit les droits de l'homme dans leurs Constitutions et se sont formellement engagés à les respecter, à les protéger et à les mettre en œuvre.

Faut-il en déduire que le vent de démocratisation, par la passion et l'espoir auxquels il avait donné lieu, a du même coup garanti aux peuples africains leurs droits et libertés fondamentaux ? Certainement pas. Si l'enthousiasme qui en fut le corollaire était tellement impressionnant que les premières études avaient conclu à un signal lumineux et salvateur pour le continent[4], la suite s'est avérée décevante. Les transitions démocratiques furent vite vidées de leur subsistance et l'idéal républicain a été rattrapé par l'esprit conservateur qui s'est redéployé avec une ingéniosité insoupçonnée : l'autoritarisme politique a réussi la prouesse de se faire une nouvelle virginité en se parant du prêt-à-porter institutionnel[5]. La démocratie en

---

[3] Voir à ce sujet ATANGANA AMOUGOU (J-L), « Conditionnalité juridique des aides et respect des droits fondamentaux », *Afrilex*, 2001, pp.1-13 ; HAMMAMOUN (S), « droits de l'homme et conditionnalité dans les accords de coopération de l'Union européenne : Quelle logique juridique ? *Revue générale de droit*, Vol.40, n°1, 2010, pp.145-178.

[4] Les premières tentatives de démocratisation en Afrique avaient été accueillies dans l'enthousiasme général. Compte tenu de l'émergence de l'autoritarisme sur le continent, la démocratisation a été présentée comme une seconde indépendance des peuples, après celle des États dans les années 1960. Elle était perçue à la fois comme une réponse aux défis de la gouvernance et comme un moyen d'assurer le respect des droits civils et politiques, de mettre fin aux pratiques néopatrimoniales et de pacifier la compétition pour le pouvoir ; GAZIBO (M), *Introduction à la politique africaine*, Montréal, Presses Universitaires, 2010, p.214 ; Sur le caractère sublime de cette vague de démocratisation en Afrique et les espoirs suscités chez les peuples, Voir EBOUSSI BOULAGA (F), *Les Conférences nationales en Afrique noire*, Paris, Karthala, 1993, p.9 ; CONAC (G), « Les processus de démocratisation en Afrique », *in* CONAC (G), Dir., *L'Afrique en transition vers le pluralisme politique*, Paris, Economica, 1993, pp.19-41.

[5] AMADOU SY (A), *L'espace politique de l'Afrique francophone en question : Vint cinq ans après le Sommet de La Baule*, Dakar, L'Harmattan, 2017, pp.13-14 ; KEUTCHA TCHAPNGA (C), « Droit constitutionnel et conflits politiques

Afrique a la particularité de se caractériser par le primat de la forme sur le contenu et de dénier la souveraineté au peuple. Ainsi, la démocratie, qui est une idéologie du respect de la personne humaine dans ses droits et sa dignité, perd tout son potentiel révolutionnaire hérité de la philosophie des lumières pour finalement se dégrader en « démocratisme » ou « démocrature »[6].

Par ailleurs, pour relever, semble-t-il les défis du développement économique et social ainsi que de la sécurité, les gouvernants africains n'hésitent pas à reléguer au dernier plan la problématique des droits de l'homme. Il n'est pas rare d'entendre les chefs d'État africains banaliser les droits de l'homme en les considérant comme une question accessoire aux priorités socio-économiques. L'on considère à cet effet que les pays africains seraient en « état de guerre » d'autant plus qu'il s'agit d'abord d'assurer la subsistance aux populations, d'éloigner la famine, la maladie, l'ignorance. Pendant cette « période d'exception », le respect des droits de l'homme est provisoirement compromis car l'État doit être fort pour être efficace. Une fois le développement assuré, les pouvoirs publics reviendraient à un « régime normal » où les droits humains seraient respectés[7].

Bien plus, certains dirigeants africains pointent du doigt les droits de l'homme en tant que cheval de Troie du

---

dans les États francophones d'Afrique noire », *Revue française de droit constitutionnel*, n°63, 2005, Vol.3, p.473 ; ALEXANDRE CHOUALA (Y), « Éthique et politique internationale africaine du XXIe siècle : Les normes de civilité à l'épreuve du jeu réaliste des États », *Politique et Sociétés*, Vol.25, n°2-3, 2006, pp.204-206.

[6] NZINZI (P), « La démocratie en Afrique : L'ascendant Platonien », *Politique africaine*, n°77, 2000, Vol.1, pp.72-73 ; MAGNANI (V) et VIRCOULON (T), « Vers un retour de l'autoritarisme en Afrique ? », *Politique étrangère*, Dossier spécial *La démocratie en Afrique : Tours et détours*, 2019, pp.9-23.

[7] MADANI SY (S), « L'expérience africaine », *Les Cahiers de droit*, Vol.28, n°3, pp.678-679 ; ARDANT (Ph), « Les problèmes posés par les droits fondamentaux dans les pays en voie de développement », *in Droit constitutionnel et droits de l'homme*, Paris, Economica, 1987, p.119 ; TRAN VAN (M), « Réflexions sur l'Etat de droit dans le tiers-monde », *in L'État moderne : Horizon 2000, Aspects internes et externes*, Paris, LGDJ, 1985, p.290 ; GONIDEP (P-F), « Les conceptions de la démocratie dans les Etats du tiers-monde », *RJPIC*, 1986, p.2.

néocolonialisme, autrement dit une ingérence indue dans les affaires internes par les maitres d'hier et, qui plus est, une ignorance des spécificités africaines. Plus particulièrement, comme la majorité de régimes africains sont autoritaires et considèrent ce système comme une expression authentique de la « démocratie à l'africaine », leurs dirigeants professent la théorie que l'idée des droits de l'homme est un levier néo-colonialiste visant à ébranler la stabilité de ces systèmes[8]. La conception des droits de l'homme est discutée en tant que volonté occidentale d'imposer une vision ethnocentrée. Considérés comme levier idéologique et politique d'imposition des valeurs occidentales, les droits de l'homme ont été dénoncés comme bras d'un nouveau colonialisme[9]. De ce point de vue, les droits de l'homme, « figure de l'horizon politico-culturel de la modernité », désigneraient le sujet occidental dont les droits ont été élevés à la fiction de catégorie universelle[10]. Cette situation, commune au continent africain, est si large qu'elle ne saurait être étudiée dans la totalité de son contexte géographique.

Les raisons de la difficulté à étudier la protection des droits de l'homme sur l'ensemble du continent africain sont à la fois théoriques et pratiques. En effet, il n'existe pas une Afrique, mais plusieurs Afriques, ou mieux « une Afrique plurielle » marquée d'énormes disparités[11]. Cela est d'autant plus justifié qu'en dépit du fait d'être possesseurs d'un processus de transformation politique commun, chacun des pays africains a une histoire propre et des caractéristiques politiques, sociales et économiques qui lui sont spécifiques. À ce sujet, certains parlent même de « léopardisation » pour traduire la réalité de ce « *continent de 54 pays aux multiples visages, aux histoires, aux géographies, aux*

---

[8] SIENIEWICZ (K), « Les droits de l'homme : La situation réelle, les divergences théoriques et l'action des Nations Unies », *Pro Mundi Vita*, n°5, 1979, p.9.

[9] NOLLEZ-GOLDBACH (R), *Quel homme pour les droits ?*, Paris, CNRS Editions, 2015, p.25.

[10] RAFFIN (M), « Pour une généalogie de la question des droits de l'homme », *Aspects*, n°1, 2008, pp.135-136.

[11] RACINE (J-L), « Afrique ambiguë ? », *Transcontinentales*, n°2, 2006, p.2.

peuples et aux économies très diverses »[12]. En outre, « *tous les pays africains n'ont pas adopté la même attitude devant les droits de l'homme. De ce fait, la diversité de leur comportement doit inciter à se méfier de toute généralisation hâtive* »[13]. Par voie de conséquence, une étude sur la protection générale des droits de l'homme en Afrique a l'inconvénient de ne pas rendre compte des problématiques spécifiques qu'elle pose dans les sociétés des États africains. Elle présente ainsi la limite d'être trop globale et de ne pas faire émerger la diversité des pratiques nationales en matière de sauvegarde des droits de l'homme[14]. De ce fait, et tenant compte du pluralisme juridique des droits africains, la présente étude sera effectuée en partant de l'exemple de la République démocratique du Congo (RDC).

L'histoire de RDC montre que la question des droits de l'homme s'inscrit avec une permanence tenace dans toutes les trames de la vie et de l'évolution de ce pays. Les contextes historique, politique, économique et social ne sont pas propices à l'émergence d'une bonne garantie des droits de l'homme. En effet, dans les années 1880, le roi belge LÉOPOLD II s'empare à titre personnel de l'immense bassin du fleuve Congo, afin de faire main basse sur ses prodigieuses richesses. La population fut réduite en esclavage, soumise au travail forcé et subit des tortures et mutilations. L'État léopoldien apparait comme l'expression la plus violente, la plus cyniquement audacieuse des abus et des

---

[12] LEJEUNE (H), « Avant-Propos » *in* LEJEUNE (H), Dir., *Afriques : Le saut du léopard. Regards sur le présent et le futur des Afriques*, Paris, L'Harmattan, 2021, p.9.

[13] SAALIU NGOM (B), *Les droits de l'homme et l'Afrique*, Paris, Ed. Silex, 1984, p.9. Dans le même sens, M. DE GAUDUSSON met en garde contre le risque de généralisation abusive dans la mesure où les régimes constitutionnels et politiques des pays africains ne sont pas identiques, ce qui n'est pas sans influence sur les mécanismes de protection des droits ; DU BOIS DE GAUDUSSON (J), « Les procédures de garantie et leurs limites dans les Constitutions francophones africaines », *Revue trimestrielle des droits de l'homme*, 1990, Vol.3, p.249.

[14] MALICK SANGHARE (E-H), « *La réception du droit international des droits de l'homme au Sénégal*, Thèse de doctorat en droit, Université Grenoble Alpes, 2014, p.13.

atrocités de la colonisation capitaliste[15]. Cédé au royaume de Belgique par le roi en 1908, le Congo verra son calvaire s'empirer davantage. Globalement, les formes d'abus suivants ont été retenues : cultures obligatoires, travaux forcés, expéditions punitives, prises d'otages, emprisonnements d'innocents, usage de la torture, exécutions sommaires, humiliations, injustices sociales, recrutements forcés, mauvaises conditions de travail, violences faites aux femmes et aux enfants[16]. Alors que dans la métropole tous les Belges étaient constitutionnellement égaux devant la loi, cette égalité n'existait pas dans la Charte coloniale du Congo belge. Dans la jouissance des droits, une distinction était faite suivant que l'on était belge, étranger ou congolais, seules les deux premières catégories jouissaient de la plénitude des droits civils et politiques. Les Congolais, indigènes ou non-indigènes, étaient à leur tour subdivisés en « immatriculés », c'est-à-dire ceux dont le développement et le degré de civilisation sont constatés par une procédure légale, et les « non-immatriculés », c'est-à-dire tous ceux vivant encore à la façon coutumière[17].

Par destin historique, la RDC a acquis l'indépendance le 30 juin 1960, alors que le pays était confronté à une situation politique, économique et sociale désastreuse qui ne présageait pas d'un avenir meilleur. L'accession du pays à la souveraineté nationale et internationale en 1960 a été considérée comme précoce et précipitée. La Belgique avait dirigé le Congo d'une manière brutale et paternaliste. La politique paternaliste de

---

[15] HOCHSCHILD (A), *Les fantômes du Roi Léopold II : La terreur coloniale dans l'État du Congo, 1884-1908*, Traduction de ELSEIN (M-C), et STRASCHITZ (F), Paris, éd. Taillandier, 2007, pp.28 et S ; VANDERVELDE (E), Préface à l'ouvrage *Le martyre des Congolais, rien de changé au Congo*, Gand, 1907, p.5.

[16] NKUKU KHONDE, « droits de l'homme au Congo colonial : Exposé et analyse de quelques faits et témoignages des abus », *in* MBUYI KABUNDA et JIMENEZ LUQUE, Dir., *La République démocratique du Congo : Les droits humains, les conflits et la construction/destruction de l'État*, Barcelone, éd. Fundació Solidaritat UB et Inrevés, p.12.

[17] PAULUS (J-P), *Droit public du Congo belge*, Bruxelles, Editions de l'Institut de Sociologie Solvay, 1959, pp.333-344 ; KADIMA (T), « La société sous le vocabulaire : Blancs, noirs et évolués dans l'ancien Congo belge (1955-1959) », *Mots*, n°5, octobre 1982, pp.26-46.

l'administration coloniale laissa peu de place pour l'éducation des populations locales et la possibilité d'y assurer un développement politique approprié. Au moment de l'indépendance en 1960, il y avait seulement 17 diplômés universitaires, il n'y avait pas d'avocats, de docteurs ou d'ingénieurs et peu de Congolais disposaient d'une éducation dépassant le niveau secondaire. Les activités politiques ne furent pas autorisées jusqu'en 1959 quand le gouvernement belge commença le processus de décolonisation[18].

Avec l'indépendance, s'amorçait pour le peuple congolais l'avènement d'une ère nouvelle où, dans la liberté chèrement acquise, il allait accélérer sa promotion sociale et économique. L'on aurait pu croire aussi que l'indépendance, en supprimant la société dominante étrangère, mettrait fin au caractère plural de la nouvelle nation naissante. Ces illusions n'ont guère tenu une décade. Pour ces masses, à qui l'on ne cessait de miroiter des merveilles de l'indépendance, cette dernière est devenue pire que la colonisation puisque la colonisation, c'était l'exploitation, au profit de l'étranger, par l'étranger sur l'Africain dominé ; tandis que l'indépendance, c'est l'exploitation, au profit de l'étranger et de son vassal, par l'Africain frère libéré sur l'autre Africain frère libéré[19]. Tout d'abord, au moment même où elle se libérait de l'oppression, la société congolaise découvrait brutalement

---

[18] RAM (S), *L'histoire des opérations de maintien de la paix des Nations Unies durant la guerre froide : 1945 à 1987*, Williamsburg, Peace Operations Training Institute, 2016, p.53 ; JEAN BOUCHARD (E), « Une histoire de droits : Jeu d'acteurs et pluralisme juridique en République démocratique du Congo, *Revue générale de droit*, n°44, Vol.1, 2014, p.202.

[19] WENDJO OKITANDJEKA, « Réflexions sans titre sur le sort de l'Afrique et des africains », *Les nouvelles rationalités africaines*, n°13,1989, Vol.4, p.2. M. René LEMARCHAND souligne à ce propos que contrairement à l'Europe, la naissance de l'État post-colonial est beaucoup moins la résultante des changements sociaux qui ont accompagné l'émergence de structures autonomes (division du travail, sécularisation, développement d'une bureaucratie professionnelle) que le produit d'un bricolage institutionnel visant à introduire dans l'espace politique africain des formes d'organisation parfaitement étrangères aux codes culturels et aux exigences des États en question. L'État postcolonial est, au départ, un édifice bancal. C'est de ce porte-à-faux que sont nées les crises de l'État postcolonial; LEMARCHAND (R), « Quelles indépendances ? », *Pouvoirs*, n°25, 1983, p.134.

qu'elle n'était pas une, mais multiple. L'indépendance avait créé de nouveaux facteurs de différenciation au sein des anciens colonisés. Les contradictions entre entités ethniques, jusque-là éclipsées par la contradiction fondamentale de la société coloniale, reprirent vigueur sous des formes variées et entrainèrent la sécession de deux provinces : le Katanga et le Kasaï. Ensuite, le départ même du colonisateur ne fut ni total ni définitif. Ses entreprises économiques et ses valeurs culturelles sont encore là et continuent à dépendre grandement de lui, à telle enseigne que son départ momentané fut source de tous genres de problèmes, économiques surtout[20]. Le pays fut alors secoué par de violentes crises politiques ; le régime en place fut ébranlé brutalement et n'a eu de survie que grâce à l'intervention du Conseil de sécurité des Nations Unies. Les 13-14 juillet 1960, ce dernier a adopté la Résolution 143 (1960) qui demandait le retrait des forces belges du Congo et l'envoi de troupes onusiennes sur le sol congolais.

En 1961, après l'assassinat de LUMUMBA qui avait joué un rôle capital dans l'obtention de l'indépendance et qui était le Premier ministre, MOBUTU renverse le président Joseph KASAVUBU par un coup d'État et change le nom du pays en Zaïre. Confronté à un réseau de tension très dense, MOBUTU crut trouver le salut en mettant en place un appareil étatique plus oppresseur que celui qu'il venait d'abattre ; il renforçât l'appareil répressif de l'État, mit sur pied le système de parti unique et bannit l'opposition. Il a régné sur le Zaïre pendant trente-deux ans et son règne fut marqué par des violations flagrantes et systématiques des droits de l'homme, notamment l'usage de la force lors de rassemblements pacifiques, les arrestations et détentions arbitraires, les exécutions sommaires, la torture et les traitements inhumains dans les centres de détention, les lacunes sérieuses dans l'administration de la justice, les atteintes à la liberté d'opinion et d'expression et les déplacements forcés des

[20] ILUNGA KABONGO (A), « L'instabilité politique en Afrique », *Congo-Afrique*, n°1, Janvier 1966, p.11.

populations[21]. Ce fut un régime marqué par la négation des valeurs démocratiques et le mépris de la vie humaine.

La RDC a ratifié les Pactes internationaux relatifs aux droits civils, politiques, économiques, sociaux et culturels en 1976. Par ailleurs, elle est devenue un État partie à la Charte africaine des droits de l'homme et des peuples en 1987. Fort de cela, le pays a amorcé sa sortie des pratiques dictatoriales en 2006, en organisant ses toutes premières élections démocratiques. Cette voie de la démocratisation impose une transformation sociale en matière des droits de l'homme au point que le constat unanime est fait par tout le monde : « *c'est l'heure d'une culture nouvelle qui a sonné, celle des droits de l'homme* »[22]. Ainsi, pour manifester ses bonnes intentions de reconnaitre la primauté des droits de l'homme dans tout État qui se veut démocratique, le pays a inscrit dans sa Constitution du 18 février 2006 l'adhésion aux instruments juridiques internationaux relatifs aux droits de l'homme. Aux termes de l'article 215 de la Constitution congolaise, « *les traités et Accords internationaux régulièrement conclus ont une autorité supérieure à celle des lois* ». L'article 153, alinéa 4 vient en renfort et dispose que « *les Cours et tribunaux, civils et militaires, appliquent les traités internationaux dûment ratifiés* ». Ces deux dispositions, surtout l'article 215 qui justifie l'adaptation automatique du droit congolais au droit international, fondent l'approche moniste congolaise de droit international avec primauté de ce dernier

---

[21] Voir à ce sujet le *Rapport de la situation des droits de l'homme au Zaïre*, présenté par Roberto GARRETON à la Commission des droits de l'homme, cinquante et unième session, ECOSOC, Nations Unies, Genève, 1994, p.3 ; Pour une analyse critique des faits contenus dans ce Rapport, se rapporter à KALINDYE BYANJIRA (D), *Civisme, développement et droits de l'homme : Conditions d'instauration d'un État de droit en République démocratique du Congo*, Kinshasa, Ed. De l'Institut africain des droits de l'homme et de la démocratie, 2003, pp.158 et S.

[22] MUKENDI WA MPOYI (P), « Pédagogie des droits de l'homme en République Démocratique du Congo », *in* KALINDYE BYANJIRA (D), *Traité d'éducation aux droits de l'homme en République démocratique du Congo, tome 5 : Doctrine congolaise*, Kinshasa, Ed. De l'Institut africain des droits de l'homme et de la démocratie, 2004, p.551.

selon l'unanimité de la doctrine congolaise[23]. Cette position est d'autant plus justifiée que dans un État moniste, les rapports du droit international et du droit interne sont des rapports d'interpénétration, rendus possibles par leur appartenance à un système unique fondé sur l'identité des sujets (les individus) et des sources du droit[24]. En outre, les règles du droit international des droits de l'homme ont un caractère à la fois objectif et obligatoire pour les États[25]. Elles sont d'application immédiate en droit congolais. Cette immédiateté est une qualité proprement essentielle et fait des attributs en cause des « droits de l'homme » et non seulement des avantages en résultant pour les sujets des obligations internationales de l'État. Deux conséquences en découlent inévitablement : le caractère non réciproque des engagements de l'État et l'indifférence de la nationalité quant au bénéfice des dispositions conventionnelles, les droits reconnus étant véritablement ceux de l'« homme » en général[26].

---

[23] KAZADI MPIANA (J), *La position du droit international dans l'ordre juridique congolais et l'application de ses normes,* Paris, Publibook, 2013, pp.76-77. ; Dans le même sens LUZOLO BAMBI LESSA (E) et BAYONA BA MEYA (N), *Manuel de procédure pénale congolaise*, Kinshasa, P.U.C., 2011, pp.697-698 ; MAMPUYA (A), *Traité de droit international public*, Kinshasa, 2016, p.489 ; AKELE ADAU (P), Dir., *Réforme du Code pénal congolais, Tome 3 : Options axiologiques et techniques fondamentales, Volume 1, Options axiologiques*, Kinshasa, Ed. Du CEPAS, 2009, p.218.

[24] QUOC DINH (N), DAILLIER (P) et PELLET (A), *Droit international public*, 7ème éd., Paris, L.G.D.J., 2002, p.94.

[25] Dans l'affaire *Barcelona Traction*, la Cour internationale de justice reconnait que les principes et règles concernant les droits fondamentaux de la personne humaine sont des obligations *erga omnès* et que tous les États ont un intérêt juridique à ce que ces droits soient protégés ; CIJ, Barcelona Traction, Light and Power, Limited, arrêt du 5 février 1970, C.I.J., *Recueil 1970*, pp.32-33 ; GUILLAUME (G), « La Cour internationale de justice et les droits de l'homme », *Droits fondamentaux*, n°1, 2001, pp.27 et S ; Sur cet intérêt juridique qu'ont les États de voir les droits de l'homme être protégés, lire AMPARO GIL (S-J), « La responsabilité internationale des États pour les violations des droits de l'homme », *in Les droits de l'homme à l'aube du XXIè siècle*, Mélanges Karel VASAK, Bruxelles, Bruylant, 1999, pp.783-818 ; MPUNGA BIAYI (P), « Le Conseil de sécurité des Nations Unies et les droits de l'homme », *Revue québécoise de droit international*, n°32, 2019, Vol.2, pp.177 et S.

[26] COMBACAU (J) et SUR (S), *Droit international public*, 7ème éd., Paris, Montchrestien-LGDJ, 2006, pp.390-391.

L'adhésion de la République démocratique du Congo aux traités relatifs aux droits de l'homme ainsi que la stipulation de ces derniers aux frontons de sa Constitution l'obligent ainsi à œuvrer pour la protection effective de ces droits. Toutefois, l'inscription solennelle des droits de l'homme dans un texte constitutionnel ne suffit pas à en garantir l'effectivité. En effet, il faut se garder de juger un pays sur la seule base des déclarations d'intention de reconnaissance des droits de l'homme, tant et si bien que « *le champ des droits de l'homme, plus précisément des normes qui déclarent, reconnaissent, définissent, attribuent des droits de l'homme, est certainement celui où l'écart entre l'existence de la norme et l'effectivité de son application est le plus grand* »[27]. L'analyse de la protection des droits de l'homme, loin de se borner au seul prisme de l'énoncé de la règle de droit, pose en outre, la question de son effectivité. Autrement dit, elle « *induit un dépassement du rêve pour la matérialité du règne du droit et interpelle à ce titre quant à la prise en compte du rapport au social, des différentes pesanteurs intervenant dans l'application du droit* »[28].

La notion d'effectivité est entendue comme le « *caractère d'une règle de droit qui produit l'effet voulu, qui est appliquée réellement* »[29]. La professeure DELMAS-MARTY rappelle à ce

---

[27] BOBBIO (N), *L'Età dei diritti*, Turin, Einaudi, 1997, p.66, repris par CHAMPEIL-DESPLATS (V), « Effectivité et droits de l'homme : Approche théorique » *in* CHAMPEIL-DESPLATS (V) et LOCHAK (D), Dir., *À la recherche de l'effectivité des droits de l'homme*, Paris, Presses Universitaires de Paris 10, 2008, p.11. En doctrine, on utilise parfois le terme d'« *écart de crédibilité* » pour désigner le fossé qui existe entre les normes que les gouvernements proclament, ou acceptent, ou du moins respectent en paroles, et la réalité concrète de l'application ou non de ces droits ; Lire à ce sujet MAC DERMOT (N), « L'écart de crédibilité en matière de droits de L'homme », *La Revue de la Commission internationale des juristes*, n°57, 1996, p.89.

[28] KEUDJEU DE KEUDJEU (J-R), « L'effectivité de la protection des droits fondamentaux en Afrique subsaharienne francophone », *Revue CAMES/SJP*, n°001, 2017, pp.89-99.

[29] CORNU (G), *Vocabulaire juridique*, Paris, P.U.F., 8ème éd., 2000, p.323. Dans la même veine, François RANGEON définit l'effectivité comme « *le degré de réalisation, dans les pratiques sociales, des règles énoncées par le droit* » ; RANGEON (F), « Réflexion sur l'effectivité du droit », *in* LOSCHAK (D), *Les usages sociaux du droit*, Paris, PUF, 1989, p.127.

sujet, que la mutation de l'affirmation éthique des droits de l'homme en droits effectifs est un véritable défi lancé par les droits de l'homme au droit. La mutation s'accomplit à travers l'apparition ou le développement de mécanismes, constitutionnels et supranationaux, de protection des droits de l'homme[30]. Cet état de choses est d'autant plus justifié que « *les droits de l'homme n'existent comme droits qu'à partir du moment où ils sont effectivement consacrés et protégés* » et qu'« *à défaut d'être effectifs, les droits de l'homme ne sont pas des droits, mais de simples prétentions* »[31]. Bien plus, l'effectivité des droits de l'homme constitue non seulement une condition de leur existence, mais également une conséquence de leur nature obligatoire[32]. Sur ce thème, le professeur Alain OLINGA énonce une idée d'une grande vérité. Il rappelle à cet effet que « *c'est par la garantie que les droits de l'homme accèdent à l'effectivité, qu'ils prennent véritablement une signification aux yeux de leurs bénéficiaires* » et que « *c'est aussi la garantie des droits qui a toujours constitué le talon d'Achille de la protection des droits en Afrique* »[33].

Définis comme « *un ensemble des droits et des libertés fondamentales inhérentes à la dignité de la personne humaine et qui concernent tous les êtres humains* »[34], les droits de l'homme découlent de la dignité inhérente à tout être humain. Ils nous permettent de développer et d'utiliser pleinement nos qualités humaines, notre intelligence, nos dons et notre conscience, et de répondre à nos besoins spirituels et autres. Ils découlent de

---

30 DELMAS-MARTY (M), « Un nouvel usage des droits de l'homme », *Éthique médicale et droits de l'homme*, Paris, Actes Sud INSERM, 1988, p.317.

31 MILLARD (E), « Effectivité des droits de l'homme », *in* ANDRIANTSIMBAZOVINA (J) et AA., *Dictionnaire des droits de l'homme*, Paris, P.U.F., 2008, p.352.

32 BESSON (S), « L'effectivité des droits de l'homme : Du devoir être, du pouvoir être et de l'être en matière de droits de l'homme », *in* ZUFFEREY (J-B) et AA., *L'homme et son droit*, Mélanges en l'honneur de Marco BORGHI, Zurich, Schulthess Verlag, 2011, pp.67-76.

33 OLINGA (A-D), « L'Afrique face à la 'globalisation' des techniques de protection des droits fondamentaux », *Présence Africaine*, n°159, 1999, Vol.1, p.35.

34 SALMON (J), Dir., *Dictionnaire de droit international public*, Bruxelles, Bruylant, 2001, p.396.

l'aspiration de l'humanité à une vie où la dignité et la valeur de chacun soient respectées et protégées[35]. À ce titre, les droits de l'homme méritent une protection effective. Le juge KEBA MBAYE définit la protection des droits de l'homme comme « *tout système comportant, à l'occasion d'une allégation d'une ou de plusieurs violations d'un principe ou d'une règle relatifs aux droits de l'homme et édités en faveur d'une personne ou d'un groupe de personnes, la possibilité pour tout intéressé de soumettre une réclamation, de déclencher l'examen de cette réclamation et éventuellement de provoquer une mesure tendant à faire cesser la ou les violations ou à assurer aux victimes une réparation jugée équitable* »[36].

De ce fait, cet ouvrage pose la problématique générale du rapport entre les dimensions juridique et sociologique des droits de l'homme, ces derniers étant considérés à la fois comme objet de protection et comme objet de pratique réelle et de jouissance effective. Plus concrètement, il s'agit de partir à la recherche des caractéristiques de la protection des droits de l'homme en RDC. En conséquence, il est question de rendre compte des éléments de garantie de ces droits au-delà des simples déclarations d'intention ou de principes. En effet, les droits de l'homme sont des règles de droit qui obligent l'État congolais, du seul fait de leur acceptation, à les mettre en œuvre, c'est-à-dire de créer des conditions favorables à l'exercice et à l'éclosion de ces droits. Ainsi, il faut confronter les droits de l'homme tels qu'ils ressortent des énoncés juridiques, avec les droits de l'homme tels qu'ils sont vécus dans les contextes social, politique et économique de la RDC. Autrement dit, cet ouvrage cherche à vérifier si ces droits sont protégés et, surtout, s'il existe des écarts entre leur proclamation et leur réalisation. En cas d'écarts, il y aurait une absence d'effectivité dont les causes nécessairement multifactorielles sont à examiner.

---

[35] KALINDYE BYANJIRA (D), *Traité d'éducation aux droits de l'homme en République démocratique du Congo, tome 1 : La Déclaration universelle des droits de l'homme en langage courant et en français facile*, Kinshasa, Ed. De l'Institut africain des droits de l'homme et de la démocratie, 2004, p.9.

[36] KEBA MBAYE, *Les droits de l'homme en Afrique*, Paris, A. Pedone, 1992, p.76.

La protection effective des droits de l'homme concerne aussi bien le rôle du système judiciaire, de la Commission nationale des droits de l'homme, de la Commission Vérité et Réconciliation, que celui du parlement, de l'administration publique et des organisations non gouvernementales. Elle requiert, en définitive, le développement d'une culture des droits de l'homme et à ce sujet plusieurs interrogations sont susceptibles d'être soulevées. Le système judiciaire est-il en mesure de jouer pleinement son rôle dans la protection des droits de l'homme en offrant des moyens de recours effectifs ? Qu'en est-il de l'accès à la justice, de l'indépendance des tribunaux, de l'exécution des jugements ? Quels obstacles rencontre-t-on ? Comment les surmonter ? Le pouvoir législatif assure-t-il la conformité du droit national au droit international des droits de l'homme ?

La problématique de l'effectivité des droits de l'homme appelle plusieurs hypothèses. En RDC, la Constitution et les traités internationaux ratifiés par le pays confèrent aux citoyens d'abondants droits fondamentaux. Plusieurs lois ont été adoptées par le parlement pour servir de courroie à la transmission de ces droits. En conséquence, l'on pourrait considérer que ces textes normatifs permettraient de garantir une meilleure protection des droits de l'homme au pays. En ce sens, une partie de la doctrine estime qu'en ratifiant la plupart des instruments universels de promotion et de protection des droits de l'homme, la RDC a entendu se ranger du côté des États qui se soucient du respect de la dignité de la personne humaine. Entendus comme un ensemble de prérogatives et des aspirations fondamentales et inhérentes à l'essence de l'homme, les droits de l'homme représenteraient le fond de la conscience morale collective du peuple congolais et de ce fait, ils constitueraient une plate-forme de paix et d'unité entre les citoyens[37]. Ces droits bénéficieraient d'un niveau de reconnaissance formel qui assure leur visibilité. D'ailleurs et

[37] NKELENDA (M), « La protection des droits de l'homme par les Cours et tribunaux », *in* KALINDYE BYANJIRA (D), *Traité d'éducation aux droits de l'homme en République démocratique du Congo, tome 5 : Doctrine congolaise*, *op.cit.*, pp.111-120 ; KANDE KATANKU (R), « Les droits humains en RDC : De la déclaration à la mise en œuvre », *Revue de l'UKA : droits de l'homme et développement durable*, n°3, 2014, Vol.2, pp.43-51, spécialement pp.50-51.

contrairement au système onusien qui a vu naitre deux instruments distincts reconnaissant, l'un, les droits civils et politiques, et l'autre, les droits économiques, sociaux et culturels avant d'engendrer les droits de la troisième génération, les droits de l'homme sont reconnus au Congo dans l'indifférence presque totale du débat concernant leurs générations. Cette division ternaire des droits de l'homme est ignorée du droit congolais et sa « génération » des droits de l'homme, unique et de même âge, renferme toutes les catégories des droits actuellement admises[38].

Toutefois, il faut se méfier de l'ambigüité entretenue par la Constitution au sujet des droits de l'homme, tant et si bien que « *l'existence de règles constitutionnelles n'implique pas nécessairement l'existence d'un gouvernement limité par une Constitution* » et « *l'institution d'une Constitution n'est en aucune manière identique à l'institution d'un gouvernement constitutionnel* »[39]. Plus spécifiquement, la mise en œuvre concrète des droits de l'homme demeure encore une utopie dans le contexte congolais au point que ces droits souffrent d'ineffectivité. Parallèlement à la multiplication exponentielle des règles juridiques relatives aux droits de l'homme, il se développe une pratique contradictoire, à savoir la violation générale de ces mêmes droits. À ce sujet, M. DE DECKER s'indigne du fait que les droits de l'homme restent, en fait, pour de nombreux peuples et d'innombrables personnes, rien de plus que des prescriptions légales qui sont lettre morte. Il constate avec regret que les africains en général et les Congolais en particulier ne disposent pas des moyens nécessaires pour une vie décente, voire pour la survie, tels la nourriture, les habits, un toit, des soins médicaux, ni les moyens de s'exprimer par manque d'éducation, de technologie et de promotion culturelle. L'auteur en déduit une totale absence de protection des droits de l'homme non seulement au Congo, mais également sur la quasi-totalité du continent africain[40]. Cette prise de position est relayée par M.

---

[38] NGONDANKOY NKOY (P-G), *Droit congolais des droits de l'homme*, Louvain-La-Neuve, Bruylant, 2004, pp.63 et S, pp.179 et S, pp.364 et S.
[39] WITTFOGEL (K), *Le despotisme oriental*, Paris, Editions de Minuit, 1977, p.128.
[40] DE DECKER (H), *op.cit.*, pp.269-287.

BONDIA GARCIA qui note que la situation des droits de l'homme est dramatique sur toute l'étendue de la République : les populations font l'objet des massacres, de pillages, des exécutions sommaires, tant par les forces armées congolaises que par les milices et rebelles. En outre, les actes de violence sexuelle se multiplient dans la plus absolue impunité[41].

. Bien mieux, l'on se doit d'insister avec M. Christophe LUTUNDULA qu'« *en Afrique en général et au Congo en particulier, la sauvegarde des droits et libertés fondamentaux est loin de compter parmi les missions essentielles de l'État, à qui revient, pourtant, la charge de la protection de ces droits. Cette dernière ne préoccupe que très peu d'hommes au pouvoir* »[42]. L'on estime au Congo qu'on ne peut permettre à des personnes retranchées derrière des droits individuels égoïstes de freiner et compliquer la tâche de l'État dont les moyens sont déjà insuffisants. En cas de conflit entre les nécessités du développement et les droits fondamentaux, les seconds doivent céder. L'État congolais est hostile aux droits de l'homme et accorde plus la priorité aux progrès économiques et sociaux qu'au respect des droits de l'homme[43]. Cette situation a fait dire à M. Pierre-Félix KANDOLO qu'il y a une absence de la mise en œuvre effective des instruments juridiques internationaux et des lois internes relatifs aux droits de l'homme. En effet, relève l'auteur, les victimes des violations des droits de l'homme ne bénéficient pas des réparations pour les préjudices subis à cause de ces violations et cette situation place l'État congolais parmi les États violateurs du droit international des droits de l'homme et du droit international humanitaire. Quand bien même l'État congolais dispose des juridictions compétentes pour juger les cas de telles violations, il fait néanmoins preuve de défaillance et ses

---

[41] BONDIA GARCIA, « La situation des droits de l'homme en République démocratique du Congo : Une réalité dramatique », *in* MBUYI KABUNDA et JIMENEZ LUQUE, Dir., *op.cit.*, pp.91-104, spéc.pp.94-96.

[42] LUTUNDULA APALA (C), « Des engagements et devoirs de l'État en matière de protection des droits de l'homme », *Congo-Afrique*, n°328, Octobre 1998, p.453.

[43] LUTUNDULA APALA (C), *Ibidem,* p.453.

institutions judiciaires sont incapables d'assurer aux victimes des garanties nécessaires à la protection de leurs droits[44].

L'originalité de cette étude réside dans le fait qu'elle adopte une démarche centrée sur l'effectivité des droits de l'homme, cette dernière étant analysée tant sous le prisme de la réalité sociale que sous l'angle de la justiciabilité. Autrement dit, il s'agit de procéder à une évaluation sociojuridique des droits et libertés consacrés dans la Constitution afin de mieux dessiner l'avenir des droits de l'homme en RDC. Plus concrètement, cette recherche vise non seulement la critique des insuffisances normatives et procédurales ainsi que les limites et lacunes du système global de protection des droits de l'homme, mais également les analyses et les évaluations de l'effectivité et de l'efficacité des mécanismes de réalisation des droits de l'homme.

En RDC, plusieurs textes juridiques organisent la protection des droits de l'homme. Cette dernière s'articule autour des aspects matériel et institutionnel. La protection matérielle des droits de l'homme se révèle précaire (Partie I). Quant à la protection institutionnelle, elle demeure fragile et des perspectives sont envisageables pour l'améliorer (Partie II).

---

[44] KANDOLO ON'UFUKU WA KANDOLO (P-F), *Droit des réparations : Vol.2 : Mécanismes pour l'accès des victimes à la justice*, Paris, Edilivre, 2020, p. xxx, pp.127 et S.

PARTIE I. LA PRÉCARITÉ DE LA PROTECTION MATÉRIELLE DES DROITS DE L'HOMME EN RÉPUBLIQUE DÉMOCRATIQUE DU CONGO

Une des évidences les mieux partagées du discours politique contemporain est qu'il existe une interdépendance entre la démocratie, le développement et les droits de l'homme. En effet, d'une part, démocratie et droits fondamentaux sont étroitement imbriqués, symbiotiques et se renforcent mutuellement : la démocratie est le meilleur garant des droits fondamentaux, ces derniers ne pouvant efficacement être protégés que par un État démocratique[45]. D'autre part, le développement facilite la jouissance des droits humains. Le développement conditionne la liberté, le progrès, la justice et la créativité ; il constitue l'*alpha* et l'*Omega* des droits de l'homme, le droit matriciel d'où dérivent tous les autres, la condition nécessaire pour la réalisation de tous les autres droits[46]. Aussi, « *l'idée même de droits de l'homme et son application satisfaisante exigent des conditions politiques, économiques et sociales minimales. À la limite le respect des droits de l'homme n'est possible que dans une société*

---

[45] TOMMASOLI (M), *Démocratie et droits de l'homme : Le rôle de l'ONU*, Document directif, Nations Unies et IDEA, 2013, pp.27-29. Dans le même sens, M. KALINDYE note que « *le principe démocratique reste la forme de gouvernement qui présente les meilleures garanties contre l'arbitraire, le pouvoir d'un seul et la disparition des libertés individuelles* » ; KALINDYE BYANJIRA (D), « De la suspension de l'exercice des droits politiques pour la consolidation des droits de l'homme : Respect ou violation de la Charte africaine de la démocratie, des élections et de la gouvernance. L'expérience du Burkina-Faso est-elle extrapolable en RD Congo ? », *Cahiers de l'IREA*, n°9, p.128.

[46] BEDJAOUI (M), « Le droit au développement », *in* BEDJAOUI (M), Dir., *Droit international : Bilan et perspectives*, Tome 2, Paris, A. Pedone, 1991, p.1211.

organisée aux institutions éprouvées »[47]. Conscientes de cette réalité, les nations du monde entier sont parvenues à un compromis intéressant lors de la Conférence mondiale sur les droits de l'homme à Vienne, en 1993 : « *la démocratie, le développement et le respect des droits de l'homme et des libertés fondamentales sont interdépendants et se renforcent mutuellement* »[48]. En conséquence, l'absence de la démocratie et du développement en RDC constitue un énorme frein à la protection des droits de l'homme dans ce pays (Chapitre I).

Par ailleurs, l'évolution des sociétés démocratiques a permis de poser les critères d'un État de droit caractérisé principalement par une séparation des pouvoirs, des élections mais aussi par la garantie et le respect des droits et libertés fondamentaux. L'État de droit se présente comme une garantie de la démocratie, du développement et des droits de l'homme : il est entendu par tous que l'État de droit est paré de vertus positives aptes à réaliser la démocratie et à protéger les libertés[49]. De ce fait, la carence de l'État de droit constitue une réelle limite de la protection des droits de l'homme, situation parfaitement illustrée par le cas de la RDC (Chapitre II).

---

47 KEBA MBAYE, *op.cit.*, p.52.

48 Article 8 de la « Déclaration et programme d'action de de Viennes » adoptés par la Conférence mondiale sur les droits de l'homme le 25 juin 1993, à Viennes. Pour une analyse de cette disposition, se rapporter à SHANDRA OGNIMBA, *La politisation des droits de l'homme et le défi de la coopération universelle*, Thèse de droit public, Université de Paris1 Panthéon Sorbonne, 2014, pp.345 et S.

49 MILLARD (E), « État de droit, droits de l'homme et démocratie : Une conjugaison problématique », *in* GONZALES PALACIOS (C), RENSMANN (T) et M. TIRARD (M), *Démocratie et État de droit*, Ambassade de France à Lima, 2013, p.35 ; MATANGILA MUSADILA (L), *Pour une démocratie au Congo-Kinshasa*, Kinshasa, L'Harmattan, 2001, p.9 ; JEUGUE DOUNGUE (M), *La garantie des droits fondamentaux au Cameroun*, Paris, L'Harmattan, 2017, p.28.

CHAPITRE I. LA LIMITATION DE LA PROTECTION DES DROITS DE L'HOMME PAR L'ABSENCE DE LA DÉMOCRATIE ET DU DÉVELOPPEMENT

Dans la mesure où le pouvoir en RDC est menacé par le peuple qui lui conteste sa légitimité, il a tendance à devenir davantage intolérant et brutal. Pour se protéger, il n'hésite pas à remettre en cause les principes démocratiques : les citoyens sont paralysés par la terreur, par la violence structurelle qui plane, telle une épée de Damoclès sur le pays tout entier[50]. En somme, l'absence de la démocratie constitue un obstacle certain à la protection des droits de l'homme et par voie de conséquence, plusieurs obstacles socio-politiques se dressent sur la voie des droits de l'homme (Section I). En outre, l'État congolais affiche une forte fragilité dans le domaine socio-économique. Il est incapable de délivrer les services de base (eau, électricité, soins de santé primaires, etc.), de faire reculer la pauvreté et de promouvoir le développement. Autrement dit, l'État est incapable de satisfaire les attentes des citoyens et ses instances n'ont pas la capacité et la volonté d'assumer les fonctions essentielles pour assurer la sécurité de la

---

[50] MUGANGU MATABARO (S), « La mise en œuvre des droits de l'homme : Problèmes théoriques et pratiques », *in* MUGANGU MATABARO (S), Dir., *Les droits de l'homme dans la région des grands lacs : Réalités et illusions*, Bruxelles, Academia Bruylant, 2003, pp.34-35. À ce sujet, la Fédération internationale des ligues des droits de l'homme souligne que la démocratie et l'État de droit, selon le pouvoir politique congolais, se résument à mettre la justice sous tutelle et à doter des pleins pouvoirs les forces de sécurité. À leur tour, ces dernières utilisent leur pouvoir non seulement pour réprimer les voix contestataires, mais aussi à des fins personnelles (assouvir leurs désirs sexuels, régler des litiges personnels, assouvir leur soif de pouvoir, arrondir leurs fins de mois) ; FIDH, *République démocratique du Congo : La dérive autoritaire du régime*, n°526f, Juillet 2009, pp.19-20.

population et le respect des droits de l'homme. Elles font souvent preuve de défaillance dans la gestion des moyens disponibles et l'obtention des ressources nécessaires en vue de faire face aux multiples violations de droits humains dont est victime la population (Section II).

SECTION I. LES OBSTACLES SOCIO-POLITIQUES À LA PROTECTION DES DROITS DE L'HOMME

L'État démocratique postule que soient respectés et protégés les droits fondamentaux des citoyens. Il s'en dégage une nette association des concepts de démocratie et droits de l'homme, ce dernier apparaissant comme un nouveau paradigme du premier. Malheureusement, la crise que traverse l'État congolais a débouché sur une profonde déchéance démocratique, obstacle certain à la protection des droits des citoyens. Les droits de l'homme sont un cauchemar pour les dirigeants congolais. Le gouvernement congolais s'y est toujours montré frileux. Il y a une totale absence des garanties démocratiques de l'effectivité des droits de l'homme (I). Cette crise a entrainé la remise en cause générale et constante des règles fondamentales devant régir la société congolaise, la dérégulation de l'administration publique, la perversion des mentalités, autrement dit la patrimonialisation de l'État (II).

I. L'absence des garanties démocratiques de l'effectivité des droits de l'homme

La démocratie se trouve inextricablement liée à la protection juridique des droits et libertés fondamentaux au point que le régime démocratique apparaît comme celui qui érige les droits et libertés à la fois en fondement et en limites internes de l'exercice des pouvoirs de l'État[51]. En RDC, le terme « démocratie » est largement employé à tort et à travers, tandis que la marche vers

[51] CHAMPEIL-DESPLATS (V), « La théorie générale de l'État est aussi une théorie des libertés fondamentales », *Jus Politicum,* n°8, 2012, p.12.

elle n'a même pas encore commencé. Le terme « dictature » est bien sûr de moins en moins utilisé, mais la plupart des pratiques qui en découlent demeurent bel et bien perceptibles et sont solidement ancrées dans les mœurs : amateurisme politique, népotisme, tribalisme, contrôle de l'information, absence de liberté d'opinion, personnification du pouvoir autour d'un individu au détriment de l'image de l'État, des élections de façade, etc. Tout ce qui s'est produit à ce jour en RDC sur le chemin de la démocratisation n'a été qu'une illusion démocratique[52].

L'illusion démocratique

Au nombre des illusions démocratiques nées en RDC, il est permis de mentionner l'adhésion du pays aux traités internationaux relatifs aux droits humains ainsi que l'inscription de ceux-ci dans la Constitution du 18 février 2006. S'agissant de cette Constitution, plusieurs critiques lui ont été adressées, allant jusqu'à l'accuser d'être la «*petite sœur africaine de la*

---

[52] EYASU (R), *Démocratie en Afrique francophone, une pure fiction : Le cas de la République démocratique du Congo*, Paris, L'Harmattan, 2010, pp.14-15 ; MANDEFU YAHISULE (J-O), *Élections et changement politique en République démocratique du Congo : Six décennies perdues pour le développement*, Paris, L'Harmattan, 2021, pp.30-31 ; ISUNGU KAKOKO (R), *La supercherie de l'élection présidentielle du 30 décembre 2018 en RDC : Un simulacre de démocratie*, Paris, L'Harmattan, 2019, 160p. En doctrine, il y a une inflation de termes pour tenter de caractériser ces démocraties fragiles en Afrique : autoritarisme électoral, démocratie autoritaire, régimes semi-autoritaires, semi-démocratiques, démocraties en survie, hybrides, etc. Ces habillages démocratiques s'accompagnent des travers désormais bien connus : campagnes électorales truquées, forte marchandisation du vote, liberté de presse rarement garantie, recours à la torture, à l'intimidation et à l'élimination physique des leaders d'opposition. Cette nouvelle forme de « démocratie à l'africaine » est généralement qualifiée de « démocrature » ou « démocratisme » car elle revêt les apparences d'une démocratie qui n'existe que de façade, tout en recourant aux artifices de la dictature pour neutraliser les conflits politiques ou sociaux ; FOUCHARD (L), « Résiliences et ruptures en Afrique », *Transcontinentales*, n°2, 2006, pp.4-5 ; ABANGAPAKWA NZEKE (H), *Appliquer la démocratie en Afrique : Essai prospectif sur la RD Congo*, Paris, L'Harmattan, 2017, p.16 ; QUANTIN (P), « La démocratie en Afrique à la recherche d'un modèle », *Pouvoirs*, n°129, 2009, Vol.2, p.65.

Constitution française ». Elle n'est pas seulement l'objet d'un simple mimétisme ni d'un simple décalque de la Constitution française, mais le constituant congolais a adapté la Constitution française au contexte africain en prenant notamment davantage de précautions dans la rédaction pour combler l'absence de culture démocratique du pays[53].

La protection des droits de l'homme est une tradition dans le constitutionnalisme congolais[54] et la Constitution en vigueur consacre un de ses huit titres aux droits fondamentaux, en échos à la multitude des traités internationaux auxquels le pays est partie. Certes, la constitutionnalisation des droits de l'homme confère à ceux-ci un caractère juridiquement contraignant en les faisant entrer dans le droit positif au travers de la plus haute source normative dans la hiérarchie des sources du droit, procurant de ce fait au groupe social toutes les conditions d'une action efficace en matière de sauvegarde, de défense et de protection des droits de l'homme. Cet état de choses se justifie dans la mesure où les droits de l'homme sont à la base de la Constitution en tant que texte organisateur des pouvoirs de l'État, étant donné que ces vérités éternelles et évidentes par elles-mêmes que sont les droits de l'homme, sont destinées à prolonger dans la société civile des droits dont les hommes étaient supposés

---

[53] POLLET-PANOUSSIS (D) « La Constitution congolaise de 2006 : Petite sœur africaine de la Constitution française », *Revue française de droit constitutionnel*, n°75, 2008, Vol.3, pp.451-498, spécialement pp.455 et S ; MUSAFIRI NALWANGO (P), *Pièges symboliques et violation des droits humains en droit positif congolais*, Lubumbashi, Ed. La Dialectique, 2014, pp.44 et S.

[54] En dehors du « Décret- Loi constitutionnel n° 003 du 27 mai 1997 » qui n'eût que 15 articles dont aucun relatif aux droits de l'homme, toutes les Constitutions qui se sont succédé dans le pays ont listé un certain nombre des droits de citoyens considérés comme fondamentaux. En effet, La « Loi Fondamentale du 17 juin 1960 » comportait 21 articles dont 18 étaient consacrés à la proclamation des droits de l'homme. La Constitution de Luluabourg du 1er août 1964 contenait 204 articles dont 35 relatifs aux droits de l'homme. La Constitution du 24 juin 1967 a consacré aux droits de l'homme 14 articles sur les 85 qu'elle contenait. « L'Acte Constitutionnel de la Transition » du 09 avril 1994 avait consacré 27 articles aux droits de l'homme, sur les 122 articles qu'il renfermait. La Constitution de la Transition du 04 avril 2003 avait 205 articles dont 48 furent consacrés aux droits de l'homme.

jouir à l'état de nature ; ces droits et libertés sont érigés au rang de principes axiomatiques extérieurs et supérieurs à l'État parce qu'étant l'objet de toute union sociale et le but de toute organisation politique[55]. En outre, il existe un lien dialectique entre la Constitution et les droits de l'homme : les droits internationalement reconnus perdraient leur vocation juridique et pratique s'ils n'étaient pas intégrés dans l'ordre constitutionnel[56]. À ce sujet, l'on pourrait être porté à croire que l'adhésion aux instruments internationaux des droits de l'homme et l'institutionnalisation de leurs stipulations par la Constitution les transformeraient de vœux pieux et simples principes moraux en règles de droit plus ou moins contraignantes.

Cependant, cette thèse ne saurait être reçue en RDC et il faut se garder de juger l'engagement de ce pays en faveur des droits de l'homme sur le seul critère de la reconnaissance. On y assiste à un regain d'intérêt pour les droits humains et pour les préoccupations d'ordres politiques et techniques relatives à la promotion et à la défense de ces droits sur le territoire national. Cette situation est largement justifiée au regard de l'impact négatif de la politique nationale sur la dignité des hommes, sur leurs libertés et leurs droits ainsi que sur les dimensions de leur vie sociale. Sur le terrain, cette recrudescence d'intérêt pour les droits de l'homme est illustrée tant par une concentration croissante de discours sur ces droits que par des innovations institutionnelles et des pratiques civiles orientées vers la défense de ces droits, ces dernières se trouvant remplies de fascination et des illusions et n'en demeurent pas moins un trompe-œil. En conséquence, la vérité concrète de ces droits est souvent occultée et en dépit de l'attachement verbal du pouvoir à leur idéal, ils

---

[55] CHAMPEIL-DESPLATS (V), *op.cit.*, p.4 ; Dans le même sens, VEDEL (G), « Conférence inaugurale » *in Recueil des cours de l'Académie internationale de droit constitutionnel*, Vol.9, p.8 ; Voir également GOURMO ABDOUL (L), « Droits fondamentaux et minorités », *in* DE RAULIN (A), *Situations d'urgence et droits fondamentaux*, Paris, L'Harmattan,2006, p.88.

[56] KOUBI (G) et RAPHAEL (R), *État, Constitution, Loi*, Paris, Litec,1993, pp.150 et S ; SOMA (A), « Modélisation d'un système de justice constitutionnelle pour une meilleure protection des droits de l'homme : Trans-constitutionnalisme et droit constitutionnel comparé », *Revue trimestrielle des droits de l'homme*, n°78, 2009, pp.439-443.

sont tournés en dérision par de nombreuses violations qui les hantent. Plus précisément, le système congolais de protection des droits de l'homme, qui se veut formellement attitré et sain est, consciencieusement ou non, agent et complice des violations des droits car il existe en son sein, ou en vertu de ses règles, de ses habitudes, de ses pratiques, de ses insuffisances ou carences, des mécanismes qui jouent explicitement ou implicitement en défaveur de ces droits[57].

Quand bien même la Constitution congolaise reconnait formellement le pluralisme juridique, organise les élections et la séparation des pouvoirs, garantit aux citoyens des droits fondamentaux, ces dispositifs sont inopérants. Le régime politique congolais conserve un fonctionnement fondamentalement autoritaire ; la Constitution est très malléable, ce qui met à mal sa capacité légitimante[58]. En RDC, on assiste impuissamment à une démocratie de façade. Le pays constitue à ce jour le contre-exemple même de la démocratie dont les effets ont l'avantage de révéler non pas ce qu'il faut faire en matière de démocratie, mais ce qu'il ne faut pas faire. Le gouvernement congolais use de structures de commandement et d'obéissance, promeut la peur et gouverne par la terreur. Le processus

---

[57] MASUMBUKO NGWASI (D), « droits de l'homme et société : Réflexions sur les innovations institutionnelles et les pratiques civiles de protection et de défense des droits de l'homme en République démocratique du Congo », *in* MUGANGU MATABARO (S), *op.cit.*, pp.91-111. De façon générale, M. Alain ONDOUA souligne pertinemment que le renouveau constitutionnel des années 1990 en Afrique subsaharienne a été matérialisé par l'inscription, aux frontons de leurs Constitutions, de l'attachement de la plupart des pays de cette zone aux Conventions internationales de protection des droits de l'homme. Cette mention emporte constitutionnalisation de ces instruments et questionne l'effectivité de la garantie des droits fondamentaux ainsi solennellement reconnus ; ONDOUA (A), « L'internationalisation des Constitutions en Afrique subsaharienne francophone et la protection des droits fondamentaux », *Revue trimestrielle des droits de l'homme*, n°98, 2014, pp.437-457 ; Dans le même sens HOURQUEBIE (F), « Néo-constitutionnalisme et contenu des Constitutions de transition : Quelle marge de manœuvre pour les Constitutions de transition ? », *Annuaire international de justice constitutionnelle*, n°30, 2014, p.588.

[58] THIRIOT (C), « Transitions politiques et changements constitutionnels en Afrique » *in Le phénomène constituant : Un dialogue interdisciplinaire*, Toulouse, Presses de l'Université Toulouse 1 Capitole, 2017, pp.29-49.

décisionnel est confisqué par un groupuscule qui banalise l'importance du suffrage universel. Un appareil de contrainte est mis entre les mains du groupe dominant. L'État fonctionne par conséquent sous le modèle coercitif qui opprime ceux qui pensent autrement et ne se soumettent pas à la domination du groupuscule[59]. Le pouvoir use de moyens despotiques, tout en s'en distinguant par le but qu'il poursuit, à savoir l'organisation totale de la société par un parti-État qui transforme les membres de celle-ci en une masse homogène et dépourvue d'initiative hors des structures du parti, et qui s'emploie à la neutralisation des groupes humains perçus comme susceptibles d'entraver la réalisation de ce but. Comme tel, il allie idéologie, propagande et terreur ; cette technique permet au gouvernement de détruire la liberté et d'instaurer une société des masses facile à influencer, à mobiliser, à commander et à dominer[60]. Au Congo, on assiste à une « démocratie autoritaire »[61] : le comportement des hommes politiques au pouvoir révèle le désir constant d'une gestion politique incarnée par un leadership fort dont le commandement ne rencontrerait qu'obéissance inconditionnelle. Le pays est tiraillé entre la quête d'une démocratie pure et la tentative de la dérive dictatoriale qui entrave le projet de développement. Ainsi, les leaders politiques ne s'empêchent pas de recourir à des stratégies violentes qui empiètent sur les droits et libertés, afin d'étouffer toute dissidence, toute critique, toute possibilité d'alternance politiques[62].

---

59 AKONO (F-X), « Philosophie et invention des sociétés démocratiques », *Congo-Afrique*, n°514, 2017, p.317.

60 BANYWESIZE MUKAMBILWA (E), « D'une société à l'autre : Penser le futur du Congo au-delà des errements éthiques et politiques », *Congo-Afrique*, n°534, Avril 2019, p.311.

61 L'expression « démocratie autoritaire » renvoie à la figure inversée du schéma démocratique classique : « *au lieu que le peuple contrôle le pouvoir de façon constitutionnelle et selon des moyens d'expression publique (...), c'est le pouvoir gouvernant qui entend contrôler le peuple en usant de tous les moyens notamment la manipulation des institutions, la corruption, les intimidations et la répression* » ; JAUME (L), « L'idée de démocratie autoritaire : Quelques réflexions », *Jus politicum*, n°25, 2021, p.9.

62 BANYWESIZE MUKAMBILWA (E), « Une démocratie autoritaire ? Considérations sur la gouvernementalité en RD Congo », *Congo-Afrique*, n°531, Janvier 2019, pp.12-13.

Pour les gouvernants congolais, non seulement la démocratie est une cage insupportable dans laquelle il n'est pas question de s'y laisser enfermer, mais en même temps, le droit ne vaut que pour autant qu'il soit au service de leurs intérêts, faute de quoi il souffre de désobéissance. Les dérives et les prédations du gouvernement congolais ne sont pas à démontrer. L'exécutif censé veiller à l'application des lois est celui-là même qui a délibérément levé l'option de ne pas se soumettre aux textes. Chaque jour en RDC, on assiste à des violations récurrentes des lois et pire encore de la Constitution[63]. Cette dernière est malade de deux manières : soit par son inapplication, soit par l'instrumentalisation résultant de son application.

En effet, la Constitution ne constitue pas une barrière juridique, mais au contraire une des techniques que le pouvoir met à son service afin d'atteindre des objectifs personnels. C'est un guide plus qu'un code d'obligations. Elle n'a plus qu'une effectivité limitée. Elle a perdu sa crédibilité. Elle ne sert plus qu'à établir les règles de domination d'un chef sur le reste des institutions ainsi qu'à régler la personnalisation du pouvoir et l'inféodation de l'action étatique aux intérêts personnels des dirigeants. Cette Constitution relève davantage des textes d'opérette que de réelles dispositions sur l'exercice du pouvoir et la garantie des droits fondamentaux[64]. Il en découle que la Constitution congolaise est désacralisée, banalisée, instrumentalisée au gré des intérêts partisans ; elle n'est qu'un instrument au service du pouvoir en place. Formellement, l'État continue d'être régi par une Constitution, mais uniquement dans le but de se donner une bonne image sur la scène internationale. La Constitution n'est qu'une simple façade derrière laquelle se cache un régime politique peu soucieux du constitutionnalisme en tant que technique de limitation du pouvoir. Elle ressemble à une simple pièce de musée destinée plus à orner la légitimité

---

[63] Lire à ce sujet TSHITAMBWE KAZADI, « Des violations récurrentes des Constitutions en République démocratique du Congo : Une mise en place des thérapeutiques est nécessaire », *Les Analyses Juridiques,* n°28, 2014, pp.5-49.

[64] NDIAYE (M), « La stabilité constitutionnelle, nouveau défi démocratique du juge africain », *Annuaire international de justice constitutionnelle*, n°33, 2017, pp.667.

politique qu'à protéger ses destinataires contre l'arbitraire des gouvernants. L'objectif étant de donner à la dictature un fondement juridique, la Constitution semble alors destinée à légitimer le despotisme obscur. De l'entendement des gouvernants, les droits consignés dans la Constitution doivent servir de simple ameublement en vue d'être à la mode du temps, et ne peuvent donc pas, en cas de violation, leur être opposables[65]. De ce fait, le respect de la Constitution dépend plus du vouloir du chef de l'État que de la crainte de toute autre institution, judiciaire soit-elle.

Cette situation a été accentuée par la Constitution du 18 février 2006 qui fait du chef de l'État la clé de voûte de l'édifice institutionnel. En effet, l'article 69 de la Constitution donne au chef de l'État une place prépondérante : il représente la nation et il est le symbole de l'unité nationale (al.1er). Il veille au respect de la Constitution (al.2). Il assure, par son arbitrage, le fonctionnement régulier des pouvoirs publics et des institutions ainsi que la continuité de l'État ; il est le garant de l'indépendance nationale, de l'intégrité du territoire, de la souveraineté nationale et du respect des traités et accords internationaux (al.3). Le gouvernement bénéficie également d'une position de force au sein des institutions, mais demeure néanmoins soumis au Président de la République.

Cette consécration de la suprématie du chef de l'État sur les autres pouvoirs s'analyse, en réalité, en un accaparement du pouvoir et un refus voilé de toute forme d'alternance démocratique. Dans un pays où le pouvoir se conquiert et ne se conserve que par la force, la fonction du Président de la République est devenue celle d'un élu du peuple sans l'être réellement ; de facto, il exerce le pouvoir d'un monarque absolu à la tête d'une République théoriquement démocratique. Il a personnalisé l'État, concentré tous les pouvoirs étatiques et

---

[65] KAMUKUNY MUKINAY (A), *Contribution à l'étude de la fraude en droit constitutionnel congolais*, Paris-Bruxelles, L'Harmattan-Academia Bruylant, 2011, pp.26-30 ; MAWANZI MANZEZA (T), *Les dérives de l'État postcolonial en République démocratique du Congo*, Paris, L'Harmattan, 2018, pp.17-24 ; PHILIPPE (X), « La légitimation constitutionnelle des démocratures », *Pouvoirs*, n°169, 2019, Vol.2, pp.35 et S.

exerce sa fonction sans admettre ou tolérer aucun contre-pouvoir[66]. À l'instar des autres pays africains, le régime politique congolais est présidentialiste. Cette préséance présidentielle est à la fois directe car explicitement voulue par le texte constitutionnel, et indirecte puisqu'elle est une conséquence de l'interprétation de ses pouvoirs dans un sens ultra-personnel par le chef de l'État lui-même. Le statut social du Président de la République va très au-delà de son seul statut constitutionnel, les instruments juridiques ne servant que la cause présidentielle jusqu'aux dérives autoritaires [67]. Cette situation est commune au continent africain où le chef de l'État est dans la situation d'un architecte ou d'un maître d'œuvre et l'on attend de lui qu'il guide, qu'il enseigne, qu'il protège. Se confondant avec le système politique lui-même, le chef de l'État est au centre de tout : c'est lui qui bâtit la nation, dirige l'État et le personnalise à l'extérieur comme à l'intérieur. C'est véritablement une chefferie d'État : le Président de la République gouverne, tranche en dernier ressort et donne vie aux institutions[68].

En conséquence, il en est résulté un usage détourné des dispositions constitutionnelles aux fins de conservation du pouvoir par le régime en place. En effet, « *les règles constitutionnelles ne sont pas révisées ou changées pour*

---

[66] Voir à ce sujet MULUMBA TSHITOKO (M), *La conception de la fonction présidentielle en République démocratique du Congo*, Thèse de doctorat en droit, Université Paris I-Panthéon-Sorbonne, 2018 ; GLASER (A), « De la démocratie à la démocrature familiale en Afrique », *Pouvoirs*, n°109, 2019, Vol.2, pp.108-111.

[67] HOURQUEBIE (F), « Quel statut constitutionnel pour le chef de l'État africain ? Entre principes théoriques et pratique du pouvoir », *Afrique contemporaine*, n°242, Vol.2, 2012, p.74.

[68] CONAC (G), « Portrait du chef d'État », *Pouvoirs*, n°25, 1983, pp.121-123. Recherchant les causes de cet état de choses, M. AZAMI écrit : « *En Afrique, où les divisions ethnico-sociales font la loi, dans une société en pleine transformation, l'unité du peuple est considérée comme le premier pas vers le nationalisme. Mais cette unité ne peut se réaliser que sous l'autorité d'un véritable chef jouant le rôle de guide dans le nouvel État. A partir de cette observation, on se trouve mieux placé pour expliquer le choix, par la presque totalité des pays africains, du système présidentialiste* » ; AZAMI (S.M), « Le système constitutionnel de la République démocratique du Congo », *Revue internationale de droit comparé*, Vol. 22, n°2, 1970, p.333.

permettre l'évolution des institutions ou leur adaptation aux conjonctures sociales comme cela devrait logiquement se faire. Le but de ces révisions ou changements constitutionnels est plutôt la conservation du pouvoir »[69]. Elles sont utilisées de façon détournée pour satisfaire des intérêts opportunistes, ce qui traduit une réelle fraude à la Constitution. L'élite dirigeante congolaise instrumentalise la Constitution dans le sens de la conservation du pouvoir pour asseoir son hégémonie sur tout le système politique au point qu'il en résulte une dévalorisation de la norme fondamentale. Cette instrumentalisation s'analyse du reste comme la persistance des pratiques tendant à combattre le principe de l'alternance démocratique. L'objectif, tout en refusant de s'inscrire dans la dynamique démocratique, est de restaurer un pouvoir fort, voire personnel valorisant le monocentrisme présidentiel[70]. La Constitution et les lois sont remodelées, non pas dans l'intérêt général, mais plutôt à la convenance du régime en place, en vue de la pérennisation du système politique : Une telle régression transforme la démocratie en pouvoir du plus fort et remet en cause l'objectif de stabilité des normes constitutionnelles[71]. Aussi assiste-t-on à un syncrétisme réussi entre la formalisation de la démocratie et sa confiscation illégitime : la consécration constitutionnelle ne relève que du symbolique, la Constitution étant instrumentalisée de façon maximale de sorte à se soustraire des griefs de la violation de la légalité[72].

Ainsi, sa majesté, la Constitution, a perdu sa couronne. La Constitution qu'on avait fétichisée en Afrique, est devenue un

---

[69] MOUKOKO (H), « *L'ONU et la promotion des droits de l'homme en Afrique : Le cas de l'Afrique subsaharienne francophone*, Thèse de doctorat en droit, Université de Normandie, 2017, p.336.

[70] Voir FOUCHER (V), « Difficiles successions en Afrique subsaharienne : Persistance et reconstruction du pouvoir personnel », *Pouvoirs,* n° 129, 2009, Vol2, pp.127-137.

[71] STANISLAS ETEKOU (B-Y), *L'alternance démocratique dans les États d'Afrique francophone*, Thèse de doctorat en droit, Université de Paris-Est, 2013, p.89.

[72] MAHAMADOU OUEDRAOGO (S), *La lutte contre la fraude à la Constitution en Afrique noire francophone*, Thèse de doctorat en droit, Université Montesquieu-Bordeaux IV, 2011, p.12.

texte ordinaire, voire banal[73]. Elle n'est plus considérée comme une garantie contre le pouvoir. Son but principal est de renforcer la position du chef de l'État ; loin de limiter le pouvoir par le droit, la Constitution congolaise est devenue un instrument du pouvoir et sert à le fortifier[74]. Au pire, la Constitution est analysée comme une des techniques de la domination politique d'autant plus qu'elle contribue à protéger les gouvernants contre des atteintes, des revendications, des bouleversements. Sans présenter le moindre aspect de transaction sociale, la Constitution consacre le détenteur-viager du pouvoir, montrant en partie la mécanique gouvernementale et non pas des constructions institutionnelles rattachées à un pouvoir de droit qui reconnaîtrait ses propres frontières[75].

Cette situation est amplifiée par l'incapacité de la Constitution à juguler les crises politiques naissantes, ces dernières débouchant le plus souvent sur des conflits armés. La sortie de la crise qui se déroule en marge du texte constitutionnel, s'opère au moyen de compromis et tractations entre les différents protagonistes. Cette mise à l'écart de la Constitution soulève la question de l'utilité des Constitutions africaines[76] dans la mesure où les institutions de crise créées en marge du cadre constitutionnel se révèlent mortifères pour le droit constitutionnel ainsi fragilisé et déconstruit. Elles menacent la

---

[73] DOSSO (K), « Les pratiques constitutionnelles dans les pays d'Afrique noire francophone : Cohérences et incohérences », *Revue française de droit constitutionnel*, n°90, 2012, Vol.2, pp.72-73.

[74] GONIDEC (P-F), *Les systèmes politiques africains*, Paris, LGDJ, 1974, Tome II, p.80 ; DUBOUIS (L), « Le régime présidentiel dans les nouvelles Constitutions des États d'expression française », *Penant*, 1962, pp.218 et S.

[75] FAURE (Y-A), « Les Constitutions et l'exercice du pouvoir en Afrique noire : Pour une lecture différente des textes », *Politique africaine*, n°1, 1981, pp.41-42.

[76] ENGOUTOU (J-L), « Le compromis constitutionnel dans les États d'Afrique noire francophone », *Revue française de droit constitutionnel*, n°121, 2020, Vol.1, pp.142-144 ; HOURQUEBIE (F), « Le sens d'une Constitution vu d'Afrique », *Titre VII*, n°1, 2018, pp.36-43 ; KPODORA (A), « Bilan sur un demi-siècle de constitutionalisme en Afrique noire francophone », *Afrilex*, Janvier 2013, pp.1-33 ; EHUENI MANZAN (I), *Les Accords politiques dans la résolution des conflits armés internes en Afrique*, Thèse de doctorat en droit, Université de La Rochelle, 2011.

cohérence constitutionnelle et anarchisent le pluralisme organique d'autant plus que la Constitution est vouée à être la norme suprême d'organisation de l'État et de régulation de l'exercice du pouvoir[77]. La pyramide des normes est ainsi renversée par le conflit et la contradiction entre la Constitution et les compromis politiques : l'ordre constitutionnel étant déstabilisé, on constate ainsi une déconstruction de la logique du positivisme classique. Cela entraine un recul du constitutionalisme ou pire encore, un phénomène de déconstitutionnalisation car le texte constitutionnel n'a plus d'impact sur la vie politique, les accords politiques devenant la véritable source de l'exercice du pouvoir étatique[78].

La rupture de l'idéal républicain

Le régime politique congolais est accompagné de dictatures, d'un semblant de multipartisme, du musèlement des opposants, de la fermeture des ondes qui perturbent sa quiétude, des arrestations arbitraires des hommes et des femmes de médias, de l'élimination des activistes des droits de l'homme, du dédoublement des partis politiques et leur fragilisation, de l'institutionnalisation du mensonge comme mode d'interlocution, des arrestations des mouvements citoyens, etc.[79]

---

[77] KAKATI LOGO (Y), « Les mésententes politiques et le droit constitutionnel en Afrique noire francophone », *Afrilex*, Novembre 2018, p.22.

[78] MAMBO (P), « Les rapports entre la Constitution et les accords politiques dans les États africains : Réflexion sur la légalité constitutionnelle en période de crise », *Revue de droit de McGill*, n°57, 2012, Vol.4, pp.927-929.

[79] MABWILO KABUYA (R), « Les conditions de possibilité d'une gouvernance démocratique efficace en Afrique », *Congo-Afrique*, n°524, 2018, p.325 ; MATANGILA MUSADILA (L), « Le multipartisme et l'opposition politique congolaise : Illusion ou réalité ? », *Alternative*, n°8-9, 2002, pp.27-32. Le dédoublement des partis politiques est un phénomène qui mine la vie politique congolaise. Le pouvoir finance la création artificielle des partis politiques avec le même nom, pour affaiblir l'opposition et créer la confusion pour les électeurs. À titre illustratif, l'ex-plus grand parti d'opposition, l'UDPS, avait été subdivisé en trois partis portant le même nom. Le pouvoir a usé de cette stratégie également pour les partis politiques voulant quitter la majorité présidentielle en vue de rejoindre l'opposition. C'est la situation qui est arrivée

Au demeurant, l'État congolais ne manifeste aucun intérêt à protéger ni à promouvoir les droits humains. Il manifeste une méfiance totale et un manque d'enthousiasme à leur égard. Les engagements et les devoirs de l'État en matière de protection des droits humains revêtent une importance négligeable pour les hommes au pouvoir. Or, l'État a le monopole de l'autorité publique et lui seul peut à suffisance protéger les droits des citoyens. Aucun homme n'ayant une autorité naturelle sur son semblable ni suffisamment pour se protéger contre les abus du pouvoir, il appartient à l'État d'offrir la garantie collective de sauvegarde des droits de chacun et de tous[80]. Malheureusement qu'en RDC, la force publique censée protéger la vie, la liberté et les biens des citoyens est plutôt au service de ceux qui sont au pouvoir pour réprimer le peuple. La persistance de la dictature qui a érigé la torture, la privation des droits et libertés fondamentaux (en particulier les libertés de pensée, d'opinion, d'association, de presse et de circulation), l'intolérance politique et la répression en méthodes d'action du gouvernement ; la condamnation sélective des violations des droits de l'homme et leur application à géométrie variable, au gré des intérêts des détenteurs du pouvoir et des puissances mondiales ; les actes de génocide et de crimes contre l'humanité commis sous le regard passif de la communauté internationale ainsi que tant d'autres faits liberticides perpétrés par l'État congolais témoignent de tout ce que la Constitution et les accords internationaux relatifs aux droits humains ont de vain[81].

En conséquence, l'État congolais offre une véritable image paradoxale : il s'engage sur la voie de la démocratie sans garantir les droits de l'homme qui donnent la signification à cette

---

à l'UNAFEC, l'ARC, l'ACO, le PDC. Le pouvoir a tout simplement monté de toutes pièces des formations politiques identiques, celles-ci revendiquant l'ensemble des attributs des partis dont elles sont des copies.

[80] En ce sens, l'on reconnait que dans leur formulation spéculative aussi bien que dans les différentes stratégies de leur mise en œuvre effective, les droits de l'homme exercent une fonction légitimatrice qui fait d'eux à la fois la raison d'être et la fin dernière de l'État ; KOUDE (R), « L'État : Une condition *sine qua non* pour la réalisation des droits de l'homme », *Etudes interculturelles*, n°10, 2010, p.122.

[81] LUTUNDULA APALA (C), *op.cit.*, p.462.

dernière. La question que l'on peut raisonnablement se poser est de savoir pourquoi l'État congolais a consacré dans sa Constitution les droits de l'homme et pourquoi adhère-t-il à tous les instruments juridiques internationaux des droits de l'homme, alors qu'il manque de ferme volonté d'en assurer l'effectivité. Cette consécration normative des droits fondamentaux est beaucoup plus justifiée par les besoins de forme et d'apparence. Par ce qu'elle produit d'inefficient, elle ne saurait favoriser la compréhension de ces droits au-delà des mots, c'est-à-dire selon leur subsistance en termes de valeurs et leur portée en termes de règle de droit. C'est pour des besoins d'image et de marketing international que l'État congolais, totalitaire en son essence, ne se gêne pas de proclamer *urbi* et *orbi* son attachement aux droits de l'homme et de les inscrire ostensiblement aux frontons de sa Constitution. Ces déclarations d'intention ne sont en réalité qu'un vernis démocratique qui cache mal des violations massives des droits et libertés fondamentaux[82]. Des simples proclamations de foi ne valent véritablement pas de reconnaissance des droits de l'homme, même si pour des raisons liées aux intérêts des États, elles peuvent conférer quelque honorabilité aux tyrans. Pour que la reconnaissance ait un sens, il importe qu'au-delà d'elle, les droits de l'homme soient une réalité vivante grâce à leur intronisation. Ainsi, faute de leur intronisation au Congo, les droits de l'homme demeurent lettre morte et le discours les concernant est aussi pernicieux que dénué de toute signification[83]. À la limite, l'encadrement constitutionnel des droits de l'homme joue un rôle de marketing international. Il s'analyse en un dispositif étatique de séduction de la communauté internationale à travers l'esthétisation ou la stylisation de la reconnaissance des droits fondamentaux. Cette séduction constitutionnelle peut aussi se concevoir comme un spectacle politique destiné à séduire l'Occident et à construire la croyance en la bonne foi libérale des dirigeants, comme un

[82] LUTUNDULA APALA (C), *Ibidem*, p.463.
[83] LUTUNDULA APALA (C), *Ibidem*, p.464.

élément de la dynamique d'imitation du modèle politique occidental[84].

Il ne faut pas se leurrer sur les résultats de la protection des droits de l'homme en RDC : ces droits ne restent pour le peuple congolais que de simples prescriptions légales qui sont lettre morte. Ils ne sont que de simples idées lancées, de simples déclarations de principe, de simples vœux pieux. Pour preuve, l'État congolais viole continuellement les droits individuels fondamentaux des citoyens, lesquels constituent, en principe, des barrières infranchissables. En effet, les Nations Unies ont documenté 6545 violations des droits de l'homme en RDC au cours de l'année 2019, 6831 violations en 2018, 6 497 violations des droits de l'homme en 2017, 5190 violations en 2016, 4004 violations en 2015 et plus de la moitié de ces violations sont attribuables aux seuls éléments de la Police nationale congolaise (PNC) et des Forces armées de la RDC (FARDC) réunis[85]. Plus concrètement, à Beni, à Irumu et à Mambasa, les militaires et policiers congolais ont commis des violations des droits de l'homme en particulier dans le cadre d'opérations militaires lancées depuis octobre 2019, notamment des violations du droit à la vie, à l'intégrité physique, à la liberté et à la sécurité de la personne et à la propriété[86]. Dans le territoire de Djugu, de

---

[84] SINDJOUN (L), « Les nouvelles Constitutions africaines et la politique internationale : Contribution à une économie internationale des biens politico-constitutionnels », *Etudes internationales*, Vol.26, n°2, 1995, pp.334-336.

[85] MONUSCO et HCDH, *Note du BCNUDH sur les principales tendances des violations des droits de l'homme au cours de l'année 2014, 2015, 2016, 2017, 2018, 2019* ; Voir aussi MONUSCO et HCDH, *Rapport d'enquête consolidé du Bureau conjoint des Nations unies pour les droits de l'homme suite aux vastes pillages et sérieuses violations des droits de l'homme commis par les FARDC à Goma et Kanyabayonga en octobre et novembre 2008*, pp.13-17.

[86] HCDH et MONUSCO, *Rapport sur les atteintes et violations des droits de l'homme et du droit international humanitaire par des combattants des ADF et des membres des forces de défense et de sécurité dans les territoires de Beni au Nord-Kivu et de l'Irumu et Mambasa en Ituri*, entre le 1er janvier 2019 et le 31 janvier 2020, pp.12 et S. Le même drame s'est également produit à Kiwanja ; Voir à cet effet HCDH et MONUSCO, *Rapport consolidé sur les enquêtes conduites par le Bureau conjoint des Nations Unies des droits de l'homme sur les graves abus des droits de l'homme commis à Kiwanja*, Nord-Kivu, en novembre 2008, Septembre 2009, pp.12-18.

décembre 2017 à septembre 2019, des conflits communautaires ont été à la base du décès d'au moins 701 personnes tuées, 168 autres blessées et 142 personnes ont été victimes de violences sexuelles dans ce contexte. Les corps de nombreuses victimes ont été mutilés et certains démembrés et emportés par les assaillants. Le déploiement des forces armées et de la police nationale entre février 2018 et juin 2019 a empiré la situation car ces forces de défense ont aussi commis de nombreuses violations des droits de l'homme, notamment des exécutions extrajudiciaires, des mauvais traitements, des violences sexuelles et des arrestations et détentions illégales ainsi que des violations du droit à la propriété[87]. Depuis 2016, la région du Kasaï est le théâtre de violences meurtrières. Les forces de défense et de sécurité, la milice Kamuina Nsapu et les milices Bana Mura ont commis de multiples atrocités, y compris de nombreux cas de violence sexuelle et d'exactions contre les enfants, pouvant être qualifiées de crimes contre l'humanité ou de crimes de guerre. Quant à la situation humanitaire, elle est caractérisée par le déplacement d'environ 1,4 million de personnes qui demeurent dans une situation très précaire[88]. Bien plus, à Kinshasa et au Bas-Congo, des forces de sécurité politisées échappant à tout contrôle ont tué, en 2007 et 2008, des centaines de partisans de l'opposition. L'on estime que plus de 500 personnes ont été tuées ou exécutées sommairement, tandis que plus d'un millier d'autres ont été arrêtées et détenues arbitrairement, sous la torture. Des cadavres ont été jetés dans le fleuve Congo, enterrés en secret dans des fosses communes, ou bien on s'en est débarrassé de diverses façons[89]. On tue aussi dans le pays des femmes et des enfants

---

[87] MONUSCO et HCDH, *Rapport public sur les conflits en territoire de Djugu*, Province de l'Ituri Décembre 2017 à septembre 2019, pp.4-5 et 20.

[88] Conseil des droits de l'homme, *La situation au Kasaï*, Note du Haut-Commissaire des Nations Unies aux droits de l'homme, A/HRC/38/31, 2018, p.2 ; HCDH, *Rapport d'une mission du Bureau du Haut-Commissariat des Nations Unies aux droits de l'homme*, Témoignages des réfugiés qui ont fui la crise de la région du Kasaï, en République démocratique du Congo, 2017, p.7.

[89] Human Rights Watch, *« On va vous écraser » : La restriction de l'espace politique en République démocratique du Congo*, Novembre 2008, pp.4-5 ; MONUC et HCDH, *Enquête spéciale sur les évènements de février et mars 2008 au Bas-Congo*, Mai 2008, pp.16-18 ; MONUC, *Enquête spéciale sur les évènements de mars 2007 à Kinshasa*, Janvier 2018, pp.5-14.

accusés de sorcellerie, les responsables fermant trop souvent les yeux sur ces violences. De même, il n'est pas rare que des particuliers fassent « justice » eux-mêmes contre des personnes soupçonnées d'infractions et, là encore, la police tarde à réagir ou s'abstient de le faire. Quant aux défenseurs des droits de l'homme et aux journalistes, ils sont régulièrement menacés et la plupart ont payé de leur vie leur action en faveur des droits de l'homme. L'impunité est la règle pour toutes les formes d'homicide. Cette situation s'explique en partie par les problèmes systémiques qui gangrènent l'appareil judiciaire, en particulier la corruption présente à tous les niveaux, par les fréquentes ingérences politiques et par un manque criant de ressources. L'impunité des chefs militaires de haut rang reste une réalité très présente et le Gouvernement refuse d'enquêter et d'arrêter des personnes soupçonnées de crimes de guerre[90].

Le Rapport d'Amnesty International 2014-2015 fait état de la dégradation de la situation des droits de l'homme en RDC. Des atteintes aux droits humains, notamment des homicides et des viols en masse, ainsi que des violences contre les femmes étaient commises tant par les groupes armés que par les forces de sécurité congolaises. Les groupes armés comme les forces de sécurité gouvernementales ont menacé, harcelé et arrêté arbitrairement des défenseurs des droits humains, des journalistes et des membres de l'opposition politique. La pratique de la torture, et plus généralement des mauvais traitements, était endémique dans tout le pays. Ces actes étaient souvent commis par les services de sécurité de l'État lors d'arrestations ou de détentions illégales[91]. Des décès des suites de tortures ont été

---

[90] Conseil des droits de l'homme, *Rapport du Rapporteur spécial sur les exécutions extrajudiciaires, sommaires ou arbitraires sur sa mission en République démocratique du Congo*, A/HRC/14/24/Add.3, 2009, pp.2-3 ; Conseil des droits de l'homme, *Deuxième rapport conjoint de sept experts des Nations Unies sur la situation en République démocratique du Congo*, A/HRC/13/63, 2010, pp.7-11 ; Conseil des droits de l'homme, *Rapport de la Haut-Commissaire des Nations Unies sur la situation des droits de l'homme et les activités du Haut-Commissariat en République démocratique du Congo*, 2010, A/HRC/13/64, pp.4-17 ;

[91] AMNESTY INTERNATIONAL, *La situation des droits de l'homme dans le monde*, Rapport 2014-2015, pp.373-378.

signalés. La plupart des procès étaient inéquitables, les tribunaux subissaient l'influence de pressions extérieures et la corruption était généralisée. Les arrestations et détentions arbitraires demeuraient généralisées dans tout le pays. Les services de sécurité, en particulier la police nationale, le renseignement et l'armée, procédaient à des arrestations arbitraires et extorquaient fréquemment de l'argent ou des effets de valeur à des civils lors d'opérations de maintien de l'ordre ou aux postes de contrôle. Des sympathisants de l'opposition politique qui avaient manifesté pour réclamer un dialogue politique et dénoncer les tentatives de modification de la Constitution ont été arrêtés arbitrairement et maltraités. La liberté d'expression était fortement restreinte. L'opposition aux projets de révision constitutionnelle faisait notamment l'objet d'une répression sévère. Des réunions et des manifestations pacifiques étaient régulièrement frappées d'interdiction ou dispersées violemment par les services de sécurité[92].

La situation s'est davantage dégradée au cours de l'année 2017-2018, période au cours de laquelle les groupes armés et les forces gouvernementales ont continué à s'en prendre aux civils et à exploiter illégalement les ressources naturelles et ce, en toute impunité. Le Rapport d'Amnesty International couvrant cette période fait état de multiples violations de droits humains commises par le gouvernement congolais. En effet, la police, les services du renseignement et les tribunaux ont réprimé les droits à la liberté d'expression, d'association et de réunion pacifique. Des défenseurs des droits humains et des journalistes ont été harcelés, intimidés, arrêtés arbitrairement, expulsés ou tués. Les autorités ont continué d'interdire et de réprimer l'expression d'opinions dissidentes en public, ainsi que les rassemblements pacifiques organisés par les organisations de la société civile et l'opposition, en particulier les mouvements de protestation

---

[92] AMNESTY INTERNATIONAL, *Ibidem* ; HCDH et MONUSCO, *Rapport du Bureau conjoint des Nations Unies aux droits de l'homme sur les droits de l'homme et les libertés fondamentales en période pré-électorale en République démocratique du Congo*, entre le 1er janvier et le 30 septembre 2015, Décembre 2015, pp.16-22.

relatifs à la crise politique et aux élections[93]. Des manifestants pacifiques de l'opposition ont été intimidés, harcelés et arrêtés par les forces de sécurité ; parallèlement à cela, des sympathisants du gouvernement ont pu manifester sans que les autorités interviennent. Des défenseurs des droits humains et des jeunes militants ont été pris pour cible par les forces de sécurité et les groupes armés en raison de leur travail. La police et l'armée congolaises se sont rendues responsables de centaines d'exécutions extrajudiciaires, de viols, d'arrestations arbitraires et d'actes d'extorsion[94].

Pas moins que les années précédentes, l'année 2019 a vu se poursuivre des conflits armés insolubles et de nouvelles formes de violences commises par des acteurs étatiques ou non. Ces actes ont engendré des tueries, des enlèvements, des viols, des tortures et des déplacements massifs. On dénombre plus de 2 000 morts parmi les civils et au moins un million de personnes déplacées[95].

Par ailleurs, le gouvernement congolais a pris l'habitude de brouiller des ondes radioélectriques, d'interrompre des signaux télévisés, d'empêcher l'accès des citoyens aux réseaux de communication, aux services de réseaux comme l'envoi et la réception des messages, et aux réseaux internet tels que les médias sociaux, les moteurs de recherche ou les sites

---

[93] AMNESTY INTERNATIONAL, *La situation des droits de l'homme dans le monde*, Rapport 2017-2018, pp.380-384 ; CNDH, *Rapport ponctuel sur la situation des droits de l'homme consécutive à la marche du 31 décembre 2017 dans la Ville de Kinshasa, en République démocratique du Congo*, Kinshasa, 2018, pp.16 et S ; CNDH, *Rapport ponctuel sur la situation des droits de l'homme consécutive à la marche du 21 janvier 2018 dans la Ville de Kinshasa, en République démocratique du Congo*, Kinshasa, 2018, pp.14 et S.

[94] AMNESTY INTERNATIONAL, *Ibidem ;* CNDH, *Rapport sur la situation des droits de l'homme et des défenseurs des droits de l'homme en République démocratique du Congo*, Octobre 2017, pp.8 et S ; MONUSCO et HCDH, *Rapport d'enquête du Bureau conjoint des Nations Unies aux droits de l'homme sur les violations graves des droits de l'homme commises par des membres des forces de défense et de sécurité congolaises dans la ville de Kinshasa en République démocratique du Congo entre le 26 novembre et le 25 décembre 2011*, pp.9-15.

[95] AMNESTY INTERNATIONAL, *Afrique 2019 : Les civils en première ligne*, Rapport annuel régional, 8 avril 2020.

d'information. Quelques fois, le pouvoir public bloque l'accès à des sites Web contenant des mots-clés tels que « démocratie », « droits de l'homme », « État de droit ». L'on se rappellera que lors de l'élection présidentielle du 28 novembre 2011, les services internet et messagerie mobile avaient été fermés deux jours avant l'élection et 2 jours après l'élection, ce qui a gravement entravé les efforts d'observation de cette élection. Le même phénomène a encore eu lieu du 19 au 30 janvier 2015, en réponse aux manifestations des forces sociales opposées à la tentative de modification de la Constitution envisagée par le gouvernement. Lors des élections du 30 décembre 2018, le gouvernement a fermé les services internet et messagerie mobile pendant une période d'un mois. Ce phénomène est une violation pure et simple de la liberté d'information et celle d'expression. Ces décisions du gouvernement sont loin de prouver qu'elles sont conformes à la démocratie ou qu'elles répondent à un besoin social impérieux. L'on réalise, au contraire, que ces mesures sont prises pour préserver des intérêts égoïstes, voire illégitimes, des satrapes qui s'agrippent au pouvoir[96].

En outre, l'exécutif congolais a pris l'habitude de méconnaitre les procédures constitutionnelles relatives à l'élaboration des lois, leur promulgation, ainsi que les compétences respectives du parlement et du Président de la République en la matière. Dans certains cas, le Président de la République promulgue les lois bien au-delà du délai constitutionnel de 15 jours ; ainsi en est-il de la Loi organique n°13/011-B du 11 avril 2013 portant sur l'organisation, le fonctionnement et les compétences des juridictions de l'ordre judiciaire, adoptée en 2011 et promulguée après deux ans. Il en est également le cas de la Loi organique n°13/026 du 15 octobre 2013 relative à la Cour constitutionnelle, laquelle fut adoptée définitivement en avril 2011, déclarée

---

[96] TEKILA (J), « La liberté d'expression sur internet au carrefour des droits de l'homme et des peuples en Afrique centrale : Ce dont on ne parle pas », *Congo-Afrique*, n°514, 2017, p.338.

conforme à la Constitution par la haute juridiction suprême le 02 août 2011, mais promulguée le 15 octobre 2013[97].

Pire encore, le gouvernement utilise la procédure de promulgation pour altérer la subsistance des textes adoptés par le parlement. Cela a été le cas de la Loi organique n°13/011-B du 11 avril 2013 portant sur l'organisation, le fonctionnement et les compétences des juridictions de l'ordre judiciaire, dont certaines dispositions dans la version promulguée par le Président de la République ne correspondent pas à celles adoptées par l'Assemblée nationale et le Senat. En particulier, le libellé de son article 91 relatif à la compétence des Cours d'appel en matière des crimes internationaux n'est pas conforme à celui qui a été adopté par le Parlement. Il y a eu réécriture de la loi par le Président de la République. La formulation parlementaire se conformait au Statut de Rome en retenant le principe de défaut de pertinence de la qualité officielle de la personne poursuivie des crimes internationaux et en consacrant un transfert total de compétence des juridictions militaires à celles de droit commun en matière de crimes de masse ; en revanche, la version promulguée par le Président de la République a fait fi de ces innovations en écartant le défaut de pertinence de la qualité officielle et en limitant le transfert de compétence aux civils[98].

Le gouvernement s'est illustré par des violations répétées de la loi dans d'autres domaines comme cela a été illustré de façon flagrante à propos de l'allocation aux provinces et aux entités territoriales décentralisées de la part du budget national qui leur revient. L'article 175 al.2 de la Constitution prévoit qu'elle est de l'ordre de 40 % et doit être retenue à la source. Dans la pratique toutefois et en violation flagrante de cette disposition constitutionnelle, le gouvernement ne veut pas s'acquitter de cette obligation ; à défaut d'allouer des forfaits limités aux

---

97 KIFWABALA TEKILAZAYA (J-P), FATAKI WA LUHINDI (D), et WETSH'OKONDA KOSO (M), *République démocratique du Congo : Le secteur de la justice et l'État de droit*, Open Society Foundations, 2013, p.38.
98 KIFWABALA TEKILAZAYA (J-P), FATAKI WA LUHINDI (D), et WETSH'OKONDA KOSO (M), *Ibidem*, pp.38-39.

dépenses de fonctionnement et d'investissements, il y substitue la rétrocession de moins de 10 %[99].

Au-delà de l'absence des garanties démocratiques, les droits de l'homme sont également mis en péril par la patrimonialisation de l'État congolais.

II. La patrimonialisation de l'État

Loin d'être un « État moderne »[100], l'État congolais se caractérise en « État patrimonial ou néo-patrimonial », ce qui ne lui permet pas de garantir les droits civils et politiques, encore moins de réaliser les droits économiques, sociaux et culturels. À ce sujet, M. AKELE ADAU écrit qu'il faut prendre conscience que l'État congolais n'est ni un État moderne, ni un État de droit ; il se trouve au seuil du passage entre l'État sauvage ou primitif et l'État moderne. Il lui reste à atteindre une profonde maturation au regard de la conception du droit, des principes de justice et de la protection des droits de l'homme. De même, le niveau d'effectivité des droits de l'homme est au plus bas niveau, le Congo étant devenu une zone d'enfer, d'insécurité et de pillages[101] . Pris en otage par ses propres dirigeants, l'État se voit

---

[99] KIFWABALA TEKILAZAYA (J-P), FATAKI WA LUHINDI (D), et WETSH'OKONDA KOSO (M), *Ibidem.*, pp.38-39.

[100] Marx WEBBER définit l'État moderne comme *« une entreprise politique à caractère institutionnel lorsque et tant que sa direction administrative revendique avec succès, dans l'application des règlements, le monopole de la contrainte physique légitime »*. La spécificité de l'État moderne est définie par le mode d'exercice du pouvoir légal-rationnel, l'existence d'une bureaucratie méritocratique et hiérarchisée, le monopole de la violence légitime, la souveraineté ainsi que la stabilité des frontières ; TREIBER (H), « État moderne et bureaucratie moderne chez Max Weber » (Traduction d'Olivier MANNONI), *Trivium*, n°7, 2010, pp.1-14 ; LEROY (P), *L'État moderne et ses fonctions*, 3ème éd., Paris, Guillaumin et Ci, 1900, p.19 et S ; Sur les difficultés qu'a l'Afrique d'adopter l'État moderne, lire EDZANG ABAGA (J-B), *Lecture hégélienne des fondements de l'État moderne en Afrique*, Thèse de doctorat en Philosophie politique, Université Paris-Est, 2008, pp.48 et S.

[101] AKELE ADAU (P), « État de droit et droits de l'homme dans le contexte de la République démocratique du Congo » *in* KALINDYE BYANJIRA, *Traité*

être utilisé par les élites politiques pour leur enrichissement personnel.

La privatisation de l'État

La privatisation de l'État plongerait ses origines dans la gouvernance coloniale, dans le cadre de laquelle il y avait une collusion entre le pouvoir politique et le capital. La complicité entre l'administration coloniale et les compagnies s'est renforcée sous l'ère postcoloniale et a trouvé son apogée dans les nationalisations des entreprises privées et les privatisations des entreprises publiques[102]. La privatisation de l'État entraine deux conséquences : les rapports publics deviennent personnalisés, particularistes et patrimonialisés. Les affaires publiques étant gérées en fonction d'une finalité privée (clientélisme, népotisme, tribalisme), la politique et l'administration deviennent sources d'avantages économiques[103]. Cette expérience africaine est parfaitement décrite par Jean-François BAYART : l'accès au pouvoir de l'État est également l'accès aux ressources nationales de cet État. Le pouvoir devient, pour son détenteur, le principal instrument d'accumulation primitive, de réussite sociale, d'augmentation de prestige et d'élargissement de la clientèle politique. Il sert également à la famille de son détenteur de bénéficier des ressources de l'État au détriment des autres[104].

En RDC, l'accès au pouvoir est considéré comme le lieu par excellence où l'on mange à sa faim. En conséquence, les détenteurs du pouvoir s'adonnent à toutes les voies pour s'enrichir, y compris la corruption. Le principe d'après lequel fonctionne l'administration publique congolaise est la

---

d'éducation aux droits de l'homme en République démocratique du Congo, tome 5 : Doctrine congolaise, *op.cit.*, pp.20-21.

[102] MUTOY MUBIALA, « L'État léonin en Afrique », *Congo-Afrique*, n°524, Avril 2018, p.300.

[103] MEDARD (J-F), « La spécificité des pouvoirs africains », *Pouvoirs*, n°25, 1983, pp.19-21.

[104] BAYART (J-F), *L'État en Afrique : La politique du ventre*, Paris, Fayard, 1989, pp.9-12, 103-105, 282-298.

personnalisation des fonds publics. La classe politique congolaise s'est approprié le pouvoir, l'administration et les biens publics, en les considérant comme ses biens personnels, faisant de la politique un gagne-pain. Les fonctions publiques sont devenues de véritables offices utilisés comme sources de statut, de prestige, de récompense[105].

Concernant l'État proprement dit, il a fini par s'essouffler en matière de fonctionnement efficient des services publics. La mauvaise gestion, la corruption, la gabegie, la politique du ventre, le manque de rigueur, de contrôle, de répression des mauvaises pratiques expliquent aussi les difficultés étatiques à maîtriser son fonctionnement administratif au nom de l'intérêt général ; C'est, pour tout dire un État criminel[106]. Le gouvernement congolais s'est transformé en agresseur et oppresseur de sa propre population. Pendant que sous d'autres cieux les hommes d'État s'illustrent par la recherche de la paix et les efforts en vue du développement et d'émancipation de leurs populations, les « hommes forts » congolais se confirment dans le banditisme d'État, le massacre de leur population, le pillage et l'exclusion. Ils s'engraissent et n'hésitent même pas à détourner les aides alimentaires destinées à leur peuple[107].

L'État congolais offre des garanties médiocres pour la défense même de la nation. C'est un État prédateur, fragile, appliquant la politique du ventre. Le pays est gouverné par des régimes successifs de gangs prédateurs. Le système politique et économique est fondé sur la prédation des ressources nationales par ceux qui sont censés garantir la protection des biens communs et la promotion de l'intérêt général. L'État demeure la source d'enrichissement des gouvernants qui poussent leur envie jusqu'à la privatisation de l'institution étatique et de ses organes.

---

105 GLELE (M-A), *Naissance d'un État noir*, Paris, LGDJ, 1969, pp.334 et S ; BENOT (Y), *Indépendances africaines*, Paris, Maspero, 1975, tome I, p. 96.

106 V. NIZA, *L'État contre le peuple : La gouvernance, l'exploitation minière et le régime transitoire en République Démocratique du Congo,* Netherlands institute for Southern Africa, 2006, pp.5 et S.

107 BAGENDA (P), *Le Congo malade de ses hommes : Crises, pillages et guerres*, Bruxelles, éd. Entraide et fraternité, 2003, p.16

Bref, le pays se délite sur le fondement de la kléptocratie[108]. Cette culture politique en souffrance a engendré le chaos dans tous les secteurs au point que l'État est ruiné, tombé en faillite et affublé d'un bilan multisectoriel désastreux[109]. En conséquence, l'on assiste au retrait, à la quasi-disparition de l'État de ses tâches logiquement providentielles en faveur de la cité. La situation est pire en matière de protection des droits fondamentaux des populations, notamment les droits sociaux, économiques, culturels, civils et politiques, où l'État fait souvent et suffisamment montre de ses défections et de la mauvaise volonté de ses animateurs. Son influence et son intervention ne paraissent plus remarquables que sur les plans de l'exercice de la coercition, de la répression, de la violence publique, des abus sécuritaires, des dérives autoritaristes et souverainistes[110].

Sur le plan social, la crise de l'État est lisible à travers le déficit d'effectivité du gouvernement. Celui-ci est incapable d'accorder aux citoyens une protection socio-économique juste et équitable, encore moins de promouvoir le bonheur des individus. Son incidence effective dans la vie communautaire est quasiment réduite à néant. Son efficience même est sujette à problématique. Les citoyens ont le sentiment de la faillite de l'État, ou mieux d'un vide étatique. Personne ne sait s'il existe un État au Congo. L'État congolais fonctionne selon un mode qui lui est spécifique : *« institution de façade qui masque une entreprise de vol et de prédation »*[111], l'État s'est ouvertement

---

[108] MAMBI TUNGA-BAU (H), *Kleptocratie et mensonges en politique au Congo-Kinshasa : Résilience des citoyens pour sauver la République*, Paris-Louvain-la-Neuve, L'Harmattan-Academia, 2020, pp.7-11.

[109] TSHILUMBA KALOMBO (G), *RD Congo : Syndrome d'un échec politique*, Paris, L'Harmattan, 2019, pp.17-20 ; ENGLEBERT (P) et TULL (D), « Contestation, négociation et résistance : L'État congolais au quotidien », *Politique africaine*, n°129, 2013, Vol.1, pp.5-22.

[110] Comparer GANKAMA (L), « Le mouvement associatif des droits de l'homme au Congo : Expression de nouvelles formes de citoyenneté ? », *in* GAMANDZORI (J), *Congo-Brazzaville : État et société civile en situation de post-confit*, Paris, L'Harmattan, 2009, pp.41-42.

[111] SASHA LEZHNEV, *Un État criminel : Comprendre et lutter contre la corruption institutionnalisée et la violence en République démocratique du Congo*, Deuxième volet de la série d'Enough Project sur les kleptocraties violentes en Afrique de l'Est et Afrique centrale, 2016, p.3.

désengagé des secteurs vitaux de la vie de sa population. Le territoire congolais apparait comme un espace à la recherche d'un État ; il est habité par une population désireuse de s'assumer, de se démocratiser, de sortir du cycle permanent et endémique de la violence politique par l'instauration d'un État démocratique et respectueux des droits de l'homme. En l'état actuel de choses, l'État congolais est en panne : il a, pour tout dire, démissionné de l'une de ses fonctions premières, à savoir la défense des droits des citoyens[112]. Ainsi, dans un contexte d'anomie généralisée, le vol et le pillage du bien public tendent à devenir la norme. Du petit larcin et des combines de survie aux détournements massifs, de l'illicite au criminel, une pyramide d'acteurs composent une société sans foi ni loi dans un État dévoyé[113]. En conséquence, le peuple congolais est meurtri par des violences politiques récurrentes et interminables, paupérisé par une gestion égoïste et prévaricatrice, confiné dans l'ignorance par le délabrement de son système éducatif, divisé par un sectarisme tribalo-provincial que renforce l'absence d'infrastructures de routes et de communication, affaibli par la résurgence de graves épidémies que favorisent le désordre sanitaire et le délabrement de l'hygiène publique[114].

[112] Pour John LOCKE, la raison d'être de l'État est moins la garantie de l'ordre que celle des droit naturels des individus que sont le droit à la vie, à la liberté, à la propriété, etc. Dès lors, le pouvoir social étant institué dans l'unique but d'en assurer le respect, il n'existe légitimement que s'il les respecte ; LOCKE (J), *Traité de gouvernement civil*, Flammarion, 2è édition, 1999 ; TERREL (J), *Les théories du pacte social : Droit naturel, souveraineté et contrat de BODIN à ROUSSEAU*, éd. Du Seuil, 2001, pp.340 et S.

[113] POURTIER (R), « Le Congo (RDC) entre guerre et pillage », *Bulletin de l'Association de géographes français*, n°2, 2002, p.256 ; KENNES (E), « Le secteur minier au Congo : "Déconnexion" et descente aux enfers », *in* REYNTJENS (F) et MARYSSE (S), Dir., *L'Afrique des grands Lacs*, Annuaire 1999-2000, Paris, L'Harmattan, 2000, p.342.

[114] AKEKE ADAU (P) et DJOLI (J), « Les élections : Pour quel projet de société ? Elections et émergence d'une société démocratique », *Congo-Afrique*, n°402-403, 2006, p.68.

L'institutionnalisation de la corruption et la confiscation du pouvoir politique

Sur le plan administratif, la crise de l'État est lisible à travers l'institutionnalisation de la corruption. En effet, la corruption constitue un mal radical dans la mesure où elle constitue une négation de l'État en tant qu'institution. Elle remet en cause la qualité des institutions publiques, elle procède à la disqualification des fictions démocratiques, elle a des conséquences sur le respect des droits de l'homme, l'État de droit, la démocratie et la bonne gouvernance[115]. Bien plus, « *l'institutionnalisation de l'État moderne et de la démocratie, vont (...) de pair avec un processus de différenciation du public et du privé. Si l'on part de l'idée que la corruption se caractérise justement dans son essence par la confusion du public et du privé, on réalise à quel point la corruption constitue la négation même de l'État, dans son acception idéale typique, et la négation de la démocratie* »[116]. La corruption est largement considérée comme un danger pour les régimes démocratiques. En sapant les institutions et les valeurs démocratiques, les valeurs éthiques et la justice et en compromettant le développement durable et l'État de droit, la corruption est une menace pour la stabilité et la sécurité des sociétés. Elle a un impact négatif sur la légitimité des institutions politico-administratives en ce sens qu'elle réduit fortement la confiance dans les gouvernements et les administrations[117].

Dans le contexte congolais, la corruption affecte la distribution des ressources publiques, entrave l'accès aux services de base comme la santé et l'éducation, puis nuit aux petites et moyennes entreprises qui souhaitent accéder aux

---

115 ABDOU HASSAN (A), « L'hydre de la corruption dans les relations euro-africaines », *Annuaire africain des droits de l'homme*, n°2, 2018, pp.348-350.
116 MEDARD (J-F), « Les paradoxes de la corruption institutionnalisée », *Revue internationale de politique comparée*, Vol.13, n°4, 2006, p.700.
117 Voir Le Préambule de la Convention des Nations Unies sur la corruption ; LAVALLEE (E), « Corruption et confiance dans les institutions politiques : Test des théories fonctionnalistes dans les démocraties africaines », *Afrique contemporaine*, n°220, 2006, Vol.4, pp.163-164.

marchés en vue de parvenir à un tissu économique durable capable de vaincre la pauvreté. Elle mine la légitimité et le fonctionnement de l'État, affectant ainsi sa capacité à assurer la sécurité des personnes et des biens[118]. Le constat est lu de tout le monde : en RDC, la corruption est à la fois systémique et généralisée. Elle est la règle et non plus seulement l'exception ; elle est généralisée à l'ensemble de la vie sociale. L'on conçoit au Congo qu'on ne peut fonctionner sans y recourir, le handicap étant trop important. On peut ainsi parler de corruption d'État et de corruption comme mode d'institutionnalisation de l'État[119]. Plusieurs Rapports montrent que la corruption en RDC a atteint des proportions tellement alarmantes qu'elle représente une menace pour la sécurité du pays[120]. En effet, les agents de l'administration publique ne sont ni équipés ni motivés pour le service de la communauté. Beaucoup de ces fonctionnaires n'ont pas été nommés ni placés là où ils sont en raison de leur compétence ni en vue du bien commun. Pour survivre et servir les parrains qui les ont placés, ils accablent la population locale de multiples taxes et amendes, les unes plus arbitraires que les autres. L'administration publique et les forces de l'ordre, qui ont pour mission d'encadrer et sécuriser la population, deviennent pour elle un fléau. Leur présence au milieu de la population est souvent cause d'insécurité, de pillages et de massacres[121].

---

[118] MULUMA MUNANGA (A), « Corruption et pauvreté : Que faire pour la relance socio-économique en RD Congo ? », *Congo-Afrique*, n°430, Décembre 2008, p.825.

[119] MEDARD (J-F), « Les paradoxes de la corruption institutionnalisée », *op.cit.*, p.701 ; MUTAMBA LUKUSA (G), *L'économie congolaise de 2003 à 2011 : Défis et opportunités*, Paris, L'Harmattan, 2012, p.17 ; Pour un aperçu général de la corruption en RDC, se référer à KABONGO TUNSALA (J), *La corruption en République Démocratique du Congo*, Paris, L'Harmattan, 2016, 130 p.

[120] INTERNATIONAL CRISIS GROUP, « A Congo action plan », *Africa briefing*, n° 34, October 2005.

[121] LES ÉVÊQUES CATHOLIQUES DU ZAÏRE, « Des dirigeants nouveaux pour le salut du peuple », *Zaïre-Afrique*, n°293, Mars 1995, pp.134 et S.

Sur le plan politique, la crise de l'État est visible à travers la confiscation du pouvoir. L'élite dirigeante congolaise use de la puissance de son pouvoir pour persécuter la population et garantir son maintien au pouvoir, tout comme elle utilise l'État pour empêcher l'exercice de la démocratie. Avec une expression démagogique, elle parle au nom de l'intérêt général et de l'État de droit sans pour autant les réaliser. Colonisé par des individus vicieux, l'État devient un instrument de domination, d'oppression au service d'une élite dirigeante pathologique qui vulgarise les faiblesses humaines et les antivaleurs[122]. Par ailleurs, l'intérêt de la nation s'identifie au succès du régime à réaliser ses objectifs politiques et économiques. Les rapports entre l'appareil de l'État et l'appareil du parti présidentiel manifestent la primauté du parti ; les instances politiques nationales orientent les instances nationales de l'État. Engagés dans des aventures individuelles ambiguës et hantés par la fragilité de leur pouvoir, les dirigeants congolais consacrent l'essentiel de leur énergie à la sécurité de leur régime, sécurité qu'ils sont prêts à défendre à tout prix, même à celui d'une alliance avec le diable contre les intérêts du peuple[123]. Le phénomène totalitaire en RDC se résume en une négation méthodique des frontières qui séparent l'État en tant que groupement politique et le parti politique qui se trouve à sa tête. L'État congolais n'a aucune existence en dehors du parti et la société est écrasée par la volonté unilatérale du parti présidentiel. Le pouvoir reste perçu, ici, non pas comme commandement légitime, fondé sur une délégation démocratique de la souveraineté, mais comme puissance. Le pouvoir dictatorial congolais assimile l'autorité à un autoritarisme brutal qui ne peut se maintenir que par la terreur qu'il inspire à la population. Tout est dès lors mis en œuvre afin d'empêcher l'expression de la

---

[122] SOUGA NIEMBA (J), *État de droit, démocratique, fédéral au Congo-Kinshasa : Source de stabilité en Afrique centrale*, Paris, L'Harmattan, 2002, pp.227-228.

[123] TOURE (Y), *Afrique : L'épreuve de l'indépendance*, Paris, P.U.F., 1983, pp.37-41 ; BANYWESIZE (E), « Pensée complexe et gouvernance : Le cas de la République démocratique du Congo », *Hermès, La Revue*, n°60, Vol.2, 2011, p.210.

moindre contestation, de la plus élémentaire manifestation d'autonomie aussi bien politique que civile[124].

En dehors des obstacles socio-politiques qui freinent la garantie des droits fondamentaux en RDC, il existe d'autres obstacles qui lui barrent la route, cette-fois de nature socio-économique.

[124] KUMBU-KI-NGIMBI (J-M), « Les fondements d'un État de droit démocratique », *in* WEIBEZAHL (T), Dir., *L'armée et l'État de droit en République démocratique du Congo*, Kinshasa, Fondation Konrad Adenauer, 2012, pp.24-25.

SECTION II. LES OBSTACLES SOCIO-ÉCONOMIQUES À LA PROTECTION DES DROITS DE L'HOMME

L'expérience du développement en RDC est une succession d'échecs. Le pays offre tous les symptômes d'un *État fragile*[125]. Cette fragilité empêche l'État de donner un contenu concret aux droits de l'homme, allant jusqu'à se retrouver dans l'incapacité d'offrir à son peuple des services de base. Il en est résulté une extrême pauvreté des populations congolaises, laquelle constitue, à n'en point douter, un véritable déni des droits fondamentaux (I). Pour illustration, la situation du marché de travail congolais est catastrophique. Elle est caractérisée par la destruction des emplois, la faiblesse des revenus salariaux et l'effritement du pouvoir d'achat des ménages. Certains désignent ces salaires modiques et perçus irrégulièrement par le concept de « sida social »[126]. Cette situation a engendré un état de chômage généralisé au point que l'économie institutionnelle s'est totalement dégradée, entrainant en conséquence la fragilité des droits économiques (II).

---

[125] Un État fragile est « *un État dont les instances étatiques n'ont pas la volonté politique et/ou la capacité d'assumer les fonctions essentielles pour faire reculer la pauvreté et promouvoir le développement, ni d'assurer la sécurité de la population et le respect des droits de l'homme* » ; OCDE, « Concepts et dilemmes pour le renforcement de l'État dans les situations de fragilité : De la fragilité à la résilience », *Revue de l'OCDE pour le développement*, Vol. 9 n° 3, p.19 : OCDE, CAD, *Principes pour l'engagement international dans les États fragiles et les situations précaires*, Avril 2007 ; DUBUY (M), « États fragiles et droits de l'homme », *Civitas Europa*, n°28, 2012, Vol.1, pp.35-54.

[126] KASESHI MULENGE (A), « L'expérience du développement au Congo-Kinshasa : Bilan et perspectives », *Congo-Afrique*, n°511, Janvier 2017, pp.24-25.

I. L'extrême pauvreté de la population congolaise

La pauvreté traduit « *l'état de privation, de dénuement ou de manque qui caractérise un individu, un ménage ou une communauté d'hommes qui sont, par le fait même, incapables de subvenir à leurs besoins fondamentaux et sociaux et qui, de ce fait, sont exclus des modes de vie courants, des habitudes et des activités* »[127]. La pauvreté constitue une violation des droits humains ; lutter contre la misère quotidienne est une obligation éthique et civile incontournable. En effet, la pauvreté n'est pas la conséquence de l'incapacité des populations pauvres à rivaliser au sein d'une compétition générale faite d'opportunités supposées égales. Elle ne perdure pas davantage seulement par le fait de gouvernements incompétents et corrompus qui sont insensibles au destin de leurs populations. Fondamentalement, la pauvreté n'est pas une question de niveau de vie ni même de certaines formes de conditions de vie. C'est à la fois la cause et la conséquence du déni total ou partiel des droits humains[128]. En ce sens, Hannah ARENDT écrit que l'ignominie de la pauvreté tient à sa force de déshumanisation ; la pauvreté avilit parce qu'elle impose aux hommes le diktat absolu de la nécessité,

---

[127] MULUMA MUNANGA (A*), op.cit.*, p.821.

[128] SANE (P), « L'abolition légale de la pauvreté », (Traduction de François BELLEC), *Congo-Afrique*, n°394, Avril 2005, pp.199-200. Plusieurs études empiriques ont établi des rapports entre niveaux de revenu, croissance économique et démocratisation. Les résultats montrent qu'il existe en effet une corrélation positive entre développement économique et démocratie. L'accès aux ressources étant considéré comme une source de pouvoir, leur concentration entraîne des régimes autocratiques, alors qu'un large spectre de distribution de ces ressources rend possible le partage du pouvoir et le respect des règles démocratiques. En conséquence, l'exclusion économique et sociale d'une partie significative de la population met en danger les acquis des libertés civiles et politiques dans une démocratie ; POPPOVIC (E-C) et PINHEIRO (P-S), « Pauvreté, droits de l'homme et processus démocratique », *Droit et société*, n°34, 1996, pp.638-641. Par ailleurs, la pauvreté a un poids spécifique dans l'explication des conflits et dans le processus d'engrenage et de propagation non régulée qui les caractérisent. La pauvreté favorise les conflits ; ces derniers sont d'autant plus probables que le niveau de revenu par tête est faible ; HUGON (P), « Conflits armés, insécurité et trappes à pauvreté en Afrique », *Afrique contemporaine*, n°218, 2006, Vol.2, pp.37-38.

lequel compromet toute participation à la vie publique sur un pied d'égalité[129].

La pauvreté demeure une notion relative et varie d'un pays à un autre. Généralement, elle se conçoit par négation des besoins essentiels liés à la commodité de la vie et dont la satisfaction procure les meilleures conditions d'existence et de travail conformes à la dignité humaine[130]. Il s'agit principalement de l'alimentation, de la santé et de l'éducation.

Un déni du droit à l'alimentation

Le droit à l'alimentation a été reconnu pour la première fois dans la Déclaration universelle des droits de l'homme (DUDH), en son article 25, au titre du droit à un niveau de vie suffisant. Il a fait l'objet d'une règlementation contraignante dans le Pacte international relatif aux droits économiques, sociaux et culturels (PIDESC), en son article 11 par lequel les États se sont engagés à prendre les mesures nécessaires pour réaliser le droit de toute personne à un niveau de vie suffisant pour elle-même et sa famille, y compris une nourriture suffisante ainsi que le droit fondamental qu'a toute personne d'être à l'abri de la faim. Afin de protéger plus spécialement les groupes vulnérables, le droit à l'alimentation a été reconnu pour les femmes dans la Convention sur l'élimination de toutes les formes de discrimination à l'égard des femmes (articles 12 et 14), pour les enfants dans la Convention relative aux droits de l'enfant (articles 24 et 27), pour les réfugiés dans la Convention relative au statut des réfugiés (articles 20 et 23). En échos à ses engagements internationaux, la RDC a consacré la garantie du droit à la sécurité alimentaire dans sa Constitution, en son article 47 alinéa 1er.

---

129 ARENDT (H), « De la révolution », trad. BERRANE (M), *in* REYNAUD (P), *L'humaine condition*, Paris, Gallimard, 2012, p.377.

130 Sur la qualification juridique de la pauvreté et des contours de cette notion en droit international, voir OSSETE OKOYA (G-C), *Pauvreté et droit international : Recherche sur la définition du statut juridique de la pauvreté*, Thèse de doctorat en droit, Université de Reims Champagne-Ardenne, 2015, pp.13 et S., pp.25 et S., pp.102 et S.

Le droit à l'alimentation est « *le droit d'avoir un accès régulier, permanent et libre, soit directement, soit au moyen d'achats monétaires, à une nourriture quantitativement et qualitativement adéquate et suffisante, correspondant aux traditions culturelles du peuple dont est issu le consommateur, et qui assure une vie psychique et physique, individuelle et collective, libre d'angoisse, satisfaisante et digne* »[131]. Il est réalisé « *lorsque chaque homme, chaque femme et chaque enfant, seul ou en communauté avec d'autres, a physiquement et économiquement accès à tout moment à une nourriture suffisante ou aux moyens de se la procurer* »[132].

En dépit de la consécration constitutionnelle et internationale du droit à la sécurité alimentaire, la RDC figure en bonne place parmi les pays gangrenés par l'insécurité alimentaire. Elle représente un des pays les plus malnutris du monde, avec plus de 7,7 millions de personnes en crise alimentaire aigue[133] et quelques 42 millions d'habitants en insécurité alimentaire[134], sur un total d'environ 70 millions d'habitants. Les taux de couverture de besoins calorifiques et protéiques sont passés de 2269.1 Kilocalories et 36.3 grammes de protéines par habitant et par jour en 1961 à 1590 Kilocalories et 24.7 grammes en 2004[135]. Selon

---

[131] E/CN.4/2001/53,§14.http://www.droitshumains.org/alimentation/pdf/fevr_01.pdf, consulté le 15-7-2020.

[132] CODESC, Observation générale n°12 (1999) : Le droit à une nourriture suffisante (art. 11 du Pacte), *in* UN, *Instruments internationaux relatifs aux droits de l'homme*, Volume 1 : Récapitulation des Observations générales ou Recommandations générales adoptées par les organes créés en vertu d'instruments internationaux relatifs aux droits de l'homme, p.68.

[133] Voir le Rapport d'OCHA sur la sécurité alimentaire en RDC, 2017. L'agence onusienne note que parmi les facteurs à la base de la hausse de la crise alimentaire figurent la crise humanitaire des régions du Kasaï ainsi que l'extension des conflits intercommunautaires dans le Tanganyika et dans la partie orientale du pays. Quelques facteurs aggravants seraient à la base de la détérioration de la sécurité alimentaire notamment le déplacement interne d'environ 3,7 millions de personnes, la dépréciation de la monnaie nationale face à la devise américaine et la perte du pouvoir d'achat du franc congolais.

[134] FAO/RDC, *Mission à moyen terme de la FAO : Les grands enjeux pour la RDC en matière de production alimentaire*, Table ronde sur l'agriculture, Kinshasa, 19-20 mars 2004, p.11.

[135] Voir le Site web www.faostat.org, consulté le 15 mars 2020.

l'état de l'insécurité alimentaire au monde dressé par le FAO en 2001, la RDC est le pays qui a enregistré la plus grande augmentation de la proportion des sous-alimentés sur la période 1990-1992 à 1997-1999, soit 29 % ou 17 millions de personnes, représentant 22 % d'augmentation sur cette période dans le monde[136].

Des millions de congolais sont exclues de tout accès aux ressources qui leur permettraient de mener une vie digne, à l'abri de la faim, dans la mesure où ils n'ont pas accès à des ressources productives suffisantes (principalement la terre, l'eau, les semences, mais aussi la pêche) ou à un revenu suffisant qui leur permettrait d'assurer, ainsi qu'à leur famille, une existence digne et à l'abri de la faim. Ceci constitue une preuve que le droit à l'alimentation est en constante violation[137]. Les Congolais ne mangent plus qu'une seule fois par jour, quand ce n'est pas une fois tous les deux jours : la malnutrition a envahi la population congolaise. La qualité de la nourriture ingérée par les habitants de la RDC est très pauvre. Pour la plupart des observateurs, la manière dont la population congolaise fait face à la crise alimentaire tient à la fois du miracle et du mystère. Certaines villes du pays, surtout celles anciennement touchées par les conflits armés, affichent des niveaux de pauvreté visiblement alarmants ainsi qu'un état d'insécurité alimentaire chronique. Les résidents de ces villes connaissent une existence fort précaire et sont extrêmement vulnérables à des événements exogènes tels que les fluctuations monétaires, les maladies et les pertes d'emploi. Dans les zones où persistent encore les conflits armés, la population est obligée de se réfugier dans des forêts et de vivre de la chasse et de la cueillette, de se nourrir principalement des tubercules de manioc et des fruits sauvages, sans recevoir ni soins

---

136 TOLENS (E), *L'état actuel de la sécurité alimentaire en RD Congo : Diagnostics et perspectives*, Atelier sur « De l'aide humanitaire d'urgence au développement durable de l'agriculture pour une meilleure sécurité alimentaire en RDC », Alliance Belgo-Congolaise, Kinshasa, 18 février 2003.

137 Comparer GOLAY (C) et ÖZDEN (M*), Le droit à l'alimentation* : *Un droit humain fondamental stipulé par l'ONU et reconnu par des traités régionaux et de nombreuses Constitutions nationales*, Une collection du Programme Droit Humains du Centre Europe-Tiers Monde (CETIM), p.4.

médicaux ni support d'aucune sorte. Leur état nutritionnel est alarmant car ce régime alimentaire déséquilibré entraine diverses carences nutritionnelles et une vulnérabilité accrue aux maladies[138].

L'insécurité alimentaire qui frappe de plein fouet la RDC a atteint un degré jamais atteint dans le passé. Cette situation chaotique est difficile à expliquer pour un pays qui a la capacité de nourrir, en hypothèse forte, 2,9 milliards de personnes si suffisamment d'intrants sont réalisés, soit la moitié du monde ou l'ensemble du continent africain. Cette situation paradoxale fascine autant qu'elle trouble : un pays riche peuplé des pauvres[139]. La dégradation permanente de la situation alimentaire a pris des dimensions dramatiques avec la persistance de la crise sanitaire liée à la Covid-19. Pour contrecarrer ces effets néfastes et désamorcer le risque grandissant des émeutes de la famine dans le pays, l'État congolais doit adopter des politiques économiques, environnementales et sociales appropriées visant à l'élimination de la pauvreté et à la réalisation effective de la sécurité alimentaire, étant entendu que cette dernière est indissociable de la dignité intrinsèque de la personne humaine et est indispensable à la réalisation des autres droits fondamentaux. De ce fait, le gouvernement doit maintenir les disponibilités alimentaires à un niveau compatible avec la demande alimentaire et garantir l'accès à l'alimentation aux plus démunis. Pour y arriver, il faut mettre en place des mécanismes conjoncturels et structurels pour endiguer les déficits en denrées alimentaires.

---

138 TOLLENS (E), « Sécurité alimentaire à Kinshasa : un face-à-face quotidien avec l'adversité », *in* TREFON (T), Ed., *Ordre et désordre à Kinshasa : Réponses populaires à la faillite de l'État*, Paris, L'Harmattan, 2004, pp.62-63, 76-77.

139 La RDC regorge d'énormes potentialités naturelles, économiques et humaines, mais se classe parmi les pays les plus pauvres. Ce contraste a été stigmatisé dans le Rapport national du Programme des Nations Unies pour le développement (PNUD) d'après lequel « *la RDC est un pays des paradoxes. Dotée d'immenses ressources naturelles variées, elle figure parmi les trois derniers pays du classement mondial sur la base du Produit Intérieur Brut (PIB) par tête d'habitant* » ; TREFON (T) et DE PUTTER (T), *Ressources naturelles et développement : Le paradoxe congolais*, Paris, L'Harmattan, 2017, p.13 ; KARURA (B) et MBAYA (R), *Déterminants psychosociologiques de la pauvreté en RD Congo*, Paris, L'Harmattan, 2019, pp.12-13.

Plusieurs actions peuvent être envisagées à cet effet, mais elles devront converger vers les deux directions principales et complémentaires : inonder les marchés des vivres par des actions d'urgence et sécuriser les approvisionnements alimentaires dans le temps par une redynamisation du secteur de la production alimentaire locale[140].

Le droit à l'alimentation implique non seulement la disponibilité et l'accessibilité des aliments solides, mais également celles de l'eau. On remarque toutefois que le contexte congolais est en contradiction flagrante avec la mise en œuvre du droit à l'eau. Cette denrée y est non seulement rare, mais également non salubre. La situation est pire en milieu rural où la crise de l'eau potable est extrêmement marquée[141]. Pas plus que les campagnes, les milieux urbains ne sont pas épargnés. La tendance est à la pénurie d'eau, à une absence générale d'un approvisionnement en eau potable, ce qui exacerbe l'état de pauvreté des populations congolaises. L'eau potable est difficile d'accès. En dépit du fait que la RDC soit le pays d'Afrique possédant les ressources hydrauliques les plus importantes, elle fait paradoxalement face à une crise aiguë de l'approvisionnement en eau potable. Plus pratiquement, près de 26 % seulement de la population (évaluée à plus de 70 millions d'habitants) ont accès à une eau potable salubre, l'un des taux les plus faibles d'Afrique subsaharienne. L'état détérioré des infrastructures hydrauliques et la croissance rapide de la population (estimée à 3 pour cent par an) expliquent le déclin de l'accès à l'eau[142].

Les citoyens ne savent plus à quel saint se vouer ; ils puisent de l'eau dans des sources, souvent de simples sources captées, ou

---

140 TSHINGOMBE MULUBAY (F), « La RDC face à la crise alimentaire mondiale », *Congo-Afrique*, n°429, Novembre 2008, pp.743 et S.

141 SUNDI MBAMBI (P), « Le droit à l'eau potable en milieu rural : Le cas du projet 'Village assaini' », *Congo-Afrique*, n°515, Mai 2017, pp.439 et S.

142 Programme des Nations Unies pour l'Environnement, *Problématique de l'eau en République Démocratique du Congo : Défis et Opportunités*, Nairobi, 2011, pp.4 et 27 ; MAZALTO (M), « Pollution des sources d'eau en République démocratique du Congo : Réflexion sur les nouveaux modèles de développement dans le secteur minier », *Horizons Maghrébins : Le droit à la mémoire*, n°53, 2005, p.125.

ils se servent tout simplement de l'eau de pluie collectée des toitures des maisons et stockée dans des récipients. Bon nombre d'entre eux recourent même aux eaux de surface qui sont insalubres. La REGIDESO, société nationale chargée de la fourniture de l'eau, est fragilisée par la vétusté de ses matériels due à des dizaines d'années de sous-investissements. Elle souffre d'inaction et est délaissée à son triste sort par le gouvernement congolais, totalement désengagé des services publics. Les citadins dépendent le plus souvent d'un accès collectif à un robinet commun. Seule une infime minorité de la population a accès à une eau salubre ; l'eau potable est regardée et vue par beaucoup comme un luxe réservé à quelques privilégiés. En RDC, « *le robinet est en grève* », « *l'eau est rare comme elle l'est au Sahara* » ; ces mots retentissent à travers tout le pays pour exprimer l'une des luttes majeures de la vie quotidienne de la population. L'approvisionnement en eau potable, en eau de cuisson et de lessive est le résultat d'une véritable lutte, qui en est venue à occuper une place primordiale dans la série de défis qu'affrontent quotidiennement les ménages congolais. L'eau est indisponible dans la plupart de quartiers de villes et villages congolais[143]. Cet état de choses conduit le plus souvent à des maladies hydriques comme le choléra, la diarrhée et la fièvre typhoïde, au sein d'une population déjà affaiblie par la sous-alimentation.

Une négation du droit à la santé

Le droit à la santé est garanti et protégé par l'article 47 al.1er de la Constitution congolaise. Sur le plan international, le droit à la santé est consacré par les articles 22 et 25 de la DUDH ainsi que l'article 12 du PIDESC. Sur le plan régional, le droit à la santé est garanti par l'article 16 de la Charte africaine des droits de l'homme et des peuples. D'après la définition donnée par le

---

143 TREFON (T) et MARACTHO MUDZO (A), « Le robinet est en grève : La (non) distribution d'eau et les stratégies d'approvisionnement », *in* TREFON (T), Ed., *Ordre et désordre à Kinshasa : Réponses populaires à la faillite de l'État*, *op.cit.*, pp.47-48.

philosophe Georges CANGUILHEM, « *la santé, chez les êtres humains, est la capacité prolongée d'un individu de faire face à son environnement physiquement, mentalement, émotionnellement et socialement* »[144]. Cette définition rejoint celle de l'Organisation mondiale de la Santé qui traite cette notion de façon maximaliste : « *la santé est un état de complet bien-être physique, mental et social, et ne consiste pas seulement en une absence de maladie ou d'infirmité* »[145]. La jurisprudence de la Commission africaine des droits de l'homme et des peuples permet de conclure que la réalisation du droit à la santé comporte : l'existence de structures de santé et un accès à ceux-ci sans discrimination, les soins de santé et les conditions saines, les éléments qui sous-tendent la santé comme l'accès à l'eau potable et saine, un apport suffisant de nourriture saine, la nutrition, le logement et la liberté de l'individu qui doit être protégée de toute ingérence [146].

Au regard de la carence des équipements sanitaires et de divers autres biens et services en rapport avec la santé dont sont victimes les citoyens congolais, il est permis de déduire que l'État congolais ne protège pas à suffisance le droit à la santé. En effet, la plupart des décès survenus en RDC sont dus à l'absence des structures sanitaires de base. Dans plusieurs régions notamment, le système de santé qui était déjà peu performant avant l'éclatement de la guerre, s'est détérioré davantage avec les pillages, la fuite du personnel et le manque des ressources. Près de 70 % de la population congolaise n'a pas accès aux services de santé d'autant plus que « *le financement public de l'ensemble du système de santé est quasiment inexistant. Le fonctionnement et la rémunération des personnels dépendent du recouvrement des coûts et les patients paient le salaire du personnel soignant,*

---

[144] CANGUILHEM (G), « La santé : Vérité du corps », *in L'homme et la santé*, Vol.1, Paris, Seuil, 1992, p.15, cité par KITAEFF (R), « Le 'droit à la santé' : Contribution à une étude des ancrages conventionnels et constitutionnels », *Annuaire international de justice constitutionnelle*, n°22, 2006, p.61.

[145] Voire le Préambule de la Constitution de l'OMS, adoptée par la Conférence internationale de la Santé, tenue à New York du 19 juin au 22 juillet 1946.

[146] GUEMATCHA (E), « La justiciabilité du droit à la santé en Afrique : Les décisions de la Commission africaine des droits de l'homme et des peuples », *Droits fondamentaux*, n°16, 2018, p.7.

ce qui induit deux conséquences majeures : l'impossibilité de baisser les tarifs de consultation et d'actes médicaux au-dessous d'une certaine limite, et l'impossibilité actuelle du système de santé congolais d'offrir les traitements »[147] adéquats en vue d'un meilleur état de santé des citoyens.

À Kinshasa, la capitale de la RDC et pire encore dans d'autres villes et villages du pays, le secteur de la santé publique connait un destin tragique. Une approche mercantile du domaine de la santé publique a remplacé la notion de service public, tombée depuis longtemps dans l'oubli. Les malades doivent se contenter de soins de moindre qualité et en supporter les coûts croissants. Vu la situation de crise généralisée qui se vit au pays, ce n'est que s'ils sont sérieusement malades ou fortement diminués que les gens cherchent à se faire soigner. Les contraintes financières forcent les gens à remettre à plus tard le recours à des soins professionnels. Lorsqu'un problème de santé se déclare, les gens tentent tout d'abord de se soigner par des auto-prescriptions en recourant à des pseudo-pharmacies du quartier ou aux médicaments de la rue. Ce n'est que quand la situation empire réellement que le congolais cherche activement à se faire soigner. Pour la majorité de congolais, le concept même de « *santé pour tous* » introduit par l'OMS n'est plus qu'une lointaine utopie[148].

Le système sanitaire congolais connait un dysfonctionnement grave au point qu'il est dans l'incapacité d'offrir de soins de santé adéquats à l'ensemble de citoyens. Plusieurs facteurs sont en lien avec cette situation : la mauvaise gouvernance conséquente à la faiblesse de la régulation du secteur suite à l'absence des lois, normes et directives appropriées ; l'insuffisance quantitative et qualitative des ressources humaines dans le secteur de la santé due à la prolifération des institutions de formation, à un système de formation continue inopérant et à une faible motivation du

[147] MOUFFLET (V), « Le paradigme du viol comme arme de guerre à l'Est de la République démocratique du Congo », *Afrique contemporaine*, n°227, 2008, Vol.3, p.123.

[148] PERSYN (P) et LADRIERE (F), « A Kinshasa, la vie tient du miracle : Nouvelles approches de la santé publique », *in* TREFON (T) (Ed.), *Ordre et désordre à Kinshasa : Réponses populaires à la faillite de l'État*, *op.cit.*, pp.81-94.

personnel ; la pénurie et la mauvaise qualité des médicaments essentiels dans les structures sanitaires et services spécialisés ; le délabrement des infrastructures et la vétusté des équipements ; l'insuffisance ou le manque de suivi et l'éclatement du système d'information sanitaire ; la faiblesse du financement[149]. En conséquence, la RDC détient le record mondial de mortalité maternelle et infantile ; un nouveau-né congolais sur cinq n'atteint jamais l'âge de cinq ans[150]. Bien plus, l'organisation du marché des médicaments en RDC laisse à désirer et l'on observe un laxisme dans la répression de la criminalité pharmaceutique. On y assiste au développement anarchique de la fabrication, du commerce et de la distribution des médicaments contrefaits, corrompus, périmés et de qualité douteuse[151].

En outre, s'agissant de la santé mentale de ses citoyens, l'État congolais ne développe aucune stratégie en vue de sa mise en œuvre. En effet, la population congolaise traverse une situation

---

[149] KALAMBAY (H) et AA, « La mise en œuvre de la stratégie de renforcement du système de santé en RDC : Processus, résultats, défis et perspectives », *in* FROMONT (A) et AA, *Renforcement des systèmes de santé : Capitalisation des interventions de la Coopération belge au Burundi, en République démocratique du Congo et au Rwanda*, Paris, L'Harmattan, 2012, p.66. Les auteurs notent que « *le système de santé s'est (...) caractérisé par la désintégration traduite par la désarticulation de ses éléments, la production de services de santé de qualité douteuse et la déshumanisation des services de santé (...).Cet état de choses a eu un impact néfaste sur la santé de la population, illustré par un surcroit de mortalité maternelle estimée à 549 décès pour 100 000 naissances vivantes (ce qui représente 3 600 femmes mourant chaque année pour des problèmes liés à la grossesse et aux accouchements), 123 décès pour 1 000 enfants de moins de 5 ans (450 000 enfants de moins de 5 ans meurent chaque année), la recrudescence des maladies jadis contrôlées (poliomyélite, rougeole, choléra) et la diminution de l'espérance de vie à la naissance* » ; KALAMBAY (H) et AA, *Ibidem,* p.66.

[150] MEDECINS SANS FRONTIERES, *Access to healthcare, mortality and violence in Democratic Republic of the Congo. Results of five epidemiological surveys : Kilwa, Inongo, Basankusu, Lubutu, Bunkeya*, mars à mai 2005, Octobre 2005, p.4 ; Conseil des droits de l'homme, *Rapport conjoint de sept procédures spéciales thématiques sur l'assistance technique au Gouvernement de la République démocratique du Congo et l'examen urgent de la situation dans l'Est du pays*, A/HRC/10/59, 2009, p.8.

[151] BOFOE LOKANGU (S), *La criminalité pharmaceutique en République démocratique du Congo : Une véritable menace du droit à la santé*, Paris, L'Harmattan, 2019, pp.20 et S.

de précarité grandissante au point que la majorité se trouve être touchée par des problèmes mentaux. Ces derniers sont un frein à l'épanouissement individuel et au développement socioéconomique de la nation. Les causes des maladies mentales sont multiples et variées : le traumatisme collectif, les troubles dépressifs et le stress continu dus aux incivilités, aux violences de tout genre, aux pillages, aux déplacements forcés par suite de l'insécurité, aux violences sexuelles, à l'exclusion sociale notamment. En conséquence, la santé mentale devrait constituer un des objectifs prioritaires de la santé publique[152]. Au contraire et ainsi que l'a souligné les participants à l'Atelier régional de santé tenu du 12 au 15 septembre 2011 en RDC, la santé mentale est souvent négligée dans les diverses mises en œuvre de la stratégie des soins de santé primaires en RDC. Le pays est caractérisé par la quasi-inexistence de l'aspect mental dans la prise en charge des malades. En conséquence, les personnes en souffrance psychique sont généralement orientées vers les exorcistes, les féticheurs et autres charlatans de tous bords, ces derniers étant à l'origine de dégâts quelquefois plus graves que la maladie originelle[153]. Cette situation est davantage dramatique pour les personnes privées de liberté. En effet, les prisonniers congolais sont détenus dans des conditions très rudes et caractérisées par l'insuffisance de nourriture, les mauvaises conditions d'hygiène, le manque d'eau, les faibles infrastructures sanitaires et la promiscuité. Ces conditions les confrontent à davantage de pathologies liées à la vie en prison, telles que la malnutrition, la tuberculose, le VIH/Sida, la gale, etc. Ces conditions d'enfermement sont une source de beaucoup de décès,

---

152 MUSOLE (T), « Promouvoir la santé mentale en intégrant les soins de santé mentale dans les soins de santé primaires », *in* FROMONT (A) et (AA), *op.cit.*, p.129. À cet effet, M. Victor SETIBO estime que ce qui est actuellement fait en matière de santé mentale et de soutien psychologique est insignifiant. Beaucoup de victimes de viols souffrent et meurent en silence. Afin d'aider les victimes à surmonter leur traumatisme, l'auteur suggère la logothérapie, une psychothérapie centrée sur le sens de la vie et tournée vers l'avenir du patient ; SETIBO BATUZOLELE (V), « Rape in the Eastern Congo : Attempting a healing process in a wounded society », *Congo-Afrique*, n°533, Mars 2019, pp.260 et S.

153 MUSOLE (T), *op.cit.*, p.130.

de détresse psychologique et de troubles mentaux au sein de la population carcérale[154].

Une violation du droit à l'éducation

Les articles 43 à 45 de la Constitution congolaise consacrent et protègent le droit à l'éducation. Ce droit est également reconnu dans la DUDH (article 26) et de nombreux traités internationaux relatifs aux droits de l'homme notamment le PIDESC (article 13), la Convention relative aux droits de l'enfant (article 29). L'éducation peut être définie comme « *le processus global de la société par lequel les personnes et les groupes sociaux apprennent à assurer consciemment, à l'intérieur de la communauté nationale et internationale et au bénéfice de celle-ci, le développement intégral de leur personnalité, de leurs capacités, de leurs attitudes, de leurs aptitudes et de leur savoir* »[155].

Le système éducatif congolais a souffert des effets dévastateurs de la guerre ainsi que de la mauvaise gouvernance des décennies antérieures. On estime que seulement 67 % des enfants en âge scolaire terminent l'école primaire. Le taux de ceux de l'école secondaire est bien inférieur[156]. La plupart des enfants ne fréquentent pas l'école pour des raisons financières. La gratuité de l'enseignement de base tel que souhaitée par le

---

[154] BERRIH (C) et NGONDJI (L), *Vers une mort en silence : Conditions de détention des condamnés à mort en République démocratique du Congo*, Paris, ECPM, 2019, pp.117-120 ; MONUC, *Rapport sur les conditions de détention dans les prisons et cachots de la RDC*, Octobre 2005, pp.27-31.

[155] UNESCO, *Recommandation sur l'éducation pour la compréhension, la coopération et la paix internationales et l'éducation relative aux droits de l'homme et aux libertés fondamentales*, adoptée le 19 novembre 1974 par la Conférence générale de l'UNESCO, § I.1.a) ; ÖZDEN (M*), Le droit à l'éducation*, Une collection du Programme Droits Humains du Centre Europe-Tiers Monde (CETIM), p.6.

[156] DE HERDT (T) et AA., *Vers la réalisation du droit à une éducation de qualité pour tous*, Rapport final, Kinshasa, Ministère du Plan et suivi de la Révolution de la modernité/UNICEF, 2015.

constituant est une pure fiction[157]. À la faveur de la ruine économique de l'État congolais et de son incapacité à payer aux enseignants des salaires consistants et réguliers, et dans le but d'éviter des années blanches, les parents congolais ont décidé de prendre en charge leurs enfants en payant régulièrement les enseignants[158]. Au fil du temps, cette pratique est devenue, pour la plupart d'entre eux, une véritable corvée. Coincés entre un revenu en perpétuelle diminution et des frais scolaires, somme toute, importants à payer, ils ne souhaitent désormais que la fin de cette pratique. Bénéficiaires de ces frais, mais parents eux aussi, la plupart des enseignants souhaitent également cette suppression. Travaillant dans le mépris des élèves et des leurs parents, considérés comme le personnel domestique des parents et contraints de travailler dans de mauvaises conditions au regard du nombre d'élèves par classe, du nombre de travaux pédagogiques, du régime disciplinaire et de l'élasticité des critères de délibération qui doivent tenir compte de la solvabilité de l'élève ; les enseignants voudraient certainement travailler normalement, dans la dignité, et être payés par l'État comme à la belle époque d'antan où ils étaient des « messieurs »[159]. Toutes

---

[157] Après plusieurs tergiversations, le gouvernement congolais a décidé de mettre en œuvre la gratuité de l'enseignement primaire au cours de l'année scolaire 2019-2020. Toutefois, la réalité sur terrain montre qu'il ne s'agit pas d'une « vraie gratuité ». Les écoles publiques et celles conventionnées n'ont pas reçu la totalité des frais de fonctionnement ; elles imposent aux parents de s'acquitter des « frais de motivation », sans leur donner de reçu en contrepartie. Les élèves qui ne paient pas cet argent sont menacés de ne pas passer les épreuves. À l'absence des frais de fonctionnement, s'ajoutent le défaut du paiement des enseignants. Ces derniers ont décrété des grèves à répétition pour protester contre leurs nouveaux salaires (émanant de l'État) qui ne leur permettent pas de nouer les deux bouts du mois. Face à cette situation, une majorité de parents préfèrent envoyer leurs enfants dans des écoles privées où ils continuent à prendre en charge les enseignants ;https://www.radiookapi.net/mot-cle/gratuite-de-l'enseignement;https://www.radiookapi.net/2019/11/23/actualite/education/kinshasaperturbation-des-enseignements-dans-les-écoles consultés le 05/06/2020.

[158] CNOCKAERT (A), « L'école trahie : Un témoignage et quelques considérations », *Congo-Afrique*, n°393, Mars 1995, pp.151 et S.

[159] KALALA (B), « La prise en charge des enseignants par les parents d'élèves : Quelques considérations », *Congo-Afrique*, n°431, Janvier 2009, pp.50-51.

ces aspirations demeurent lettre morte, face à un État incapable de s'assumer. Dans l'état actuel de choses, le droit à l'éducation, dans son volet de la gratuité de l'enseignement de base, n'est pas garantie en RDC. Le problème de la prise en charge des enseignants par les parents d'élèves est un *iceberg* qui cache mal l'incapacité autant que l'irresponsabilité de l'État à mettre en œuvre le droit à l'éducation.

Bien plus, cette tragédie n'épargne pas l'enseignement supérieur et universitaire où les enseignants sont préoccupés à longueur de journées par les questions relatives aux exigences de la vie quotidienne, notamment l'alimentation, le logement, le transport, leur salaire ne leur permettant pas de mener une vie décente. Du coup, ils se retrouvent plongés dans une situation de clochardisation et se transforment en marchands et vendeurs des cours. Le contexte de la crise mène souvent à la corruption, au clientélisme et au favoritisme. La qualité de l'enseignement se trouve affectée par l'absence de lecture, de publication, le manque de bourse et de motivation[160]. Il va sans dire que les enseignants des Universités congolaises ont fini par se défaire de la rigueur scientifique qui doit les caractériser dans cette noble tâche qu'est l'éducation. Il en est résulté une crise générale de l'enseignement supérieur et universitaire[161].

Au-delà de la pauvreté qui a lu domicile en RDC, il convient de relever aussi une autre limite à la garantie des droits de l'homme : il s'agit de la dégradation de l'économie institutionnelle, laquelle a entrainé la fragilité des droits économiques.

---

[160] MATANGILA MUSADILA (L), *L'enseignement supérieur et universitaire au Congo-Kinshasa : Défis et éthique*, Kinshasa, L'Harmattan, 2003, pp.66-69.
[161] BONGELI YEIKELO (E), *L'Université contre le développement au Congo-Kinshasa*, Paris, L'harmattan, 2009, p.11.

II. Les droits économiques en contexte de fragilité de l'économie institutionnelle

La fragilité socio-économique de la République démocratique du Congo a entrainé une crise économique sans précédent. L'une des manifestations de la dégradation de l'économie nationale s'avère être la généralisation du chômage

La généralisation du chômage

La Constitution de la RDC garantit et protège le droit au travail en ses articles 36 à 39. Affirmé par l'article 23 de la DUDH, le droit au travail est garanti sur le plan international par l'article 6 du PIDESC. Cette protection se comprend si l'on envisage le lien intime qui unit le travail à la personne humaine et les fonctions qu'il remplit dans son existence. En ce sens, le droit au travail est emblématique d'autant plus que le travail est un vecteur d'épanouissement de la personne humaine et un facteur de sauvegarde de sa dignité à la fois individuelle et sociale[162]. En effet, le travail assure l'indépendance et la stabilité sociale. On conçoit aisément qu'il est l'expression de la personne humaine car il est destiné au perfectionnement matériel et moral de l'être humain. C'est par le travail que l'homme se procure des biens nécessaires à sa subsistance, soit en travaillant la terre, soit en les payant en échange de son salaire. En outre, le travail permet à l'homme de conserver son équilibre psychique et de s'élever dans son humanité[163].

L'analyse du « travail » en tant que « droit et devoir sacrés pour tous les Congolais » -vœux constitutionnel-révèle que ces

---

162 AKANDJI-KOMBE (J-F), « Article 6 : Le droit au travail », *in* DECAUX (E) et DE SCHUTTER (O), Dir., *Le Pacte international relatif aux droits économiques, sociaux et culturels : Commentaire article par article*, Paris, Economica, 2019, p.188.

163 MOUNIER (E), « L'homme et le travail : Quelques conclusions », *Esprit*, Juillet 1933, p.633 ; VILLAIN (J), « Le droit au travail », *Revue de l'action populaire*, n°174, numéro spécial *Les droits de l'homme*, Janvier 1964, pp.57-71, spécialement pp.62-64.

expressions sont très loin de signifier ce qu'elles portent à croire. En effet, le chômage constitue une véritable épidémie sociale en RDC. La recherche de l'emploi relève d'un cauchemar et le futur se résume en une succession des désillusions et de promesses vagues et fallacieuses des employeurs indéfiniment potentiels. L'infime minorité de citoyens qui réussit à se trouver un emploi est rapidement confrontée à une autre réalité : l'insuffisance de la rémunération, qui ne permet pas de nouer les deux bouts du mois et de s'offrir une vie digne et plus humaine[164]. On aurait pu penser que l'existence ses syndicats comblerait ce déficit par des actions de revendications collectives auprès des employeurs. Mais c'est une chose impossible dans la mesure où les employeurs sont hostiles vis-à-vis des syndicats. Ces derniers sont considérés par les travailleurs comme n'étant d'aucune utilité étant donné que les dirigeants d'entreprise n'hésitent pas à sanctionner les dirigeants syndicaux qui s'hasardent à leur présenter des revendications des salariés. Ils le font dans le but de briser l'action syndicale le plus souvent par des mesures abusives et démagogiques contre les salariés qui n'obéissent pas à leur volonté. Dans plusieurs entreprises, l'autoritarisme des dirigeants se pratique ouvertement : certaines entreprises refusent aux travailleurs même les droits élémentaires tels que le congé annuel, alors que d'autres interdisent carrément toute affiliation syndicale[165].

Face à cette crise sociale, certains auteurs ont proposé un service civique universitaire. Il consisterait à demander à ceux qui le souhaitent de se rendre disponibles, pendant un laps de temps déterminé. Comme volontaires, ils seraient utilisés à des tâches indispensables, sous l'encadrement du service *ad hoc*,

---

[164] Un Rapport de la Commission nationale des droits de l'homme détaille les conditions lamentables des enseignants dans les écoles publiques. Certains travaillent sans être payés et d'autres perçoivent une rémunération très faible, ce qui a pour conséquence la dégradation des conditions sociales des enseignants et du système éducatif du pays ; CNDH, *Enquête sur la violation du droit au salaire dans la fonction publique : Cas de l'enseignement primaire, secondaire et professionnel*, Kinshasa, Octobre 2017, pp.6 et 15.

[165] MANGWAYA BUKUKU (P-C), « Les violations des droits syndicaux en République démocratique du Congo », *Congo-Afrique*, n°385, Mai 2004, pp.261-284.

dans les quartiers ou des régions marginalisées ou peu attractives. Ils se rendraient ainsi utiles à la société, tout en acquérant une expérience concrète. Il va sans dire qu'au terme de leurs services, il serait juste, par compensation, qu'ils soient considérés comme des candidats prioritaires dans les recrutements à durée indéterminée dans les fonctions publiques centrales et provinciales[166]. D'autres auteurs ont en revanche proposé l'éducation des jeunes à l'esprit d'entreprise, étant donné que la société congolaise est incapable d'offrir à tous les jeunes qui sont sur le marché de l'emploi des opportunités à la hauteur de leurs aspirations ni fournir des postes suffisants à ceux qui ont fini leurs études. En conséquence, il faut éduquer les jeunes à la construction des alternatives économiques et financières crédibles au sein d'un ordre mondial aujourd'hui écartelé entre globalisation et altermondialisation[167]. Le chômage a engendré un *travail-refuge* qu'il est convenu d'appeler le secteur informel. Ce dernier ne fait pas l'objet de protection.

L'absence de structuration du travail informel, travail de survie

Le secteur informel consiste en des petits métiers gagne-pain, avec leur décor artistique, intriguant et parfois de sinécure. Il s'agit notamment des casseurs de pierre, des commissionnaires de l'immobilier, des commissionnaires de transport, des commissionnaires de voyage à l'étranger, des changeurs de monnaie, des vendeurs ambulants, des glaneuses, des détaillants en pétrole, des cireurs, des vendeurs d'eau ambulants, des rôtisseurs publics, des libraires de trottoirs, des téléphonistes

---

166 NDAYWELLE (I), « Pour lutter contre le chômage des jeunes : Un service civique universitaire ? », *Congo-Afrique*, n°511, Janvier 2017, pp.46-57, spéc.p.47.

167 MANA (K), « L'aigle, la girafe et le goéland : Eduquer les jeunes à l'esprit d'entreprise pour lutter contre le chômage, la misère et le désespoir », *Congo-Afrique*, n°505, Mai 2016, pp.396-402, spéc.p.396.

publics, des charretiers[168]. Le travail des individus engagés dans le secteur informel relève du parcours de combattant consistant à inventer des solutions pour pallier la défaillance de l'État en inventant des stratégies à peine économiquement rentables. En effet, la pénibilité du travail tient en grande partie aux conditions dans lesquelles il se déroule. Si on prend le cas du petit commerce, les individus se livrent à une vente à la criée : les hommes transportent des marchandises sur les épaules et les femmes sur la tête, sous un soleil accablant à la recherche d'éventuels clients. Ce travail qui dure toute la journée rapporte à peine le prix d'un frugal repas journalier[169].

Le secteur informel crée une situation d'anomie, voire de désordre, et a rendu le pays ingouvernable et non gouverné, un monde désordonné livré à lui-même : « *confusion, crise et chaos y règnent et il en émerge une forme bizarre de cannibalisme social où la société devient sa propre proie. L'âpreté de la vie que mènent ses habitants, les sacrifices qu'ils consentent au quotidien et les souffrances qu'ils endurent renforcent le sentiment d'une société livrée à l'anarchie et victime d'elle-même* »[170]. La justification des activités informelles en RDC, au détriment de l'économie nationale, réside dans la quête nationale de revenus et de nourriture dans un contexte général de retrait de l'État et des entreprises privées du secteur de l'approvisionnement vivrier et de dégradation des infrastructures routières et fluviales[171]. Dans cette course à l'acquisition des aliments, tous les coups sont permis au nom de la quête de subsistance. Il en résulte une diminution sensible du rôle étatique dans la règlementation des rapports sociaux. À ce sujet, Mme AYIMPAM relève que le fait que ces activités informelles aient

---

168 LUKESO (P), « Et le chômage engendra le 'sous-informel' », *Congo-Afrique*, n°392, Février 2005, pp.82-103.

169 BITOTA MUAMBA (J), « Qu'en est-il du droit au travail consacré à l'article 23 de la DUDH et à l'article 36 de la Constitution de 2006 ? », *Revue de l'UKA : droits de l'homme et développement durable*, n°3, Mai 2014, Vol.2, pp.79-80.

170 TREFON (T), « La réinvention de l'ordre à Kinshasa », *in* TREFON (T), Dir., *Ordre et désordre à Kinshasa : Réponses populaires à la faillite de l'État*, *op.cit.*, p.13.

171 AYIMPAM (S), *Economie de la débrouille à Kinshasa : Informalité, commerce et réseaux sociaux*, Paris, Karthala, 2014, p.281

lieu dans un contexte d'insécurité contractuelle est propice à la manipulation des écarts entre les règles officielles de l'activité et les règles officieuses -mais effectives- des transactions ; ce qui est susceptible d'engager des conflits et des tensions en cas de non-respect des accords par l'une des parties. Une des conséquences négatives de l'informalité sur la garantie des droits humains est de rendre les accords interpersonnels plus incertains et plus difficiles. Les prétentions négociables étant plus indéfinies, les intentions moins claires et les engagements moins fermes, l'exposition aux risques de tricherie, de défection ou de défaillance devient de plus en plus importante. Elle multiplie les conflits et alourdit le climat général d'incertitude[172].

Au-delà de la démocratie et du développement, la problématique de la protection des droits de l'homme recoupe celle de la soumission de l'État au droit, c'est-à-dire de la coïncidence des motivations des instruments juridiques relatifs aux droits de l'homme avec les objectifs de l'État. Il va de soi que la faillite de l'État de droit en RDC constitue une limite à l'émergence et à la garantie des droits de l'homme.

---

[172]AYIMPAM (S), *Ibidem,* p.297.

CHAPITRE II. LA LIMITATION DE LA PROTECTION DES DROITS DE L'HOMME PAR LA FAILLITE DE L'ÉTAT DE DROIT

« *Il est essentiel que les droits de l'homme soient protégés par un régime de droit pour que l'homme ne soit pas contraint, en suprême recours, à la révolte contre la tyrannie et l'oppression* »[173]. Cette citation de la DUDH illustre à suffisance les liens entre l'État de droit et les droits de l'homme. En effet, les deux thématiques sont étroitement corrélées et indissociables : « *les droits de l'homme sont une dimension de l'État de droit, tandis que les droits de l'homme n'ont pas de réalité en dehors de l'État de droit* »[174]. L'interdépendance des deux notions est particulièrement mise en exergue dans le discours onusien. Pour les Nations Unies, l'État de droit permet l'exercice concret des droits de l'homme : il n'existe pas d'État de droit dans une société où les droits de l'homme ne sont pas protégés et inversement, les droits de l'homme ne peuvent être protégés dans une société où il n'existe pas de véritable État de droit. L'État de droit et les droits de l'homme sont les deux facettes d'un même principe, le droit de vivre dans la dignité. En conséquence, l'État de droit et les droits de l'homme ont une relation indissoluble et organique[175].

L'État de droit est celui dans lequel le respect du droit est réellement garanti aux sujets de droit, la préoccupation essentielle des gouvernants étant de les protéger contre le règne

---

[173] Préambule de la Déclaration universelle des droits de l'homme du 10 décembre 1948.
[174] LOCHAK (D), *Les droits de l'homme*, Paris, La Découverte, 2018, p.55.
[175] HCDH, *Les Nations Unies et l'État de droit : Vers un monde juste, pacifique et sûr, gouverné par l'État de droit*,https://www.un.org/ruleoflaw/fr/rule-of-law-and-human-rights/ consulté le 14-02-2021.

de l'arbitraire. Or, l'organisation et le fonctionnement de l'État congolais n'obéissent pas à la prééminence de la loi, laquelle est chargée de garantir les libertés publiques ainsi que les droits fondamentaux des citoyens. En RDC, la société est malade du déficit de l'État de droit. Ce dernier est en faillite. Si la société tant nationale qu'internationale en reconnait la nécessité et en réclame l'avènement[176], les gouvernants ne parviennent malheureusement pas à s'en approprier. En conséquence, il se dresse sur la voie de la protection des droits de l'homme plusieurs entraves. Les unes sont d'ordre juridique (Section I) et les autres sont d'ordre structurel (Section II).

---

[176] Pour la communauté internationale, la première réponse aux « États en faillite » consiste en l'établissement d'un État de droit. Au départ exigence morale, la reconstruction de l'État de droit dans des pays aussi divers que la RDC est devenue, avec la guerre contre le terrorisme, un impératif géostratégique. L'objectif poursuivi est double : il s'agit, à court terme de protéger les personnes en appliquant un certain ordre public normatif et, à moyen terme, de redonner à l'État un rôle de protecteur principal des populations et de régulateur des conflits sur son territoire. L'accent mis sur le rétablissement de l'État de droit s'inscrit dans la perspective de la philosophie d'après laquelle la règle de droit, l'État et les institutions de contrainte constituent des conditions de possibilité d'une vie collective globalement pacifiée ; VIRCOULON (T), « Transposer l'État de droit dans les *Failed States* ? Réflexions à partir d'une expérience africaine », *Les Cahiers de la sécurité intérieure*, n°55, 1er trimestre 2004, pp.205-206. Bien plus et pour les Nations Unies, l'État de droit favorise à la fois la paix interne et la paix internationale. Il est considéré comme le meilleur moyen pour garantir la paix : la démocratie, les droits de l'homme et le développement, facteurs de paix sociale, ont besoin de l'État de droit pour être établis et garantis ; MOINE (A), « L'État de droit, un instrument international au service de la paix », *Civitas Europa*, n°37, 2016, Vol.2, p.70 ; JEAN (M), « La politique internationale de l'État de droit : Observations critiques », *Revue québécoise de droit international*, n°32, 2019, Vol.2, pp.147-171.

SECTION I. LES OBSTACLES JURIDIQUES A LA PROTECTION DES DROITS DE L'HOMME

Plusieurs entraves juridiques font obstacle à la protection des droits fondamentaux. Les unes sont d'ordre légal (I) et les autres sont liés à la sécurité juridique (II).

I. Les entraves d'ordre légal

La réalité des droits de l'homme en RDC prouve que ces droits sont parsemés d'embûches qui affaiblissent leur protection. Deux arguments principaux constituent ces limites : les interactions entre droits et devoirs de l'homme ainsi que la multiplicité des régimes juridiques de restriction.

Les interactions entre droits et devoirs de l'homme

La Constitution de la RDC consacre dans ses articles 62 à 67 les devoirs de l'homme et ce, juste après le Titre portant sur les droits fondamentaux et libertés publiques. Cette consécration est logiquement un écho de la Charte africaine des droits de l'homme et des peuples[177] dans l'ordre juridique interne. Le fondement de

---

[177] La Charte africaine consacre un Chapitre entier aux devoirs de l'individu. En doctrine, on a écrit que cet instrument juridique exprime une autre caractéristique de la conception africaine des droits de l'homme qui trouve son fondement dans la nature des modes d'organisation sociale de l'Afrique traditionnelle. Ceux-ci reposaient sur une structure communautaire, excluaient tout individualisme exacerbé et plaçaient la personne humaine au centre de tout un faisceau de droits et d'obligations ; OUGERGOUZ (F), *La Charte africaine des droits de l'homme et des peuples : Une approche juridique entre tradition et modernité*, Paris, PUF, 1993, p.233.

cette conception gît dans les conceptions culturelles africaines où les droits étaient inséparables des devoirs. Dans la civilisation africaine, écrit Pierre SOB, « *l'individu est communautaire car c'est du groupe social qu'il tire son identité (...). L'Afrique considère les droits de l'homme comme un tout dans l'intérêt de tous, car le point de départ n'est pas l'individu, mais l'ensemble du groupe comprenant aussi bien les vivants que les morts* »[178]. Bien plus, le droit africain traditionnel considérait les devoirs comme l'autre face des droits subjectifs de l'homme au point que les deux notions sont intimement mêlées ; l'essence même et la réalité du respect de ces droits ne sont autre chose que l'expression d'un devoir : devoirs des personnes privées ou publiques vis-à-vis du bénéficiaire des droits[179].

La justification de la consécration des devoirs de l'homme repose sur l'idée selon laquelle s'il est incontestable que l'État a des obligations envers les individus, ces derniers ont également des devoirs envers la collectivité aussi bien nationale, africaine qu'internationale. La Charte africaine et la Constitution congolaise posent, pour ainsi dire, le principe de solidarité sociale et cela se justifie par l'histoire africaine précoloniale et par le fait que l'être social est essentiellement un faisceau de droits et d'obligations[180]. Par cette consécration particulière, les deux textes ont entendu remédier aux vives critiques de la DUDH, selon lesquelles cette dernière est d'inspiration libérale et privilégie l'individu au détriment de la société à laquelle il appartient. Aussi, entendent-ils s'allier aux coutumes africaines qui, en général, consacrent la primauté du groupe sur la personne prise individuellement.

Dans la Constitution congolaise, le devoir est une obligation positive envers la collectivité. Les citoyens ont le devoir de se

---

178 SOB (P), « Le principe de l'universalité des droits de l'homme : Mythes et limites », *Revue africaine de droit international et comparé*, Mars 1996, Tome 8, n°1, p.98.

179 KEBA MBAYE, *op.cit.*, pp.38-39.

180 MBAYA (E), « Symétrie entre les droits et devoirs dans la Charte africaine des droits de l'homme », *in* MEYER BISCH (P), Dir., *Les devoirs de l'homme : De la réciprocité dans les droits de l'homme,* Fribourg, Editions universitaires., 1989, pp.42-43.

conformer aux exigences étatiques pour une harmonie sociale de l'ensemble de la nation. Le citoyen se trouve être par ce fait même, débiteur envers l'État. Il doit, pour ce faire, connaitre la loi et s'y conformer, défendre son pays et son intégrité territoriale face à une menace ou agression extérieure, remplir loyalement ses obligations envers la République, payer ses impôts et taxes[181]. Il doit, en outre, préserver et renforcer la solidarité nationale, traiter ses concitoyens sans discrimination, protéger la propriété, les biens et intérêts publics ainsi que respecter la propriété autrui[182]. Ces devoirs envers l'État restreignent les droits des personnes dans la mesure où ils suggèrent que la personne tout entière soit orientée vers la société, qui, elle, ne parait pas tout entière orientée vers le bien de la personne. Sans simplification excessive, on dira que dans la Constitution congolaise comme dans la Charte africaine, les personnes ont leur fin dans l'État et c'est la nécessité d'intégrer les droits de l'homme à la communauté qui justifie et garantit ces droits[183].

La consécration constitutionnelle des devoirs de l'homme en contrepartie des droits de l'homme constitue sans conteste un obstacle juridique de taille dans la jouissance par les citoyens de leurs droits fondamentaux. En faisant suivre la proclamation des droits humains par une consécration des devoirs de l'homme, la Constitution a incontestablement apporté des limitations à ces droits. La proclamation des devoirs laisse une impression assez sibylline ; elle est susceptible de mettre en péril les droits. Cette orientation communautaire de la Constitution congolaise a pour conséquence que le droit n'est pas orienté vers l'individu, mais plutôt vers le groupe, c'est-à-dire l'État, la société et la famille. En affirmant les devoirs de l'homme dans un contexte de démocratie non consolidée, le constituant congolais a pris le risque d'un usage abusif des devoirs, susceptible de conduire à l'écrasement des droits. Ainsi, l'obligation fiscale prendrait le

---

181 Articles 62-65 de la Constitution congolaise du 18 février 2006 telle que complétée et modifiée par la Loi n°11/002 du 20 janvier 2011.

182 Articles 66-67 de la Constitution congolaise du 18 février 2006 telle que complétée et modifiée par la Loi n°11/002 du 20 janvier 2011.

183 VAN PARYS (J-M), *Dignité et droits de l'homme : Recherches sur l'Afrique*, Louvain-la-Neuve, éd. Noraf, 1989, p.23.

pas sur le droit dont dispose tout citoyen de constater par lui-même l'utilisation des deniers publics. Ce danger est valable dans la mesure où les devoirs fixent les bornes des droits, le risque étant que l'accomplissement des droits devienne illusoire[184].

Le danger de voir l'État congolais utiliser les devoirs pour relativiser certains droits est réel. Dans la même perspective, la consécration ambiguë de certains devoirs, comme celui de « remplir loyalement ses obligations envers l'État » contenu dans l'article 65 sans autre forme de précision, peut conduire, en l'absence d'une véritable culture démocratique, à des interprétations tendant à la violation ou du moins à la limitation des droits. Le risque de la prépondérance des devoirs sur les droits est énorme ; il peut être interprété comme établissant que seules jouissent de leurs droits les personnes qui s'acquittent de leurs devoirs. Dans un pays où le respect des droits par l'État n'est jamais aisé, la tentation est forte de conditionner leur exercice au respect des devoirs. Dans ce cas, la crainte d'un encerclement des droits par les devoirs et le danger de la domination absolue de ces derniers sont réels, et ce danger conduit à une disqualification des devoirs[185].

La multiplicité des régimes juridiques de restriction des droits de l'homme constitue également une limite légale à la protection de ces droits.

La multiplicité des régimes juridiques de restriction

La notion de restriction est définie comme « *les traitements diminutifs soit du contenu ou de la portée du droit (...) soit de la faculté de son exercice dans le temps ou dans l'espace, avec les accessoires de sanction ou de contraintes dont ces mesures*

---

[184] MANANGOU (V-R), « Droits et libertés fondamentaux en République du Congo : Analyse d'une consécration constitutionnelle sans effectivité pratique », *Revue des droits et libertés fondamentaux*, 2015, Chron.n°17.
[185] MANANGOU (V-R), *Ibidem*, Chron.n°17.

peuvent être affectées »[186]. Conçue de cette manière, la restriction des droits de l'homme va de pair avec la protection de ces droits, dans la mesure où « *les droits fondamentaux ne sont garantis que dans la limite des restrictions qu'ils peuvent subir* »[187]. Au nombre de restrictions de droits humains telles que prévues par la Constitution, il y a lieu de retenir d'une part l'ordre public et les états d'urgence et de siège, d'autre part.

L'article 16 al.2 de la Constitution congolaise conditionne la jouissance des droits et libertés fondamentaux à la limite de l'ordre public. Il existe une relation à la fois essentielle et périlleuse entre l'ordre public et les droits de l'homme. D'une part, l'ordre public a pour objet de protéger les droits et libertés fondamentaux et d'autre part, ces derniers ne sauraient prospérer sans la sauvegarde de l'ordre public. Il en résulte que l'ordre public ne peut encadrer les libertés que si leur protection le requiert. De cette relation de concert dans laquelle l'existence de l'un ne tient qu'à la reconnaissance de l'autre, il se dégage de potentiels conflits entre ordre public et libertés : l'ordre public freine l'émancipation des libertés, de même que la consécration des libertés restreint les exigences de l'ordre public[188].

En doctrine, on note avec pertinence que « *cette possibilité de limiter les droits fondamentaux par l'ordre public révèle un certain paradoxe d'autant plus que le dernier vise en même temps à garantir la plénitude des premiers. Or, vu sous le prisme du droit constitutionnel, la restriction des droits fondamentaux aux fins de préservation de l'ordre public contribue à l'atteinte de l'un des buts de la Constitution, celui de l'épanouissement des citoyens dans une société sécurisée et tranquille* »[189]. La

---

[186] VEGLERIS (P), « Valeur et signification de la clause 'dans une société démocratique' dans la Convention européenne des droits de l'homme », *Revue des droits de l'homme*, 1968, Vol.1, p.222.

[187] ADAMA (C), *L'effectivité des droits fondamentaux dans l'ordre juridique ivoirien : Etude à la lumière du droit international et comparé*, Thèse de doctorat en droit, Université de Genève, 2014, pp.127-128.

[188] GERVIER (P), *La limitation des droits fondamentaux constitutionnels par l'ordre public*, Thèse de doctorat en droit, Université Montesquieu-Bordeaux IV, 2013, p.13.

[189] OUEDRAOGO (O), « La limitation des droits fondamentaux par l'ordre public en droit constitutionnel béninois et burkinabè », *Afrilex*, Janvier 2018, p.2.

limitation des droits de l'homme par l'ordre public tient ainsi à la recherche de l'équilibre nécessaire entre les droits de chaque citoyen pris individuellement d'une part et les droits des citoyens pris collectivement, d'autre part. Autrement dit, il s'agit de concilier les intérêts des particuliers avec ceux de la collectivité, étant entendu que la tranquillité de cette dernière est une condition *sine quanone* de l'exercice des droits et libertés fondamentaux. Limiter les droits fondamentaux par l'ordre public revient à protéger les droits de chaque citoyen des atteintes émanant de ses concitoyens : dans une société démocratique, l'idée d'ordre public fait intimement corps avec celle de liberté, tant l'ordre public est nécessaire à l'exercice des libertés, tant la liberté est nécessaire à la sauvegarde de l'ordre public[190].

Cependant, la notion d'ordre public est largement utilisée par le gouvernement congolais pour suspendre la jouissance des droits fondamentaux des citoyens. Ainsi, plusieurs manifestations et rassemblements ont été interdits dans des périodes électorales au nom du maintien de l'ordre public. Par ailleurs, d'abondantes marches contre des révisions constitutionnelles ont été tout simplement refusées ou remises en cause au nom du fameux ordre public. En RDC, le contenu de la notion d'ordre public s'est tellement élargi qu'il permet finalement d'apporter à l'exercice des libertés publiques des restrictions pour toute espèce de motif, fantaisiste soit-il. Ces atteintes à l'ordre public recouvrent tout ce qui pourrait non seulement remettre en cause le régime politique établi et présenter une alternative, mais simplement constituer une critique, aussi justifiée soit-elle, des institutions et de la politique officielle[191]. Dans cet ordre de pensée, plusieurs opposants ont été arrêtés prétendument pour avoir violé l'ordre public, quand bien même ces opposants n'ont fait qu'émettre un point de vue en défaveur du régime en place. Il se pose ainsi la question de l'équilibre entre le respect des libertés publiques et la sauvegarde de l'ordre public, tant et si bien que le constituant n'a nullement défini les modalités de la limitation des droits fondamentaux par l'ordre public.

---

[190] ADAMA (C), *op.cit.*, p.149.

[191] Comparer MBAYA (E-R), *op.cit.*, pp.52-53.

Si l'usage abusif de la notion d'ordre public permet aux dirigeants congolais de porter atteinte aux droits et libertés fondamentaux des citoyens, la répression est encore facilitée par la possibilité de mettre en œuvre les régimes de l'état d'urgence et l'état de siège.

L'état d'urgence et l'état de siège constituent des circonstances exceptionnelles pouvant donner lieu à la restriction des droits fondamentaux des citoyens. L'article 85 de la Constitution est en ce sens[192]. Selon l'article 143 *in fine* de la Constitution, pendant cette période, il est dérogé aux droits et devoirs constitutionnels des citoyens. La même disposition prévoit qu'une loi doit fixer de nouveaux droits et devoirs des citoyens. Pareille loi n'a jamais été édictée par le Parlement congolais, ce qui témoigne d'une négligence accrue du pouvoir législatif dans son rôle protecteur des droits des citoyens. Dans la mesure où le parlement refuse d'exercer sa compétence législative, il est certain que le gouvernement pourra, dans le vide juridique consacré, restreindre les droits et libertés fondamentaux des citoyens à sa guise.

L'état de siège et l'état d'urgence, en tant que mesures de restriction des droits fondamentaux, sont soumis à un timide contrôle juridictionnel et à un contrôle parlementaire minimal. En effet, la protection des droits fondamentaux par le parlement se situe notamment dans le contrôle des mesures prises par l'exécutif dans le cadre de ces circonstances exceptionnelles. Non seulement il appartient au Parlement d'autoriser, par une loi, le Président de la République à proclamer l'état de siège ou l'état d'urgence (articles 86 et 143 de la Constitution), mais également l'article 144 al.6 permet au Sénat et à l'Assemblée nationale de mettre fin, par une loi, à l'état d'urgence ou à l'état d'exception. Cette autorisation parlementaire contribue au renforcement de l'architecture de protection de droits humains. Le pouvoir

---

192 L'article 85 de la Constitution dispose que « *lorsque les circonstances graves menacent, d'une manière immédiate, l'indépendance ou l'intégrité du territoire national ou qu'elles provoquent l'interruption du fonctionnement régulier des institutions, le Président de la République proclament l'état d'urgence ou l'état de siège, après concertation avec le Premier ministre et les Présidents des deux Chambres* ».

constituant a voulu faire intervenir le Parlement dans cette matière pour « *obstruer toute possibilité pour le pouvoir exécutif de s'écarter de la Constitution ou d'en faire une application dévoyée. On pourrait alors affirmer qu'en prévoyant l'autorisation parlementaire préalable à la mise en œuvre des mesures exceptionnelles, le pouvoir constituant érige un mur supplémentaire de protection des droits fondamentaux* »[193].

Toutefois, l'exercice du contrôle parlementaire en RDC demeure minimal étant donné la primauté de la politique sur le droit. En outre, les législations de crise adoptées dans de telles circonstances posent généralement un problème d'interprétation. Cette dernière peut donner une très grande latitude aux autorités pour mettre en veilleuse les droits de l'homme et l'État de droit dans la mesure où « *la théorie des circonstances exceptionnelles permet d'excuser, voire de légitimer les illégalités rendues exceptionnellement nécessaires au nom des impératifs supérieurs de l'ordre public et de la continuité de l'État. Il faudrait (alors) veiller au respect du principe de la proportionnalité dans la prise des mesures pouvant restreindre les droits et libertés constitutionnellement garantis* »[194]. Avec raison, la doctrine voit dans l'état de siège et l'état d'urgence, des « *régimes dangereux pour les libertés* » d'autant plus qu'ils ont des conditions de mise en œuvre très souples et ils permettent des augmentations de pouvoirs excessives, par conséquent menaçantes pour les droits et libertés. Elle note pertinemment que « *ces régimes sont ambivalents : au nom du salut public, ils portent atteinte aux libertés, mais en raison de leur objectif libéral ils s'efforcent d'accompagner ces régimes de restrictions de garanties* » qui malheureusement, ne sont pas à la hauteur des restrictions[195].

---

193 OUEDRAOGO (O), *op.cit.*, p.19.

194 OUEDRAOGO (O), *Ibidem*, p.19 ; MELEDJE (F-D), « Constitution et urgence ou le lien entre les contestations violentes de l'ordre constitutionnel et la régulation constitutionnelle des crises », *Revue ivoirienne de droit*, n°42-2011, p. 30, cité par OUEDRAOGO (O), *Ibidem*, p.18.

195 LEBRETON (G), « Les atteintes aux droits fondamentaux par l'état de siège et l'état de siège », *Cahiers de la recherche sur les droits fondamentaux*, n°6, 2007, p.82.

Par ailleurs, au-delà du contrôle parlementaire minimal, l'article 145 al.2 de la Constitution dispose que l'Ordonnance présidentielle proclamant l'état de siège ou l'état d'urgence doit être soumis au contrôle de constitutionnalité par la Cour constitutionnelle. On en déduit que le constituant a conféré au juge constitutionnel le monopole et le pouvoir de surveiller l'utilisation, par le législateur et le gouvernement, de l'ordre public à travers l'état de siège et l'état d'urgence. Cette institution du contrôle de constitutionnalité des lois « exceptionnelles » contribue au renforcement de la protection des droits des citoyens. Mais il y a lieu de craindre que la préservation de la sureté de l'État soit une raison de sacrifier les libertés publiques sur l'autel de l'ordre public, surtout en présence d'une Cour constitutionnelle inféodée au pouvoir politique. Cette situation est illustrée par l'arrêt R.Const.1200 du 13 avril 2020 sur la conformité de l'Ordonnance présidentielle portant proclamation de l'état d'urgence sanitaire consécutive à la pandémie de Covid-19. En effet, l'Ordonnance présidentielle date du 24 mars 2020 et la Cour constitutionnelle n'a été saisie que le 13 avril 2020. Pourtant, l'article 145 de la Constitution prévoit clairement que les Ordonnances déclarant l'état d'urgence ou l'état de siège doivent être, dès leur signature, soumises à la Cour constitutionnelle qui, toutes affaires cessantes, déclare si elles sont conformes à la Constitution. Bien plus, l'article 144 de la Constitution précise qu'en application des dispositions de l'article 85, l'état d'urgence comme l'état de siège est décrété par le Président de la République. Dans ce cas, l'Assemblée nationale et le Sénat se réunissent alors de plein droit. S'ils ne sont pas en session, une session extraordinaire est convoquée à cet effet, conformément à l'article 116 de la Constitution. Dans la mesure où l'Ordonnance présidentielle n'a été soumise au contrôle de constitutionnalité que tardivement et que le congrès n'avait pas été convoqué tel que l'exige la loi suprême, la Cour constitutionnelle aurait dû déclarer ladite Ordonnance contraire à la Constitution. Paradoxalement, la haute juridiction a validé le « caractère dérogatoire à la Constitution » de l'Ordonnance querellée, confirmant ainsi sa « légalité exceptionnelle ». La Cour constitutionnelle prétend que l'article 85 de la Constitution laisse à la souveraine appréciation du

Président de la République une alternative : il peut opter pour la proclamation de l'état d'urgence ou l'état de siège après concertation avec le Premier ministre et les Présidents des deux chambres du Parlement ou soit il peut saisir le Congrès en application de l'article 119 point 2 de la Constitution. Elle a marché sur les mauvaises empreintes laissées par sa devancière, la Cour suprême de justice, dans l'arrêt R.Const 061/TSR du 30 novembre 2007 siégeant en matière d'appréciation de la conformité à la Constitution du Règlement intérieur du Congrès.

En dehors des obstacles d'ordre purement légal, il existe en RDC d'autres obstacles juridiques à la protection des droits de l'homme, cette fois-ci liés à la sécurité juridique.

II. Les entraves inhérentes à la sécurité juridique

La sécurité juridique est généralement définie comme « *l'idéal de fiabilité d'un droit accessible et compréhensible, qui permet aux sujets de droit de prévoir raisonnablement les conséquences juridiques de leurs actes ou comportements, et qui respecte les prévisions légitimes déjà bâties par les sujets de droit dont il favorise la réalisation* »[196]. La sécurité juridique trouve son fondement dans le principe de l'État de droit dont elle fait partie des éléments essentiels. Elle rejoint la logique de la protection des droits fondamentaux en ce sens qu'il s'agit d'une protection des intérêts juridiques des personnes. Dans cette veine, elle constitue une nouvelle grille de lecture implicite pour une nouvelle protection des particuliers et l'on affirme que la théorie des droits fondamentaux est un ancrage de la théorie de la sécurité juridique dans la mesure où le droit fondamental constitue soit une concrétisation, soit une justification de la sécurité juridique[197].

---

196 PIAZZON (T), *La sécurité juridique*, Defrénois, Coll. Doctorat & Notariat, 2009, n°48, p.62.

197 CALMES (S), « Sécurité juridique et droits fondamentaux », *in* LEBRETON (G), *Valeurs républicaines et droits fondamentaux de la personne humaine en 2003 et 2004*, Paris, L'Harmattan, 2006, pp.141 et 152.

Force est de constater qu'un sentiment latent d'insécurité règne dans la société congolaise. Les citoyens congolais évoluent dans un environnement juridique incertain. En effet, la sécurité juridique implique l'optique de l'accessibilité qualitative qui, par son double sens formel et matériel, englobe la « palpabilité » et la « mesurabilité » des dispositions prises, de comportements adoptés et de lois promulguées. Il s'agit donc, sur le plan formel, de leur publicité effective, adéquate et suffisante, et sur le plan matériel, de leur motivation, de leur cohérence, de leur clarté et de leur précision[198]. Or, la situation en RDC offre toute une autre grille de lecture. D'abord, sur le plan matériel, les textes de loi congolais souffrent d'incohérence. Ensuite, il règne en RDC des pratiques arbitraires, lesquelles demeurent le plus souvent impunies.

L'incohérence et l'inadaptation de la législation

La législation congolaise affiche plusieurs cas d'incohérence et d'inadaptation au point de créer une forte insécurité juridique. Pour preuve, de nombreuses dispositions du Code pénal congolais ainsi que de nombreuses lois pénales particulières contiennent encore des peines d'amende stipulées en francs anciens et en monnaie zaïre ou nouveaux zaïres, alors que ces monnaies n'ont plus cours légal depuis le Décret-loi n°080 du 17 juin 1998 instituant une nouvelle unité monétaire en RDC, le franc congolais. Se pose la question de savoir en quelle monnaie le juge doit formuler les peines d'amende, dès lors qu'on sait qu'il est astreint à l'interprétation stricte d'une part, et que d'autre part, il ne peut s'abstenir de condamner aux amendes sous prétexte que celles-ci sont formulées en francs anciens ou en zaïres. Sur le plan pratique, les juges s'arrogent le pouvoir illégal de condamner en francs congolais où la loi stipule en zaïres ou en francs anciens. Cette pratique ne peut être considérée que

---

[198] CALMES (S), *Ibidem*, p.148.

comme une violation du principe de légalité des infractions et des peines[199].

Une autre violation flagrante du principe de légalité criminelle, signe certain d'insécurité juridique, est la peine de travaux forcés à laquelle les Cours et tribunaux ont illégalement substitué la servitude pénale[200]. En effet, la peine de travaux forcés a été introduite en droit congolais en matière de détournement des fonds publics par la Loi n°73/017 du 05 janvier 1973. Cette loi a prévu qu'une Ordonnance présidentielle déterminera l'organisation et les mesures d'exécution de cette peine. Jusqu'à ce jour, cette Ordonnance présidentielle n'ayant jamais été prise, il en résulte que la peine de travaux forcés n'a reçu aucune application concrète. La nature des tâches et des corvées à infliger aux personnes condamnées à la peine des travaux forcés reste inconnue et indéterminée. Aucune modalité particulière d'exécution n'est connue : ni le délai de prescription de l'action publique résultant du détournement des fonds publics, ni le délai de prescription de la peine elle-même. Au demeurant, le législateur n'a même pas prévu la substitution provisoire de la

[199] KUBOYA (T), et KALENDA (S), « De l'application du principe de légalité criminelle en droit pénal congolais : Cas de la peine d'amende », *in* KATSHUNG (Y), *Le droit à l'épreuve du temps,* Mélanges MBUYI TSHIMBADI, Lubumbashi, PUL, 2010, pp.189-217.

[200] Pour conformer le droit congolais aux engagements internationaux relatifs aux droits de l'homme souscrits par l'État congolais, le législateur a édicté en 2011 une loi portant suppression de la peine des travaux forcés, l'estimant contraire à l'article 16 de la Constitution d'après lequel « *Nul ne peut être astreint à un travail forcé ou obligatoire* ». Appelée à se prononcer sur sa constitutionnalité, la Cour suprême de justice a estimé, dans son arrêt R.Const.166/TSR du 19 août 2011, que la peine des travaux forcés ne heurte nullement l'article 16 de la Constitution. Pour la Cour, la peine des travaux forcés est légale et doit être exécutée lorsqu'elle est prononcée par le juge, et n'est pas à confondre avec l'article 16 de la Constitution car le travail forcé, défini dans les Conventions de l'Organisation internationale du travail, renvoie plutôt au droit du travail et non au droit pénal. Cette position a été reprise par la Cour constitutionnelle, dans son arrêt R.Const.1234 du 17 juin 2020, qui a arrêté que le travail forcé interdit par l'article 16 de la Constitution ne concerne pas les travaux forcés infligés à titre de sanction pénale, cette disposition n'ayant pas pour effet d'abolir la peine des travaux forcés en droit congolais.

peine des travaux forcés en une servitude pénale en attendant l'intervention de son règlement d'application[201].

Dans l'état actuel de la législation et de la règlementation congolaises, la peine des travaux forcés se fonde sur une règle pénale inachevée dans son élaboration, et donc quasiment imparfaite, par conséquent finalement inapplicable. Il en résulte naturellement la quasi-impunité de la seule infraction punie de la peine de travaux forcés, à savoir le détournement des deniers publics. Cependant et en violation flagrante du principe *nulla poena sine lege*, les juges congolais condamnent les personnes coupables du détournement des deniers publics à une autre peine, la servitude pénale. Cette mise en œuvre prétorienne de la peine des travaux forcés est légalement indélicate et énerve le principe de légalité criminelle, ce dernier n'autorisant, en l'absence de toute indication législative expresse, aucune substitution de la peine de travaux forcés en une peine d'emprisonnement. Il en découle que, d'un point de vue strictement juridique, la situation des personnes condamnées du chef de détournement des deniers publics à la peine des travaux forcés et détenues néanmoins sous un régime mitigé de servitude pénale, relève d'un réel abus de pouvoir et révèle une véritable impasse juridique que ne peut tolérer un État de droit[202].

En RDC, les interventions législatives sont réalisées de façon anarchique et désordonnée. Elles ont généré une inflation de normes que personne n'a su maitriser. Le système juridique actuel s'est défait, en cours de construction, à la fois de la légitimité, de légalité et de l'effectivité qui caractérisent tout système cohérent. Le foisonnement normatif congolais est décrié. Une évolution chaotique des lois est observée. La législation congolaise est inadéquate par rapport aux objectifs qu'elle s'assigne elle-même. Elle est soit ignorée de la population, soit trop abondante et désordonnée pour être connue et respectée, et qui plus est, elle comporte des contradictions

[201] KATUALA (K-K), *Code pénal zaïrois annoté*, article 24, pp.21-24.
[202] AKELE ADAU (P), (Dir.), *op.cit.*, pp.125-126.

internes[203]. Les lois ne sont ni votées ni révisées dans l'intérêt général, mais plutôt pour nuire au souverain primaire. Elles se révèlent tyranisantes ; elles organisent et perpétuent les injustices sociales au point que l'idée d'une pure justice ne subsiste plus en elles. Elles sont le plus souvent des créations circonstancielles soit pour régler la situation passagère des hommes politiques, opposants au pouvoir, soit pour perpétuer la concentration du pouvoir[204]. L'État n'a même pas les moyens nécessaires pour assurer la publication et la publicité suffisantes de sa législation, ce qui entraine la dévaluation des normes due à leur perte d'effectivité. Plus concrètement, « *il n'y a ni alphabétisation, ni coordination des textes pour un ensemble juridique cohérent, ni publication régulière. La télévision n'émet que dans quelques villes, il en est de même de la radio. Du reste, elles ne diffusent que la danse, les sermons des pasteurs et les discours politiques. Les journaux, avec de très bas tirages, ne sont que pour quelques privilégiés. Dans ces conditions, chaque juge en fait une interprétation et une application différentes, souvent fantaisistes et partisanes* »[205], tel que l'illustre le cas de la peine de mort.

En effet, d'un côté le Code pénal congolais et certaines lois spéciales notamment le Code pénal militaire prévoient la peine de mort[206]. D'un autre côté, le caractère sacré de la vie est proclamé dans la Constitution et les traités et Accords internationaux ratifiés par la RDC. Alors que toutes les Constitutions du pays[207] prévoyaient une restriction au principe selon lequel « *la personne humaine est sacrée* », en relevant que

---

[203] MATADI NENGA (G), *La question du pouvoir judiciaire en République démocratique du Congo : Contribution à une théorie de réforme,* Kinshasa, éd. Droit et idées nouvelles, 2002, p.11.

[204] MATADI NENGA (G), *Ibidem*, p.11.

[205] MATADI NENGA (G), *Ibidem.*, pp. 201 et S.

[206] La fréquence de la peine de mort en droit congolais affiche une moyenne relativement élevée, de l'ordre de 25 %, soit 12,4 % en droit pénal spécial ordinaire, et 37,6 % en droit pénal spécial militaire. Plus concrètement, on relève 16 cas de pénalisation capitale en droit pénal ordinaire et 62 cas en droit pénal militaire.

[207] La loi fondamentale du 17 Juin 1960 relatives aux libertés publiques (article 3) ; la Constitution du 01/08/1964 (art 15) ; l'article 6 de la Constitution du 24/06/1967 ; l'article 15 de la Constitution de la transition du 05/04/2003.

quelqu'un ne peut être mis à mort que dans les cas prévus par la loi et dans les formes qu'elle prescrit, les articles 16 et 61 de la Constitution du 18 février 2006[208] n'admettent cependant pas cette dérogation. Pourtant, le Code pénal maintient toujours la peine de mort, portant ainsi atteinte au premier droit fondamental, le droit à la vie, lequel constitue une limite infranchissable dans un État de droit. Il s'agit là d'une contradiction manifeste entre les Codes pénaux civil et militaire d'une part, et la Constitution et les traités internationaux, d'autre part, étant donné que la logique et le bon sens commandent que ce qui est sacré soit respecté de manière absolue, sans exception implicite ou explicite, permettant sa violation. En ce sens, M. NYABIRUNGU explique que « *lorsque la loi suprême d'un pays dit d'une valeur qu'elle est sacrée, elle veut dire qu'on ne saurait y porter atteinte sous quelque prétexte que ce soit, quelles que soient les circonstances* »[209].

Le Code pénal congolais, en ce qu'il prévoit encore la peine de mort, est incompatible avec l'esprit de la Constitution en vigueur en RDC[210]. Bien mieux, nous nous retrouvons devant une situation paradoxale où la peine de mort, tout en étant inconstitutionnelle, voir anticonstitutionnelle, demeure néanmoins légale, conformément au Code pénal. S'il est vrai que

---

[208] L'article 16 dispose : « *la personne humaine est sacrée. L'État a l'obligation de la respecter et de la protéger. Toute personne a droit à la vie, à l'intégrité physique (...). Nul ne peut être soumis à un traitement cruel, inhumain ou dégradant* (…) ». En outre, l'article 61 de la Constitution dispose qu'en « *aucun cas, et même lorsque l'état de siège ou l'état d'urgence a été proclamée conformément aux articles 87 et 88 de la présente Constitution, il ne peut être dérogé aux droits et principes fondamentaux énumérés ci-après : le droit à la vie, l'interdiction de la torture et des peines ou traitements cruels, inhumains ou dégradants* ».

[209] NYABIRUNGU (M-S), *Traité de droit pénal général congolais*, 2ème éd., Kinshasa, Editions universitaires africaines, 2007, p.370.

[210] Le Code pénal est également en contradiction avec la culture et les coutumes africaines en général et congolaises en particulier ; ces dernières sont foncièrement abolitionnistes. Les traditions congolaises ont toujours eu horreur du sang humain et n'ont jamais exclu l'un de leurs ; NYEMBO MBONYO (H), *L'abolition de la peine de mort au Congo-Kinshasa : Plaidoyer pour une humanisation des peines*, Paris, Karthala, 2003, p.19 ; MOKELWA (B), *L'Afrique noire victime de ses propres croyances*, Paris, Edilivre, 2014, p.40.

celui-ci se justifiait par rapport aux textes constitutionnels antérieurs tendant à constitutionnaliser l'atteinte à la vie par la peine de mort, cependant, cette peine, autant que les dispositions légales qui la consacrent, ont vécu au regard de l'esprit et de la lettre de la Constitution en vigueur et des traités internationaux relatifs aux droits de l'homme dont un grand nombre a fait l'objet de ratification par la RDC[211]. Ainsi que le relève pertinemment M. VIRCOULON, « *bien qu'elles aient dû concéder l'affirmation du droit à la vie dans la Constitution, les autorités congolaises sont attachées à la peine de mort et n'entendent pas l'abolir officiellement. De ce fait, en violation du principe de hiérarchie des normes, les procureurs continuent à appliquer un code pénal anticonstitutionnel et à requérir la peine de mort contre des accusés* »[212].

Les Cours et tribunaux doivent être guidés par l'évolution constitutionnelle en rapport avec la protection du droit à la vie en RDC. En effet, dans cet état de choses, prononcer actuellement la peine de mort constitue une régression par rapport aux standards tant nationaux qu'internationaux des droits de l'homme[213]. Il en résulte que le Code pénal étant entaché d'inconstitutionnalité, le juge pénal Congolais n'est plus juridiquement fondé à prononcer la peine de mort[214]. En ce sens, la doctrine enseigne que la suprématie de la Constitution implique que toutes les normes législatives et règlementaires, quelle que soit leur date d'édiction, ne soient pas en opposition avec elle, sous peine de caducité. Dans ces conditions,

---

[211] KABEYA VULUKA (V), « *La sacralité de la vie mise à l'épreuve : Le Code pénal congolais a vécu, Ne touchez pas à Caïn* », *in* YAV KATSHUNG (J), Dir, *Le droit à l'épreuve du temps*, Mélanges MBUYI TSHIMBADI, Lubumbashi, PUL, 2010, pp.156-168.

[212] VIRCOULON (T), « *Réforme de la justice : Réalisations, limites et questionnements* », *in* TREFON (T), Dir., *Réforme au Congo (RDC) : Attentes et désillusions*, Paris, L'Harmattan, 2009, p.94.

[213] MULIKUZA (J), « Les condamnés à la peine de mort dans l'affaire Serge MAESHE : Tout espoir est-il perdu ? », *Gazette de l'abolitionniste de la peine de mort en RDC*, Bulletin n°2, mars 2009, pp.5-6

[214] KABASELE LUSONSO (G), « Constitutionnalisation et internationalisation du droit judiciaire et du droit pénal Congolais pour une meilleure garantie de protection des droits fondamentaux », *Les Analyses Juridiques*, n°23, p.32

l'application du droit antérieur n'est acceptable que dans la mesure où il n'existe pas de contradiction avec la nouvelle norme constitutionnelle. Cette solution est davantage justifiée par la considération que, par rapport aux lois antérieures, la Constitution survenue n'est pas seulement une norme supérieure, mais encore une règle chronologiquement postérieure, présumée mieux adaptée à la société[215].

Nous approuvons à cet effet les décisions du 12/04 et du 20/06/2006 par lesquelles le Tribunal Militaire de Garnison de Mbandaka a refusé d'appliquer la peine capitale à un crime contre l'humanité. Pour cela, le tribunal a invoqué l'art 215 de la Constitution, en vertu duquel les traités internationaux ont une valeur supérieure à celle de la loi. Le tribunal a également justifié sa décision par le fait que le statut de la CPI est plus favorable aux prévenus puisqu'il ne prévoit pas la peine de mort pour ces crimes[216].

Au-delà de l'incohérence et l'inadaptation de la législation congolaise, la société congolaise se trouve en proie à l'arbitraire et l'impunité.

Le règne de l'arbitraire et l'impunité

L'accès à l'État de droit est la signalisation d'un niveau élevé de développement des mœurs civiles et politiques. Il marque le passage de l'État de nature vers l'État civilisé. L'État de droit est la sortie de l'arbitraire, un État sans lois ni règles communes, vers l'État de justice, un État réglementant les libertés selon les principes rationnels[217]. En ce sens, l'avènement de l'État de droit

---

[215] TREMEAU (J), « La caducité des lois incompatibles avec la Constitution », *Annuaire international de justice constitutionnelle*, n°6-1990, 1992, pp.221-223.

[216] WETSH'OKONDA KOSO (M), *RDC, La justice militaire et le respect des droits de l'homme : L'urgence du parachèvement de la réforme,* Africa MAP, 2009, p.37

[217] En ce sens, M. OLINGA souligne que « *L'État de droit est un concept aujourd'hui englobant, dont le référentiel de base est la soumission des institutions de l'État et des autorités publiques à la prééminence du droit, ainsi que la garantie des droits et libertés* » ; OLINGA (D), « La promotion de la

se réalise au moyen d'une lutte acharnée et perpétuelle contre l'impunité. En RDC, la défaillance de l'État de droit se manifeste tant par l'arbitraire qui est érigé en règle que par l'impunité et l'absence de sanctions en cas de violation de la loi.

En effet, l'arbitraire se vit tant dans le fonctionnement de l'administration publique que dans la procédure pré juridictionnelle en matière pénale. L'administration publique congolaise est devenue un instrument partisan au service du parti présidentiel. Son action se situe en marge de la légalité et sert les visées arbitraires du gouvernement en place. Le droit qui est censé la régir n'opère que dans un seul sens, à savoir la condamnation des opposants politiques et d'une manière plus générale « la pénalisation de toute pensée critique », pour ne pas dire carrément sa criminalisation. L'arsenal juridique répressif aidant, toute réflexion qui diverge, tant soit peu, du discours officiel est immédiatement qualifiée de « subversive » ou « attentoire » à l'ordre public, et fait par conséquent l'objet de sanctions non seulement disproportionnées par rapport à « l'acte incriminé » mais aussi infondées[218].

La procédure pré-juridictionnelle en matière répressive révèle également un cas de figure de l'arbitraire qui se vit au Congo. Il s'agit de la pratique des arrestations arbitraires et des détentions illégales. En effet, les articles 26-29 du Code de procédure pénale donnent à l'officier du ministère public (OMP) et à l'officier de police judiciaire (OPJ) le droit exceptionnel de détenir provisoirement une personne poursuivie pénalement s'il existe contre lui des indices sérieux de culpabilité et que sa fuite est à craindre. Dans la pratique, cependant, les magistrats et les officiers de police judiciaire en ont fait une source de gagne-pain, en faisant de la détention la règle et la liberté l'exception[219]. Ils

---

démocratie et d'un ordre constitutionnel de qualité par le système africain des droits fondamentaux : Entre acquis et défis », *Annuaire africain des droits de l'homme*, n°1, 2017, p.228.

[218] KUMBU-KI-NGIMBI (J-M), *op.cit.*, pp.23-24.

[219] Une enquête menée à Lubumbashi, deuxième Ville de la RDC, montre que qu'au sein des Services spéciaux de la police, les pots-de-vin et les actes de violence sont courants. Ces pratiques participent plus largement d'un monnayage des plaintes, seule ressource des agents à la suite des ruptures des

opèrent des arrestations arbitraires et des détentions illégales sous couvert de la détention préventive, même pour des affaires civiles, telles que les dettes. En effet, en dépit des nombreuses voies d'exécution légales en matière civile, commerciale et sociale, d'aucuns préfèrent saisir le parquet pour le recouvrement forcé de leur créance dans l'espoir de contourner les tracas de nombreuses formalités que requiert la procédure devant le juge civil qu'ils trouvent souvent longue, couteuse et parfois inefficace. Et pourtant, la fonction du parquet en droit judiciaire congolais est essentiellement de mettre les causes pénales en état d'être jugées, c'est-à-dire de rechercher les infractions, d'identifier et éventuellement d'arrêter leurs auteurs et les traduire devant la juridiction répressive. Les magistrats du parquet, conscients que la matière de créance échappe à leur compétence, se livrent habituellement à des artifices malhonnêtes en procédant à une qualification pénale des faits civils. Ainsi, pour contraindre un débiteur insolvable à payer la dette à laquelle il a souscrit dans un contrat de prêt, ils interprètent cette inexécution du contrat comme un fait constitutif de l'infraction d'abus de confiance pour l'amener, par des contraintes de procédure pénale notamment la détention préventive, à payer bon gré mal gré sa dette. Et pourtant, à y voir de près, il n'y a pas de confusion possible entre l'insolvabilité d'un débiteur et l'infraction d'abus de confiance prévue à l'article 95 du Code pénal congolais qui suppose pour sa commission au-delà de l'existence d'un contrat, l'intention frauduleuse de dissiper ou de détourner la chose que l'on détenait à titre précaire[220]. Ces dérives rappellent les mesures de contraintes odieuses auxquelles pouvait recourir jadis un créancier pour contraindre son débiteur à le payer, notamment lui ravir ses enfants, le faire travailler à son compte, le jeter en prison, etc. Il est malheureux de constater que ces genres de

---

paiements des salaires par l'État ; KAHOLA (O), « Une semaine d'enquêtes ethnographiques dans les Commissariats de Lubumbashi », *Civilisations*, n°54, 2006, pp.25-32.

[220] KABATI KAMULENGA (C), « La problématique de l'intervention du parquet dans le recouvrement de la créance », *Paroles de justice : Revue annuelle de doctrine*, 2009, pp.61-75, spéc.pp.68-70.

pratiques qui frisent l'illégalité continuent à s'appliquer dans une société du 21ème siècle.

Une autre pratique plus odieuse est encore observée, il s'agit de *la pratique des otages*. Lorsqu'un mandat d'amener est lancé contre un inculpé et que ce dernier n'est pas trouvé au domicile, les agents d'exécution procèdent à l'arrestation des membres de sa famille, enfant, conjoint, parent, en vue de forcer le présumé coupable à se rendre. Au demeurant, il y a lieu de regretter enfin la pratique illégale consistant pour les officiers de police judiciaire et ceux du ministère public d'outrepasser largement les délais légaux de garde à vue et de détention préventive, le plus souvent pour se faire octroyer des faveurs financières par les justiciables[221]. Pour des peccadilles comme pour des faits purement civils, les OMP et les OPJ sont prêts à priver l'inculpé de sa liberté dans le seul but d'obtenir de lui des sommes d'argent sous le couvert de la liberté provisoire. L'arrestation et la détention sont devenues un instrument d'intimidation et de terreur contre les inculpés pour les amener à libérer leurs avoirs. Il s'agit là du monnayage de la liberté, lequel se fait en toute impunité.

À ce sujet, un constat s'impose en RDC : l'impunité est généralisée. Elle s'observe dans tous les secteurs de la vie nationale, qu'il s'agisse du monde politique, du monde économico-financier, du monde religieux ou du monde socioculturel[222]. Elle est devenue structurelle et envahissante ; elle a paralysé tout le système juridique congolais. Elle blesse le sentiment de justice. Elle traduit l'incapacité des pouvoirs publics à appliquer la sanction notamment aux violateurs des droits fondamentaux des citoyens, tels les meurtriers, les violeurs, les usurpateurs. L'impunité apparait comme

---

[221] Sur la violation des libertés publiques au niveau de la police, du Parquet et des juridictions de fond en RDC voir KABASELE LUSONSO (G), « Les droits de la défense et le principe du contradictoire, garanties procédurales : Principes, pratiques et application jurisprudentielle », *Les Analyses juridiques*, n°36, 2016, pp.28 et S.

[222] TUPA MELI (M), « L'impunité : Un défi à relever pour le renforcement de la répression en République démocratique du Congo », *Paroles de justice : Revue annuelle de doctrine*, 2005, p.175.

l'expression d'une réelle lassitude ou défaillance généralisée du contrôle social, ou pire encore, comme paradigme environnemental, de nature à expliquer l'anomie du mode sociopolitique d'organisation et de fonctionnement de l'État congolais[223].

En définitive, l'impunité mine et paralyse l'ensemble du système répressif congolais. La légitimation du système et le sentiment d'adhésion aux valeurs et règles qu'il incarne s'affaiblissent. Apparaissent alors des normes informelles, aussi éparses qu'incohérentes, de caractère aussi personnel qu'impersonnel ; obéissant plutôt aux intérêts particuliers que collectifs ; énervant, bravant ou ignorant les règles ordinaires qui organisent les lieux, les temps et les circonstances de la trêve pénale. Entre-temps, la règle pénale s'étiole et se liquéfie petit à petit. Nul ne sait si elle existe encore, si elle est simplement lacunaire ou si elle est tombée en désuétude. On entre alors dans un champ d'inefficacité de la règle pénale formelle, et donc d'insécurité juridique, qui laisse la place à des phénomènes d'impunité sélective et discriminatoire, eux-mêmes liés à toutes sortes de perversions et d'abus d'autorité, violant au minimum la règle de l'égalité de tous devant la loi, donc aussi la règle de

---

[223] Les « Principes des Nations unies pour la protection et la promotion des droits de l'homme par la lutte contre l'impunité » sont en ce sens lorsqu'ils relèvent que « *l'impunité constitue un manquement aux obligations qu'ont les États d'enquêter sur les violations, de prendre des mesures adéquates à l'égard de leurs auteurs, notamment dans le domaine de la justice, pour qu'ils soient poursuivis, jugés et condamnés à des peines appropriées, d'assurer aux victimes des voies de recours efficaces et la réparation du préjudice subi, et de prendre toutes mesures destinées à éviter le renouvellement de telles violations* ». De ce fait, l'État a une obligation positive d'instruire, de juger et de sanctionner les violations graves des droits de l'homme, en utilisant efficacement son système pénal. Les droits de l'homme constituent ainsi un nouveau bien juridique qui, non seulement mérite une protection pénale, mais aussi contraint à la protection pénale ; VERVAELE (J), « Violations graves des droits de l'homme et crimes internationaux », *Revue de science criminelle et de droit pénal comparé*, n°3, 2014, Vol.3, p.491 ; DUMONT (H) et HACHEZ (I), « Les obligations positives déduites du droit international des droits de l'homme : Dans quelles limites ? » *in* CARTUYVELS (Y) et AA., *Les droits de l'homme, bouclier ou épée du droit pénal ?* Bruxelles, Presses de l'Université Saint-Louis, 2007, pp.31-43.

justice[224]. L'impunité est alarmante et la justice est inégale dans sa distribution sociale. C'est ici que l'impunité, produit du dérèglement de l'appareil répressif congolais tout entier, apparait aussi comme la conséquence de l'effondrement de l'autorité de l'État qui a la responsabilité d'organiser, dans les limites d'un contrat social de base, le pouvoir d'édicter et d'appliquer la sanction en cas de violation de la loi.

Au-delà des obstacles juridiques, les droits de l'homme en RDC connaissent également plusieurs obstacles structurels, lesquelles constituent un frein à leur protection.

---

224 AKELE ADAU (P), Dir., *Réforme du Code pénal congolais, op.cit.*, pp.124-127 ; AKELE ADAU (P), *Le citoyen-justicier dans l'État de droit*, Kinshasa, ODF Editions, 2002, pp.51 et S.

SECTION II. LES OBSTACLES STRUCTURELS À LA PROTECTION DES DROITS DE L'HOMME

Parmi les obstacles structurels à la protection des droits de l'homme en RDC, il y a lieu de distinguer d'une part les limites liées à l'environnement culturel (I) et d'autre part, les limites sécuritaires (II).

I. Les limites culturelles

Les limites liées à l'environnement culturel sont au nombre de deux : le rejet de l'universalité des droits de l'homme et la persistance des inégalités de genre.

La récusation de l'universalité des droits de l'homme

La société congolaise est traversée par un climat hostile au droit moderne, surtout en matière de protection des droits de l'homme. Cette situation est à la base de la récusation de l'universalité de ces droits d'une part, et du rejet de leurs standards, d'autre part. Si la culture africaine est soucieuse des droits de l'homme, les africains eux, estiment que le concept de *droits de l'homme* a été forgé par les États occidentaux pour perpétuer le colonialisme par un contrôle permanent des politiques intérieures de leurs États[225]. À ce sujet, certains ont

[225] Ce rejet des standards des droits de l'homme trouve son explication dans le fait historique, à savoir l'instrumentalisation des droits de l'homme dans le discours colonial. La guerre coloniale a été présentée comme humanitaire car « *elle visait à mettre fin à la barbarie et à l'abrutissement dans lesquelles végètent les peuples qui n'ont pas été en mesure de s'élever jusqu'à la forme politique républicaine* ». Par ailleurs, cette guerre a été présentée comme

écrit que « *les droits de l'homme s'inscrivent dans le continuum historique du projet colonial européen dans lequel les blancs se posent en tant que sauveurs d'un monde non européen ignorant et sauvage. Le fanatique blanc des droits de l'homme rejoint la chaine ininterrompue qui la relie à l'administrateur colonial, au missionnaire brandisseur de la Bible et au marchand de la libre entreprise* »[226]. D'autres ont vu dans la DUDH un « outil politique » voué à l'échec par le fait de ne pas tenir compte des différences culturelles entre les nations : *« dès sa naissance, la DUDH a échoué dans son entreprise : l'universalisme de compromis est un enfant mort-né »*[227]. Plus concrètement, la thèse centrale consiste à dire que les droits de l'homme sont nés et se sont développés en occident, dans une civilisation gréco-romaine et judéo-chrétienne, sous l'influence de penseurs occidentaux et que dans ces conditions ils ne conviennent pas à l'Afrique. L'on ajoute qu'ils sont recommandés, diffusés, défendus, voire imposés par l'occident[228]. Dans la même veine, les critiques de

---

nécessaire puisque visant à exporter les principes universels du droit, de la démocratie et du respect de la dignité humaine ; Sur ce sujet, se rapporter à CONSTANTINI (D), *Mission civilisatrice : Le rôle de l'histoire coloniale dans la construction de l'identité politique française*, Paris, La Découverte, 2008, p.59 ; CESAIRE (A), *Discours sur le colonialisme*, Paris, Présence africaine, 1955, pp.55 et S. En outre, le rejet des droits de l'homme est également justifié par le fait que ces droits seraient utilisés en tant qu'instrument contemporain de domination ; BACHAND (R) et IDIR (M), « Décoloniser les esprits en droit international : La 'responsabilité de protéger' et l'alliance entre naïfs de service et rhétoriciens de l'impérialisme » *Mouvements*, n°72, 2012, Vol.4, pp 90-94 ; ASSIER-ANDRIEU (L), « Le crépuscule des cultures : L'affaire Pitcairn et l'idéologie des droits de l'homme », *Droit et société*, n°82, 2012, Vol.3, pp.763-787.

226 MAKAU (M), « Politics and Human Rights : An Essential Symbiosis », *in* BYERS, M., (éd.), *The Role of Law in International Politics : Essays in International Relations and International Law*, Oxford University Press, Oxford, 2000, pp.149-175.

227 LEBRETON (G), « Critique de la DUDH », *Cahiers de la recherche sur les droits fondamentaux*, n°7, 2009, p.19.

228 ROULAN (N), *Aux conflits du droit : Anthropologie juridique de la modernité*, Paris, O. Jacob, 1991, p.199 et S. ; MÉDEVIELLE (G), « La difficile question de l'universalité des droits de l'homme », *Transversalités*, n° 107, 2008, n°3, p.70 ; GIL (T), « Le processus empirique de la globalisation et les droits fondamentaux », *in* PALLARD (H), et TZITZIS (S), *La*

l'universalité des droits de l'homme font valoir que le concept de droits de l'homme est « *une notion exogène aux sociétés d'Afrique, d'Asie et du Moyen-Orient* », que « *c'est sous la pression des pays occidentaux qu'il s'impose à elles* »[229] ; que « *la récente diffusion des normes de respect des droits de l'homme au sein du système international est le fait de la domination de certaines démocraties qui forcent les États plus faibles qu'elles à accepter leurs propres standards* »[230].

Ce rejet de l'universalisme des droits de l'homme a eu des conséquences néfastes sur la situation de ces droits en RDC au point de déboucher à leur rejet. Dans le souci de s'éterniser au pouvoir, les leaders politiques congolais rejettent farouchement le concept même de *droits de l'homme* du fait qu'il rime avec la démocratie, et s'adonnent constamment à l'usage de la force et de la violence. Pressé de quitter le pouvoir par des manifestants en furie contre les assassinats politiques, l'ancien chef de l'État Joseph KABILA déclarait tout haut dans une interview qu'il était temps de lever l'option entre la nécessité du développement et les impératifs d'organiser les élections, ou mieux de la démocratie et des droits de l'homme. Il est allé jusqu'au point de stigmatiser la conception occidentale des droits de l'homme, l'analysant en un néocolonialisme dont il veut débarrasser le pays[231]. Certains Congolais ont cédé à cette fâcheuse conception des droits de l'homme au point qu'un nombre considérable de citoyens ont commencé à développer un sentiment négatif à l'égard de ces droits, par peur de revivre le colonialisme. Nombreux d'entre eux pensent que les droits de l'homme étant le produit de chaque société en fonction de son environnement culturel spécifique, leur universalité serait un mythe au service

---

mondialisation et la question des droits fondamentaux, Presses de l'Université Laval, 2003, p.27.

[229] RONDEAU (D), « La relation des droits aux devoirs : Approche interculturelle », *Aspects*, n°1, 2008, p.149.

[230] SCHMITZ HANS (P), et SIKKINK (K), *International relations theory and human rights*, p.14, cité par BETHOUX (C), *La promotion des normes internationales des droits humains : Le rôle de la Fédération internationale des droits de l'homme (FIDH)*, Paris, Éditions des archives contemporaines, 2012, p.25.

[231] Interview accordée à *Jeune Afrique* le 14 janvier 2019.

de l'impérialisme occidental. En conséquence, les Congolais soutiennent pour la plupart que l'exigence du respect des droits de l'homme à l'occidentale serait une tentative de recolonisation du pays par les maitres d'hier. Ainsi, au nom du relativisme culturel, l'État congolais ne serait pas tenu de promouvoir et de protéger des droits de l'homme étrangers, voire ésotériques pour sa société[232].

À l'analyse, ce rejet des standards des droits de l'homme par l'exécutif congolais n'est pas tant dû à des objections conceptuelles au défi de l'universalité, mais est plutôt un moyen pour l'État congolais d'éviter de mettre en œuvre l'ensemble des droits de l'homme. Il est suggéré qu'il ne saurait y avoir universalité des droits de l'homme parce que ceux-ci sont nés en occident et que les cultures des autres peuples n'ont pas été prises en considération dans la rédaction de la DUDH. Ce que l'on oublie, c'est que la nature humaine est la même sous tous les cieux et que les hommes peuvent apprécier de la même manière le bien et le mal, indépendamment de leur pays d'appartenance, de la couleur de leur peau ou de leur religion, étant donné que tous aspirent au même bien-être et doivent faire face à la même responsabilité. En effet, tous les peuples de la Terre ont un sens intuitif commun des droits, en plus des obligations imposées à chaque personne. L'esprit humain étant universel, les différences entre les hommes ne sont que superficielles. La nature humaine, écrit Jacques MARITAIN, est la même chez tous les hommes. L'homme est constitué d'une façon déterminée et il a des fins qui répondent à sa constitution naturelle et qui sont les mêmes pour tous, comme pour les pianos par exemple, quel que soit leur type particulier et en quelque lieu qu'ils soient, ont pour fin de produire des sons qui soient justes[233]. Ainsi, l'apparente diversité humaine recouvre une profonde unité. Les hommes, dans leur diversité, possèdent tous en commun l'humanité (car tous les hommes

232 LUTUNDULA APALA (C), *op.cit.*, p.456.

233 MARITAIN (J), *Les droits de l'homme et la loi naturelle*, Paris, éd. Paul Hartmann, 1945, pp.63-64 ; Dans le même sens CHABOT (J-L), « droits de l'homme, universalisme, universalité et particularismes culturels », *Etudes interculturelles*, n°2, 2009, pp.85-86 ; TODOROV (T), *Nous et les autres : La réflexion française sur la diversité humaine*, Paris, Seuil, 1989, p.428.

participent de l'« *hominité* », au vu de l'existence de traits essentiels communs) et l'Humanité (dans la mesure où ces mêmes hommes appartiennent tous à une seule et même catégorie substantielle et la place qu'occupe chaque homme est identique à celle des autres hommes, ses « voisins »)[234].

En conséquence, même s'il s'exprime de manières diverses dans toutes les cultures du monde, le sens des droits de l'homme existe bel et bien chez tous les peuples du seul fait de la présence de l'humanité en chaque homme, et du fait que les êtres humains vivent nécessairement en société, en communauté où ils ont des droits et libertés réciproquement reconnus et limités[235]. Bien plus, toute culture croit en la justice et toute civilisation pense l'homme comme justiciable d'une dignité et d'un droit intangibles[236]. Dans cette veine, il est unanimement reconnu que la société africaine traditionnelle n'ignorait pas les droits de l'homme. Les droits fondamentaux tels que le droit à la vie, le droit à la propriété, le droit au mariage, le droit au travail n'étaient pas méconnus des

---

[234]SERIAUX (A), « La dignité humaine, principe universel du droit ? », *Actaphilosophica*, n°6, 1997, Vol.2, p.291. De ce fait, l'obligation du respect des droits fondamentaux constitue un frein à l'oppression que pourraient subir les êtres humains. Les violations des droits de l'homme constituant une atteinte à la conscience de l'humanité, c'est à la communauté internationale, extérieure et supérieure au jeu des intérêts et des passions locaux, qu'incombe la tâche de leur répression ; DONNEDIEU DE VABRES (H), « Le procès de Nuremberg devant les principes modernes du droit pénal international », *Recueil des Cours de l'Académie de droit international*, 1947, p.521 ; DECAUX (E), « Les Nations Unies et les droits de l'homme : 60 ans après... », *Cahiers de la recherche sur les droits fondamentaux*, n°7, 2009, pp.33-34 ; GERSTER (F), *Théorie générale de l'État*, Paris, P.U.F., 1986, pp. 90-91.

[235] NGOMA BINDA (E), « Fondements des droits de l'homme », *in* KALINDYE BYANJIRA (D), *Traité d'éducation aux droits de l'homme en République démocratique du Congo, tome 5 : Doctrine congolaise, op.cit.*, p.85 ; KOUDE (R), « Pertinence et défauts de pertinence des récusations de la Déclaration universelle des droits de l'homme », *Revue trimestrielle des droits de l'homme*, n°80, 2009, pp.947 et S.

[236] KABONGO MBAYA (P), « Des droits de l'homme comme stratégie de prévention de conflits en Afrique », *in* RUPTURE-SOLIDARITE, *L'Afrique centrale des droits de l'homme*, Paris, Karthala, 2004, p.216 ; JACOUB (J), *Réécrire la Déclaration universelle des droits de l'homme*, Paris, Desclée De Brouwer, 1998, pp.47-51.

droits coutumiers africains notamment congolais[237]. Partant, l'on peut affirmer que l'histoire des droits de l'homme n'appartient à aucun peuple, mais plutôt à tous les peuples du monde entier. Ils ne sont donc l'exclusivité d'aucune époque ni d'aucune culture, et en ce sens on affirme que les *« droits de l'homme n'ont pas d'histoire »*[238] ou mieux, que « *l'histoire des droits de l'homme se confond avec l'histoire de l'homme* »[239], étant donné qu'« *à la base, l'histoire des droits de l'homme est celle des hommes qui se défendent ; c'est l'histoire de la lutte que l'homme a durablement menée jusqu'à ce jour pour une vie digne de lui (...) et affranchie de toute restriction démesurée* »[240]. Par conséquent, en revendiquant l'invention d'une série d'institutions extrêmement importantes telles que les droits de l'homme, la démocratie, le capitalisme, l'Europe commet un « vol de l'histoire » d'autant plus que l'on retrouve ces institutions dans un grand nombre d'autres sociétés humaines[241].

Avec raison, l'ancien secrétaire général des Nations Unies, M. Koffi ANNAN s'indigne que certains africains continuent à considérer le souci des droits de l'homme comme un luxe de pays riches pour lequel l'Afrique n'est pas prête, voire comme un complot fomenté par les pays occidentaux industrialisés. Il s'agit, à ses dires, d'une conception dégradante, qui fait injure à l'aspiration à la dignité humaine qui existe dans le cœur de chaque

---

[237] KEBA MBAYE, *op.cit.*, pp.51-55 ; MUTOY MUBIALA, « Charte africaine des droits de l'homme et des peuples et cultures africaines », *Revue québécoise de droit international,* n°12, 1999, Vol.2, pp.200-201 ; BUAKASA, « Vers un humanisme africain », *Congo-Afrique*, 1963, p.32 ; KIHANGI BINTU (K) et IRENGE BALEMIRWE (V), « Les Nations unies et la consolidation d'un État de droit en République démocratique du Congo », *Meritum-Belo Horizonte*, Vol.7, 2012, n°1, p.117.

[238] MOURGEON (J), *Les droits de l'homme*, 8ème éd., Paris, P.U.F., 2003, pp.19-20 ; KOUDE (R), « Les droits de l'homme : De l'intuition universaliste à l'universalité récusée », *Revue trimestrielle des droits de l'homme*, n°69, 2006, pp.915-918, pp.925-933.

[239] KEBA MBAYE, *op.cit.*, p.11.

[240] HOFER (B) et HUOT (J-C), *Les droits de l'homme : Leur réalisation, une mission des chrétiens*, (traduction de STOKKE-COPPONEX), Fribourg, Éditions Universitaires, 1986, p.5.

[241] GOODY (J), *Le vol de l'histoire : Comment l'Europe a imposé le récit de son passé au reste du monde*, Paris, Gallimard, 2010, p.13.

africain ; « *les droits de l'homme sont africains* »[242]. Ce qui compte, « *ce n'est pas la place qu'on occupe dans la société, ni le degré de civilisation, ni le bagage intellectuel, moral ou religieux. Mais c'est le fait d'être né qui constitue, dans sa nudité, le symbole universel sur lequel sont fondés les droits de l'homme. De ce point de vue, la prétention des droits de l'homme à l'universalité a trouvé une base solide* »[243] et l'on peut en déduire que « l'homme » des « droits de l'homme » désigne chaque être humain. Il incarne à la fois l'individu, dans sa singularité et son universalité, et le citoyen, dans sa participation au pouvoir et à la communauté politique ; en ce sens, les droits de l'homme relèvent du domaine politique[244].

Certes, la DUDH avait tiré ses racines des cultures occidentales. Mais son contenu, c'est-à-dire les principes essentiels qu'il renferme, constitue une aspiration de tous les êtres humains indépendamment de leurs cultures propres. M. HIGGINS le dit dans des termes davantage élogieux : « *Où qu'ils soient, les hommes veulent la même chose essentielle : avoir suffisamment de nourriture et un toit, pouvoir parler librement, pratiquer leur propre religion, sentir qu'ils ne sont pas menacés par l'État, s'avoir qu'ils ne seront pas torturés, ou détenus sans chef d'accusation et que s'ils sont accusés, ils auront droit à un procès équitable. Il n'y a rien dans ces aspirations qui dépend de la culture, de la religion ou du niveau de développement. Elles sont tout autant ressenties par un membre d'une tribu africaine que par le citadin européen, l'habitant d'un bidonville latino-*

---

242 Voir KOFFI ANNAN, *L'universalité de la Déclaration des droits de l'homme*, Discours prononcé le 16 mars 1998, à Genève lors de l'ouverture de la 54ème session de la Commission des droits de l'homme des Nations Unies.
243 PANIKKAR (R), HAVET (J) et LA TOUCHE (S), « La querelle des droits de l'homme et de la démocratie : La notion des droits de l'homme est-elle un concept occidental ? », *Revue du MAUSS semestrielle*, 1999, pp.226-227.
244 NOLLEZ-GOLDBACH (R), *op.cit.*, p.28 ; LEFORT (C), « droits de l'homme et politique », *in L'invention démocratique*, Paris, Fayard, 1981, p.46 ; DE JONGE (E), « La Déclaration Universelle des Droits de l'Homme comme l'expression d'une vision du monde : Une approche topique et génétique », *Argumentation et Analyse du Discours*, n°4, 2010, p.11.

américain ou le résident d'un appartement de Manhattan»[245]. Cette précision est d'autant plus importance à une époque où les droits de l'homme subissent des attaques de tous bords, surtout dans les pays occidentaux où des mouvements politiques et philosophiques de plus en plus puissants contestent, au nom de la souveraineté ou de l'idéologie nationale, les contraintes qui résultent de la garantie des droits de l'homme. Au nombre de critiques, les droits de l'homme seraient responsables de la dissolution des liens sociaux, de la montée des incivilités, de la domination néolibérale. Ils signeraient la mort du politique, car ils ne seraient que des revendications égoïstes détachées de toute délibération collective[246].

Outre leur rejet par les dirigeants congolais, les droits de l'homme sont mis à mal par la persistance des inégalités de genre, au sein d'une société qui peine à se libérer de ses stéréotypes.

---

[245] HIGGINS (R), *Problems & Progress : International law and how we use it* (1994), repris par LAWRENCE, (J), *Les droits de l'homme*, Peace Operations Training Institut and University for peace, Williamsburg, 2012, p.27.

[246] LACROIX (J) et PRANCHERE (J-Y), *Les droits de l'homme rendent-ils idiots?*, Paris, Seuil, 2019, pp.8 et S ; Pour une étude complète des critiques des droits de l'homme, voir LACROIX (J) et PRANCHERE (J-Y), *Le procès des droits de l'homme : Généalogie du scepticisme démocratique*, Paris, Seuil, 2016, 352p; Sur les critiques qui tirent leur origine de l'hostilité à la démocratie, lire RANCIERE (J), *La haine de la démocratie*, Paris, La Fabrique Editions, 2005, 106p ; GAUCHET (M), « La politique des droits de l'homme », *in La démocratie contre elle-même*, Paris, Gallimard,2002, pp.326-385 ; Sur la critique de l'individualisme des droits de l'homme, voir MARX (K), *Sur la question juive*, Paris, Editions La Fabrique, 2006 (1844), p.55. On accorde généralement à la critique marxienne des droits de l'homme une valeur canonique. Karl MARX s'est attaché à dévoiler le mythe des droits de l'homme bourgeois. Pour lui, ces droits se présenteraient comme « *des droits de l'homme égoïste, de l'homme séparé de l'homme et de la communauté* » et feraient de l'homme « *une monade isolée et repliée sur elle-même* ». Ces supposés droits universels de l'individu abstrait promouvraient en réalité les intérêts de l'individu possessif du capitalisme. Il en conclut que la revendication des droits de l'homme n'exprime qu'une volonté d'asseoir l'intérêt personnel des individus face à la société. Autrement dit, les droits de l'homme transforment les intérêts de la bourgeoisie en principes naturels de l'humanité et à ce titre, ils ne feraient qu'exprimer le souhait des entrepreneurs d'être libres de toute restriction et de toute responsabilité sociale ; MARX (K) et ENGELS (F), *Manifeste du Parti communiste*, Trad. CHATELET (F), Paris, Bordas, 1986 (1848), p.19.

La persistance des inégalités de genre

La Constitution congolaise prohibe, en ses articles 13[247] et 14[248], toute forme de discrimination, notamment à l'égard des femmes. En dépit de l'existence de ces dispositions constitutionnelles, la pratique révèle que les affirmations sur la différence de sexe sont utilisées pour justifier l'inégalité et la violence. Le discours sur les différences fondamentales entre les hommes et les femmes appuie souvent, directement ou indirectement, l'inégalité de genre et, par extension, guide et justifie la violence à l'égard des femmes. Ce discours justifie la pérennité des arrangements sociaux et économiques qui insistent sur la séparation des rôles entre les hommes et les femmes, ce qui en retour limite l'accès des femmes au pouvoir et aux ressources[249].

Il en résulte une *féminisation de la pauvreté,* traduction de l'écart considérable entre les femmes et les hommes dans le cycle de la pauvreté : « *la comparaison géographique montre qu'avec une incidence de pauvreté de 72,9 %, le Nord-Kivu compte avec l'Equateur, le Bandundu, le Sud-Kivu et la Province orientale,*

---

[247] L'article 13 de la Constitution dispose : « *Aucun Congolais ne peut, en matière d'éducation et d'accès aux fonctions publiques ni en aucune autre matière, faire l'objet d'une mesure discriminatoire, qu'elle résulte de la loi ou d'un acte de l'exécutif, en raison de sa religion, de son origine familiale, de sa condition sociale, de sa résidence, de ses opinions ou de ses convictions politiques, de son appartenance à une race, à une ethnie, à une tribu, à une minorité culturelle ou linguistique* ».

[248] L'article 14 de la Constitution dispose : « *Les pouvoirs publics veillent à l'élimination de toute forme de discrimination à l'égard de la femme et assurent la protection et la promotion de ses droits. Ils prennent, dans tous les domaines, notamment dans les domaines civil, politique, économique, social et culturel, toutes les mesures appropriées pour assurer le total épanouissement et la pleine participation de la femme au développement de la nation. Ils prennent des mesures pour lutter contre toute forme de violences faites à la femme dans la vie publique et dans la vie privée. La femme a droit à une représentation équitable au sein des institutions nationales, provinciales et locales. L'État garantit la mise en œuvre de la parité homme-femme dans lesdites institutions. La loi fixe les modalités d'application de ces droits* ».

[249] ROSGA (A), *Prévention de la violence contre les femmes et l'inégalité de genre dans les opérations de maintien de la Paix*, Williamsburg, Institut de formation aux opérations de paix, 2011, p.57.

parmi les 5 provinces les plus pauvres de la RDC. (...) 8,3 % de pauvres de la RDC vivent dans les provinces du Nord et Sud-Kivu. Le taux de femmes atteintes par la pauvreté au Nord-Kivu est de 75,8 % »[250]. À la base de cette féminisation de la pauvreté se trouvent la faible valorisation du travail de la femme, sa dépendance économique et son analphabétisme. La femme congolaise vit des inégalités socio-économiques qui la maintiennent dans la dépendance totale envers l'homme, ce qui renforce sa vulnérabilité sociale, économique et politique[251]. Le droit congolais a longtemps fait de la femme une éternelle « incapable »[252]. Toute sa vie, elle doit rester sous le joug d'un homme ; si tôt libérée de la puissance paternelle par le lien matrimonial, c'est sous l'autorité d'un mari qu'elle doit finir ses jours. Et quand bien même la mort l'en détacherait en arrachant son mari, elle ne pourrait exercer l'autorité maternelle sur ses propres enfants que conjointement avec un homme, membre de la famille de son ex-époux. « *L'existence de la femme* (congolaise) *n'a de valeur que par le mariage, acte privé qui permet à la femme d'accomplir son rôle : donner naissance à des fils légitimes, des citoyens qui hériteront du patrimoine familial* »[253]. Une stricte fidélité est requise de sa part. L'adultère

---

250 PNUD, *Province du Nord-Kivu : Pauvreté et conditions de vie des ménages*, Mars 2009, p.7.

251 VUMILIA NAKABANDA (N), *La protection de la veuve en République démocratique du Congo : Quelle effectivité ?* Paris, L'harmattan, 2017, pp.452-454.

252 On pensait que la dernière révision du Code de la famille allait réellement supprimer les discriminations dont la femme est victime. Hélas ! Ça n'aura été qu'un rendez-vous manqué ; Voir à ce sujet BITOTA MUAMBA (J), « A propos de l'égalité entre époux dans la réforme du Code de la famille », *Congo-Afrique*, n°513, Mars 2017, pp.199-213 ; BITOTA MUAMBA (J), « Avec la réforme du Code de la famille, qu'en est-il du statut des femmes mariées ? », *Congo-Afrique*, n°533, Mars 2019, pp.201-211. Lire également KIFWABALA TEKILAZAYA (J-P), *Droit civil congolais : les personnes, les incapacités, les familles*, 2ème éd., Lubumbashi, PUL, 2018, p.234, qui note pertinemment que la femme mariée est toujours obligée de recourir à son mari avant de contracter, elle ne peut donc pas agir sans l'accord de ce dernier qui reste chef du ménage d'après l'article 444 du Code de la famille révisé.

253 CONNES (D), *L'égalité homme-femmes*, Cours de l'Université Numérique Juridique francophone, p.2. Relevons en outre qu'en droit congolais des successions, les enfants du *de cujus* héritent à hauteur de ¾ de la masse

de la femme était, avant 2016, puni en toutes circonstances, alors que celui du mari n'était puni que s'il était accompagné des circonstances injurieuses. Dans la vision africaine, c'est l'infidélité de la femme mariée qui seule compte : elle est jugée comme une menace contre l'équilibre de la famille, par l'intrusion possible d'enfants étrangers au sang de l'époux. Comme si cela ne suffisait pas, la femme se voit dépouillée du pouvoir de gérer même ses biens propres ; c'est le mari, présumé plus intelligent que la femme, à qui la loi confie la gestion des biens du ménage et ce, quel que soit le régime matrimonial choisi.

La société congolaise cantonne la femme dans le rôle domestique. Elle ne se risque hors du domaine familial que pour accomplir soit des fonctions religieuses, soit en apportant au ménage un complément de ressources en vendant la production agricole ou artisanale, ce qui donne à la femme un statut bien inférieur à l'homme. Elle ose rarement s'aventurer dans les milieux professionnels savants, surtout publics. Un obstacle juridique de taille lui barre la voie : l'autorisation maritale[254] qu'elle peine généralement à obtenir d'autant plus que les femmes bureaucrates sont regardées d'un mauvais œil ; une certaine opinion y voit même l'incapacité du mari à nourrir sa femme. En Afrique en général et en RDC en particulier, « *l'idée reste ancrée que les femmes, par la charge de leur famille, sont moins disponibles et moins efficaces pour une entreprise ou une administration publique, tandis que les hommes apparaissent plus détachés de l'idée des réalités quotidiennes. Ainsi, plus on s'élève dans la hiérarchie d'une entreprise ou d'une administration, plus le nombre de femmes est faible et plus l'écart de salaires entre hommes et femmes est important (...). Le sur-chômage féminin demeure incrusté dans le marché du travail surtout si aux chômeuses officielles on ajoute les femmes au foyer*

---

successorale, alors que la femme veuve se contente d'1/12ème. Pour une étude critique, Voir VUMILIA NAKABANDA (N), *op.cit.*, pp. 224-237,450 et S.

[254] L'espérance suscitée par la révision du Code du travail de 2002 s'est très vite évaporée. Le Code n'a pas supprimé l'autorisation maritale. Lire en ce sens LOBO KWETE (A), « La femme mariée : Capable ou incapable en matière du travail ? », *Les Analyses Juridiques*, n°18, 2010, pp.29-44, spéc. pp.33-37.

qui ne font pas toujours le choix de ne pas travailler et qui subissent l'inactivité »[255].

La société congolaise a du mal à se défaire de certains stéréotypes liés au genre. Les employeurs opèrent la discrimination des femmes à l'embauche, redoutant que celles-ci soient moins présentes dans l'entreprise suite notamment à l'accouchement. Quand bien même il peut arriver que les femmes travaillent dans une activité salariée, elles sont moins payées que les hommes pour un travail et des qualifications comparables, et sont aussi orientées socialement et académiquement vers des carrières moins rémunératrices. Comme on peut bien s'en rendre compte, au-delà des fastes, des discours officiels et de la reconnaissance formelle des droits aux femmes, la culture de l'égalité des sexes n'arrive pas à s'implanter dans la société congolaise[256].

Le législateur congolais a tenté de remédier à cette situation en adoptant la Loi n°15/013 du 1er août 2015 portant modalités d'application des droits de la femme et de la parité, mais son élan a été brisé par la Cour constitutionnelle. En effet, la version originaire de la Loi n°15/013 du 1er août 2015 portant modalités d'application des droits de la femme et de la parité avait institué un quota de 30 % en faveur des femmes dans leur accès aux fonctions publiques, aussi bien dans les postes électifs que nominatifs. Appelée à se prononcer sur la constitutionnalité de cette loi avant sa promulgation, la Cour constitutionnelle congolaise, dont l'office était à l'époque remplie par la Cour suprême de justice toutes sections réunies, s'est prononcée en défaveur de la loi. Elle a estimé que du rapprochement des articles 12, 13 et 14, alinéa 4 de la Constitution relatifs respectivement aux principes d'égalité de tous les Congolais devant la loi, de l'élimination de toute forme de discrimination en matière d'accès aux fonctions publiques et de la représentation équitable de la femme au sein des institutions nationales, provinciales et locales, il résulte que le constituant n'a établi

---

255 CONNES (D), *op.cit.*, p.8.

256 BITOTA MUAMBA (J), « Comment expliquer la non-émergence des droits des femmes en RD Congo ? », *Congo-Afrique*, n°523, Mars 2018, pp.225 et S.

l'accès des femmes et des hommes aux fonctions politiques et nominatives au sein des institutions nationales, provinciales et locales que sur les seuls critères d'égalité et d'équité[257]. Cette décision a fait l'objet de très vives critiques en doctrine. Celle-ci lui reproche d'avoir vidé la subsistance du principe constitutionnel de la parité homme-femme dans la gestion de la chose publique. Le juge constitutionnel a fait ainsi une lecture sélective de la loi fondamentale, la réduisant à sa seule lettre au détriment de son esprit, mettant en conséquence son application en échec ; cette situation est à la base de l'atteinte portée à l'effectivité du droit des femmes à la participation politique[258].

Bien plus, outre le fait que les mesures d'action positive sont largement admises en droit international des droits de l'homme[259], elles se justifient en droit congolais au regard du caractère inégalitaire de la société où les discriminations constituent un handicap au développement du pays. Si les

---

[257] Cour Suprême de Justice, R.Const.274/TSR du 24 janvier 2014, *Inédit*.

[258] WETSH'OKONDA (M), « La neutralisation du principe constitutionnel de la parité homme-femme dans la gestion de la chose publique en RD Congo », *Congo-Afrique*, n°523, Mars 2018, pp.214-224 ; MPUNGA BIAYI (P), « Discriminations positives, parité et quotas : Libres propos sur l'arrêt R.Const.274 », *Congo-Afrique*, n°533, Mars 2019, pp.247-258.

[259] Le Comité des droits de l'homme, dans son « Observation générale n°28 sur l'article 26 du PIDCP », déduit du principe d'égalité inscrit à l'article 26 que l'État a, dans certaines circonstances, l'obligation d'adopter des mesures d'*action positive* en faveur de groupes particulièrement discriminés, afin de remédier aux processus qui créent et perpétuent la discrimination interdite par le Pacte ; Voir également les Constatations du Comité des droits de l'homme du 17 août 2004 dans l'affaire Jacobs GUIDO C/ Belgique, Communication n°943/2000, CCPR/C/81/D/943/2000/. Dans cette lancée, plusieurs Conventions spécialisées de l'ONU contiennent une disposition spécifique consacrée aux « *mesures temporaires spéciales* », c'est-à-dire aux mesures susceptibles de comporter un traitement préférentiel, notamment : la Convention sur l'élimination de la discrimination raciale (article 1er), la Convention pour l'élimination de toutes les formes de discrimination à l'égard des femmes (article 4), la Convention relative aux droits des personnes handicapées (article 5) ; DE SCHUTTER(O), « Article 26 », *in* DECAUX (E), *Le Pacte international relatif aux droits civils et politiques : Commentaire article par article*, Paris, Economica, 2011, pp.585-588 ; HENNEBEL (L), *La jurisprudence du Comité des droits de l'homme des Nations Unies : Le Pacte international relatif aux droits civils et politiques et son mécanisme de protection individuelle*, Bruxelles, Bruylant, 2007, pp.323-324.

femmes revendiquent un traitement distinct, c'est parce qu'elles ont subi longtemps des injustices au point qu'elles se retrouvent presque non représentées dans les instances publiques. De ce fait, les mesures de discriminations positives auront un effet pacificateur sur les relations sociales dans la mesure où elles donnent un contenu plus concret à la notion d'égalité et elles offrent un but à des populations qui sont souvent délaissées. Les idées de concurrence et d'émulation pourraient à nouveau jouer leur rôle[260].

Un argument fréquemment opposé aux discriminations positives est la notion de « mérite ». L'on avance que les compétences doivent toujours primer. Mais l'on oublie que l'on parle de mettre en compétition des personnes qui ne partent clairement pas avec les mêmes chances étant donné que les circonstances initiales de l'existence des hommes et des femmes sont trop inégales. Le professeur Michael SANDEL conforte nos propos lorsqu'il écrit que « *ce n'est que dans la mesure où la ligne de départ a été la même pour tous que l'on peut dire des gagnants qu'ils méritent leur récompense* »[261]. Or, l'accès aux professions publiques est, dans la société congolaise, une compétition où la ligne de départ diffère notamment selon le sexe. Cette situation, qui a prévalu en Europe jusqu'à la seconde moitié du 20ème siècle, a fait dire à Simone DE BEAUVOIR qu'« *on ne naît pas femme, on le devient* »[262]. En conséquence et

---

[260] BRAJON (R), GARCIA (J) et GUILLARD (A), « Justification théorique et pratique des discriminations positives », *Annuaire international de justice constitutionnelle*, n°13-1997, 1998, p.160.

[261] SANDEL (M), *Justice*, Traduction de SAVIDAN (P), Paris, Nouveaux horizons, 2016, p.227.

[262] DE BEAUVOIR (S), *Le deuxième sexe*, Paris, Gallimard, 1947, p.1. Dans cette citation, le mot « femme » comporte une connotation péjorative : il renvoie au sexe faible, incapable. L'auteure démontre que l'éducation que la société accorde aux enfants diffère selon qu'il s'agit d'un garçon ou d'une fille ; le garçon est préparé à jouer un rôle capital et primordial dans la société, alors que la fille est préparée à occuper une « place seconde ». De la sorte, la société introduit de graves discriminations entre les deux sexes dès le bas âge. L'auteure l'exprime dans une formule demeurée célèbre : *« aucun destin biologique, psychique, économique ne définit la figure que revêt au sein de la société la femelle humaine ; c'est l'ensemble de la civilisation qui élabore ce*

pour qu'advienne une société des égaux, il faut « agir négativement » contre les exclusions dont les femmes font l'objet, mais également « agir positivement » en faveur des exclues en prenant des mesures qui remédient aux situations inégalitaires qui se sont perpétrées pendant des générations[263]. Autrement dit, il s'agit de restaurer l'égalité des chances afin de rendre effective l'égalité entre les sexes. En ce sens, Martha NUSSBAUM souligne l'importance, pour une société qui cherche l'égalité et la justice entre les sexes, de limiter la notion de mérite et de restreindre certains droits et libertés masculins[264]. Cette proposition est fondée sur le postulat d'après lequel « *le principe d'égalité, entendu comme l'obligation de traiter également les hommes qui sont égaux ne peut valoir qu'en relation avec l'obligation de traiter de manière différente des hommes se trouvant dans des situations différentes* »[265].

Au travers de l'arrêt R.Const.274/TSR du 24 janvier 2014, la haute Cour a brisé l'élan du législateur dans sa vision de concrétisation d'un droit fondamental constitutionnel, à savoir l'égalité entre hommes et femmes et son corollaire la non-discrimination. La Cour constitutionnelle a, par cette décision, violé la Constitution qu'elle est pourtant chargée de protéger. En effet, il ressort de l'article 14 de la Constitution que l'État garantit la mise en œuvre de la parité homme-femme dans les institutions publiques nationales, provinciales et locales. L'alinéa 6 du même texte précise que « *la loi fixe les modalités d'application de ces droits* ». Il se constate, à la lecture attentive de ces dispositions constitutionnelles, que le constituant a fixé de

produit intermédiaire entre le mâle et le castrat qu'on qualifie de féminin » ; DEBEAUVOIR (S), *Ibidem*, p.1.

263 RENAULT (A), *Egalité et discriminations : Un essai de philosophie politique appliquée*, Paris, Seuil, 2007, p.14.

264 NUSSBAUM (C-M), *Capabilités : Comment créer les conditions d'un monde plus juste ?* Traduction de CHAVEL (S), Paris, Nouveaux horizons, 2012, pp.103-104.

265 KELSEN (H), « Justice et droit naturel », *Le droit naturel, Annales de philosophie politique*, 1959, Vol.3, p.51 ; PAPAPOLICHRONIOU (S), et CATERINA (S), « Existe-t-il une obligation constitutionnelle de créer des discriminations positives ? », *Annuaire international de justice constitutionnelle*, n°13-1997, 1998, p.169.

grands principes en matière de parité entre hommes et femmes ainsi que son corollaire qui est la non-discrimination entre les deux groupes. Logiquement et sur le fondement du renvoi constitutionnel à la loi, il appartient au législateur de concrétiser le vœu constitutionnel en votant une loi qui assure la pleine participation de la femme à la gestion des services publics. Cette prise de position est d'autant plus justifiée que la loi *« fait des normes constitutionnelles des normes juridiquement obligatoires, de véritables règles de droit en y attachant une sanction ; sans elle la Constitution n'est qu'un programme politique, à la rigueur obligatoire moralement, un recueil »*[266]. Les garanties fondamentales des droits et libertés étant de nature constitutionnelle, il appartient au législateur d'intervenir pour les mettre en œuvre et sur ce point, il a une compétence exclusive[267].

En conséquence, en ayant empêché le législateur de jouer pleinement son rôle de protection des droits fondamentaux des citoyens, notamment le droit à l'égalité, à la parité et à la non-discrimination, la Cour constitutionnelle a fait fausse route et a méconnu l'esprit de la Constitution. Celle-ci a consacré sans détours le principe de la revendication paritaire, cette dernière entendant dépasser le dilemme égalité réelle et égalité formelle. En effet, « *la parité (...) vise l'équilibre entre les sexes et donc un pourcentage de présence équivalente de chacun d'eux dans toutes les instances délibérative, consultative et décisionnelle de la vie publique, politique en particulier* »[268]. Bien plus, la revendication paritaire ne se limite pas à un problème de représentation des femmes dans les sphères de pouvoir, elle imprègne également la question des quotas, cette dernière visant à lutter contre la sous-représentation des femmes sur l'échiquier politique et dans les emplois à caractère public. La parité, dont la traduction institutionnelle est le système de quotas, permettrait

---

[266] FAVOREU (L) et AA., *Droit constitutionnel*, 21ème éd., Paris, Dalloz, 2019, p.122.

[267] FAVOREU (L), « La protection des droits et libertés fondamentaux », *Annuaire international de justice constitutionnelle*, n°1-1985, 1987, pp.183-186.

[268] PEREIRA (B-M), « Quotas ou parité : Enjeux et argumentation », *Recherches féministes*, n°1, Vol. 12, 1999, p.104.

d'ériger le principe de l'égalité de statut entre hommes et femmes en droit fondamental et établirait le passage de l'égalité des droits à un droit à l'égalité[269]. Ce raisonnement est fondé sur l'idée selon laquelle l'égalité étant un principe formel de la justice distributive, il ne contient pas en lui-même la détermination de ce qui doit être considéré comme étant « essentiellement » égal, c'est-à-dire le principe ou la valeur, les raisons substantielles d'après lesquels il convient d'assimiler ou, au contraire, de discriminer deux situations données pour conclure à la nécessité d'une égalité de traitement ou, au contraire, à la possibilité d'une inégalité de traitement[270]. Pour preuve, « *l'égalité juridique est rarement énoncée de manière globale mais par référence aux domaines visés dans la loi (égalité de salaires, égalité des électeurs et des électrices, ...). En d'autres termes, il n'existe pas un droit à l'égalité reconnu aux personnes. La parité permettrait de définir positivement l'égalité au-delà d'une simple dimension constitutive du droit* »[271].

La Cour constitutionnelle prétend que la Constitution n'a fixé d'autres critères d'accès des femmes à la fonction publique que l'égalité et l'équité. Elle oublie que « *la parité a valeur d'équité, puisqu'elle permettrait le passage de l'égalité des droits à l'égalité des conditions d'exercice effectif de ces droits ; la parité traduirait l'imposition de leur effectivité* »[272] car elle traduirait le caractère contraignant du principe constitutionnel d'égalité de statut entre hommes et femmes en droit fondamental. En ce sens, la parité implique le fait que « *le principe d'égalité doit (...) sortir des textes pour être vécu, il doit être adapté à la réalité sociale dans le but de parvenir à une égalité progressive des conditions humaines* »[273]. Dans cette veine, la Cour de cassation française a admis à plusieurs reprises que « *le principe d'égalité ne s'oppose*

---

[269] POLSKY (E-V), « Démocratie, femmes et citoyenneté européenne », *Citoyenneté, Sextant*, n°7, pp.17-40, cité par PEREIRA (B-M), *op.cit.*, p.113.
[270] JOUANJAN (O), « Le Conseil constitutionnel, gardien de l'égalité ? », *Jus politicum*, n°7, 2012, p.2.
[271] PEREIRA (B-M), *op.cit.*, p.40.
[272] VOGEL, (J), « Parité et égalité », *Cahiers du Cedisst*, 1996, n°17, pp.57-76.
[273] ATTAL-GALY (Y), *droits de l'homme et catégories d'individus*, Paris, LGDJ, 2003, p.1.

ni à ce que le législateur règle de façon différente des situations différentes ni à ce qu'il déroge à l'égalité pour des raisons d'intérêt général pourvu que, dans l'un et l'autre cas, la différence de traitement qui en résulte soit en rapport avec l'objet de la loi qui l'établit »[274].

La décision de la Cour constitutionnelle sous analyse ne constitue ni plus ni moins qu'une fuite en avant, en d'autres termes une belle occasion manquée dans l'élaboration d'un droit constitutionnel de la discrimination positive. Pourtant, les notions de discrimination positive, de parité et de quota sont de plus en plus admises en droit international des droits de l'homme et instituées dans les démocraties modernes qui veulent voir émerger en leur sein une réelle égalité entre hommes et femmes. La doctrine moderne estime même que ces notions constituent « une nouvelle approche de la démocratie » car loin des seuls quotas qui constituent un élément de la doctrine des droits de l'homme, la parité appelle à admettre le genre comme élément central du politique[275].

Outre les limites liées à l'environnement culturel, les droits de l'homme connaissent également des limites inhérentes à la fragilité sécuritaire.

II. Les limites sécuritaires

La fragilité socio-institutionnelle de l'État congolais a contribué à l'émergence de certaines situations qui constituent en

[274] Cour de cassation française, 87-232 DC, 7 janvier 1988, cons. 10, *Rec.* p.17 ; 89-266 DC, 9 janvier 1990, cons. 5, *Rec.* p.15 ; 90-280 DC, 6 décembre 1990, cons. 15, *Rec.* p. 84 ; 90-283 DC, 8 janvier 1991, cons. 34, *Rec.* p.11 ; 91-291 DC, 6 mai 1991, cons. 23, *Rec.* p.40 ; 91-296 DC, 29 juillet 1991, *Rec.* p.102 ; 92-316 DC, 20 janvier 1993, cons. 45, *Rec.* p.14 ; 94-348 DC, 3 août 1994, cons. 5, *Rec.* p.117 ; 95-369 DC, 28 décembre 1995, cons. 5, *Rec.* p.257 ; 96-377 DC, 16 juillet 1996, cons. 22, Rec. p.87 ; cons. 29, *Rec.* p.180.

[275] BIOY (X) et FAGES (M-L), « Au nom de la démocratie : La parité de la représentation et la représentation de la parité », *in* BIOY (X) et FAGES (M-L) (Dir), *Egalité-Parité : Une nouvelle approche de la démocratie ?*, Toulouse, Presses Universitaires, 2013, pp.7-16.

réalité soit des violations des droits humains, soit des limites à la protection de ces droits. L'on se limitera à examiner la récurrence des conflits armés ainsi que l'expansion des violences sexuelles.

La récurrence des conflits armés

La RDC est traversée de part en part par des conflits armés interminables. De 1998 à 2003, la RDC a connu un conflit armé très meurtrier, lequel a entraîné la mort de 3,8 millions de personnes, la plupart de faim et de maladies prévisibles ainsi que la multiplication des groupés armés qui opèrent depuis lors sur le sol congolais. Ce conflit a été qualifié de « première guerre mondiale africaine » ou « la grande guerre africaine », ou encore « la guerre du coltan ». Plusieurs armées étrangères se sont affrontées sur le sol congolais : l'armée nationale (les FARDC), les forces armées du Rwanda, du Burundi, de l'Ouganda, du Zimbabwe, de l'Angola, de la Namibie, du Tchad et de la Lybie. À ces armées régulières, il faut ajouter également des groupes rebelles nationaux comme étrangers[276]. Dans ces conditions, l'on peut raisonnablement s'interroger sur la place qu'occupent les droits de l'homme dans un environnement aussi gravement tourmenté[277]. Ces conflits armés participent à la destruction de

---

[276] Pour plus de détails sur cette guerre et ses causes, lire SIDIBE (D), *La résolution des conflits en Afrique : Le cas de la République démocratique du Congo (de 1994 à nos jours)*, Thèse de doctorat en Sciences politiques, Université de Lyon 3, 2009, pp.16 et S ; NAMIE DI RAZZA, *La protection des civils par les opérations de maintien de la paix de l'ONU : Le cas de la MONUC/MONUSCO en République démocratique du Congo (1999-2015)*, Thèse de doctorat en Sciences politiques, Institut d'études politiques de Paris, 2016, p.118 et S.

[277] Pour se rendre compte des atrocités et violations massives des droits de l'homme commises à l'occasion de cette guerre, voir HCDH, *Rapport du Projet Mapping concernant les violations les plus graves des droits de l'homme et du droit international humanitaire commises entre mars 1993 et juin 2003 sur le territoire de la République démocratique du Congo*, Août 2010, pp.49 et S ; RDC, Ministère des droits humains, Livre blanc, numéro spécial *La guerre d'agression en République démocratique du Congo : Trois ans de massacres et de génocide « à huis clos »*, Kinshasa, Octobre 2001 ; BADIKIKE (J-P), Dir., *Guerre et droits de l'homme en République démocratique du Congo*, Paris, L'Harmattan, 2009, pp.20 et S.

l'économie nationale déjà précaire, réduisent l'efficacité de l'aide au développement, accroissent la paupérisation des populations, génèrent des déplacements massifs des populations et des réfugiés, détruisent et polluent l'environnement et surtout menacent les capacités humaines du pays tant par la perte passive des vies humaines qu'ils comportent que par la destruction du capital intellectuel, professionnel et de la jeunesse du pays[278].

Il est à déplorer que la plupart des victimes des conflits armés soient majoritairement des civils sans armes, notamment les femmes, les enfants et les déplacés. Ces conflits impliquent souvent le pillage et la destruction des infrastructures de santé et les personnes en fuite, en particulier les femmes et les enfants, n'ont souvent pas accès aux installations de soins de santé, ni aux traitements médicaux. La maladie, en particulier le VIH/Sida, se transmet plus rapidement dans un contexte de pauvreté, d'anarchie et d'instabilité sociale, et ce sont les conditions qui donnent souvent lieu aux déplacements forcés ou les accompagnent. De cette façon, la santé physique, nutritionnelle, reproductive et mentale des femmes et des filles est affectée négativement durant les conflits armés, et en particulier lors de la migration forcée[279].

Ces conflits armés entrainent aussi des atteintes à la sûreté personnelle, lesquelles se traduisent par des exécutions extrajudiciaires, sommaires ou arbitraires et des enlèvements ou disparitions forcées. La responsabilité de ces actes incombe à la fois au gouvernement congolais et aux rebelles avec lesquels il est aux prises, les différents protagonistes rivalisant de zèle dans les massacres systématiques des populations innocentes. Dans la zone tenue par la rébellion, c'est le droit à la vie qui est le plus menacé, tandis que dans la partie sous contrôle gouvernementale, c'est le droit à la liberté qui est davantage bafoué. Ainsi, les

---

278 NZONGOLA NTALAJA (G), « Les intellectuels africains et la crise politique en Afrique centrale », *Congo-Afrique*, n°379, Novembre 2003, p.536.

279 ONU FEMMES, *Mise en œuvre des résolutions du Conseil de sécurité de l'ONU consacrées aux femmes, à la paix et à la sécurité en Afrique*, Williamsburg, Peace operations training Institute, 2014, p.53.

journalistes, les avocats, les opposants sont accusés d'intelligence avec la rébellion et exécutés[280].

Il n'y a pas de doute que les conflits armés constituent la forme de violences qui cause plus de victimes innocentes et de souffrances superfétatoires en RDC. Peu importe les concepts de leur embellissement, ces conflits constituent une effroyable catastrophe pour les populations civiles par suite de l'impact disproportionné des armes. Plusieurs milices rebelles ont en leur possession des territoires qu'ils occupent et qu'ils contrôlent, surtout dans la partie orientale du pays ; sur ces territoires, l'autorité de l'État n'est point effective. Dès lors, ces espaces géographiques constituent des *zones de non droit* dans la mesure où il y règne l'arbitraire et la protection des citoyens est impossible à garantir par les institutions légitimes. Pendant ce temps, ces parties du territoire national s'illustrent par un déficit évident du système de régulation de la vie sociale, découlant notamment de l'anéantissement de la force du droit au profit d'un recours excessif au droit de la force. En clair, la machine de violence tourne plutôt à plein régime, d'autant plus qu'elle est manipulée à souhait par des êtres pervers, inciviques et cruels, revêtant toute l'autonomie des roitelets imperméables à toute leçon d'humanité[281].

Une particularité des conflits armés en RDC est d'impliquer un grand nombre d'enfants soldats et ce, en violation flagrante du droit international humanitaire. En fait, « *la durée de ces conflits est telle que l'effectif des combattants tend à s'amenuiser. Dans ces conditions, il n'est plus question pour les chefs de guerre de s'interroger sur l'âge des recrues et sur leur capacité à fournir les efforts physiques et psychologiques requis dans de telles situations. L'important est qu'ils sachent rapidement se servir d'une arme et qu'ils aillent au front* »[282].

---

280 ATCHE BESSOU (R), *Les conflits armés internes en Afrique et le droit international*, Thèse de doctorat en droit, Université de Cergy-pontoise, 2008, pp.158-161.

281 MUTATA LUABA (L), *La protection du droit à la sexualité responsable*, Kinshasa, Ed. Du service de documentation et d'études du ministère de la Justice, 2009, p.53.

282 ATCHE BESSOU (R), *op.cit.*, p.179.

Ces enfants combattent le plus souvent sans connaître les causes réelles des conflits armés dont ils sont les instruments. Ils sont devenus de vrais soldats, attaquant avec une extrême violence villages, quartiers, villes entières, pillant et massacrant les populations avant d'incendier les habitations. Des groupes armés recourent à eux non seulement pour combattre, mais aussi pour sécuriser certains sites miniers dont ils sont en possession. En conséquence, ils trouvent dans les enfants une ressource humaine nouvelle et une main d'œuvre moins chère et plus mobilisable[283].

En effet, ces enfants, appelés en RDC « kadogo », constituent un facteur de coût très faible car ils sont généralement peu ou non payés ; ils ont aussi une obéissance passive et une conscience limitée du danger. D'un point de vue sociologique, ces enfants n'ont pas de contrainte familiale et sont issus des milieux pauvres : ils sont souvent enlevés dans les zones de combat ou des camps de réfugiés. De la sorte, ils sont réputés savoir mieux survivre dans la brousse et souffrir en silence. Dès lors et selon les recruteurs, ils sont faciles à motiver, à manipuler, à intimider et, donc, à recruter[284]. La déclaration du colonel NTAMBO MUTCHAÏL de l'AFDL/APR lors de la chute de la Ville de Lubumbashi en 1997 l'atteste : « *Ce sont les meilleurs. À un âge pareil il y a une obéissance totale. Ils ne sont pas distraits. Ils ne connaissent pas encore la vie intime. Ils sont consacrés à quelque chose : à l'Alliance. Ils n'ont pas d'autres idées. Ils ne sont pas dérangés moralement* »[285].

---

283 NGONDZI (J-R), *Enfants-soldats, conflits armés, liens familiaux : Quels enjeux de prise en charge dans le cadre du processus de DDR ? Approche comparative entre les deux Congo*, Thèse de doctorat en Sciences politiques, Université Montesquieu-Bordeaux IV, 2013, pp.163-165.

284 NTUDA EBODE (J-V), « Les enfants soldats dans les crises africaines : Entre logique militaire et stratégies politiques », *Guerres mondiales et conflits contemporains*, n°222, Vol.2, 2006, p.115.

285 « Zaïre : Le fleuve de sang », Documentaire français, La marche du siècle, juin 1997 ; Jean-Marie CAVADA, troisième reportage, « Premiers jours au nouveau Congo » ; Jean-François Gringoire et Lionel de CONINCK, « À minute 01:21, le colonel NTAMBO MUTCHAÏL de l'AFDL s'exprime devant la caméra au sujet des Kadogo », cité *in* HCDH, *Rapport du Projet Mapping concernant les violations les plus graves des droits de l'homme et du droit*

Plus concrètement, les enfants congolais sont utilisés dans les conflits armés, abandonnés dans les rues, victimes de massacres, déportations, génocides, etc. Les enfants font partie des personnes dont les droits sont les plus violés au Congo et dont la protection est inefficace. Ils sont enlevés par des groupes rebelles pour être faits des soldats, à défaut ils font l'objet de viols et d'assassinats systématiques. En termes de stratégies de conduite des hostilités par les parties, les enfants sont pris pour cibles d'attaques et demeurent sans protection. Cette situation est due, à en croire M. Junior ABELUNGU, à une double inexistence : celle des mécanismes spécifiquement liés au droit international humanitaire à l'instar des Commissions nationales de mise en œuvre du droit international humanitaire, et celle d'un véritable mécanisme étatique opérationnel en pleine période des hostilités et assurant cette protection. L'auteur note pertinemment que « *l'ensemble des mécanismes sont antérieurs et postérieurs aux hostilités, et non opérant réellement pendant les hostilités. Or, c'est pendant la période des hostilités que se pose la question de protection spéciale avec acuité. En outre, les mécanismes institués en RDC sont à leur tour heurtés à différentes difficultés de ressources afin de fonctionner efficacement* »[286]. Sur le terrain, la protection spéciale de l'enfant sur le champ de bataille ne constitue cependant pas une préoccupation primordiale des parties aux conflits et le climat d'insécurité qui y règne ne permet pas toujours aux Organisations non gouvernementales d'accomplir leur mission. Les graves violations du droit international des droits de l'homme par les belligérants ont préoccupé les juridictions nationales et internationales, mais les avancées à cet égard demeurent maigres. En outre, les organes de droits de l'homme au niveau africain et international se sont intéressés à cette question pour ne pas aboutir à des résultats avec « effets » sur terrain[287]. L'analyse de la pratique de la

---

international humanitaire commises entre mars 1993 et juin 2003 sur le territoire de la République démocratique du Congo, Août 2010, p.347.

286 MUMBALA ABELUNGU (J), *Le droit international humanitaire et la protection des enfants en situation de conflits armés : Etude de cas de la République démocratique du Congo*, Thèse de doctorat en droit, Université de Gand, 2017, p.540.

287 MUMBALA ABELUNGU (J), *Ibidem*, pp.540-541.

Commission et la Cour africaines des droits de l'homme et des peuples prouve que dans les affaires où celles-ci ont eu l'opportunité d'interpréter ou d'appliquer les règles du droit international humanitaire, elles se sont caractérisées par une réticence[288].

Une autre particularité des conflits armés qui déchirent la RDC est d'être émaillés de viols et autres formes des violences sexuelles.

L'expansion des violences sexuelles

Les conflits armés qui déchirent la RDC se caractérisent par une folie humaine de cruauté rarissime : le corps de la femme est érigé en mini champ de bataille, soumis aux viols et à l'exploitation sexuelle sans humanité. L'ampleur des violences sexuelles a dépassé le contexte de conflits armés pour s'installer dans la société même en temps de paix, les personnes civiles munies ou non d'armes y ayant pris gout au sein de la communauté.

Une expression de l'insécurité fondamentale

Les femmes et les jeunes filles qui fuient les conflits armés constituent la majorité des réfugiés et des personnes déplacées de la RDC. Vivre dans ces conditions incertaines les rend encore plus vulnérables aux abus et harcèlements sexuels. Dans certains conflits, les groupes armés ciblent les femmes et les filles et en font des victimes en guise de politique orchestrée pour déstabiliser la société et en tirer des avantages politiques, militaires ou économiques. Le viol des femmes avec l'intention avouée de les contaminer avec le VIH/SIDA a récemment rajouté une autre dimension mortelle à cette forme de crime de guerre. Même quand une infection délibérée n'était pas l'objectif, elle est clairement la conséquence d'un viol. Le nombre d'infections

---

[288] MUMBALA ABELUNGU (J) et AMANI CIRIMWAMI (E), « Le système africain de protection des droits de l'homme et le droit international humanitaire », *Annuaire africain des droits de l'homme*, n°2, 2018, pp.1-23.

au VIH/SIDA a considérablement augmenté dans les corridors des conflits armés, une des conséquences directes de l'usage du viol comme arme de guerre[289]. En effet, le viol est utilisé non comme un dommage collatéral de la guerre, mais bien au contraire comme une technique destinée à anéantir la population ennemie, c'est-à-dire « *une guerre dans la guerre* »[290]. L'agression a généralement une dimension collective : toutes les femmes de tous les villages d'une zone donnée sont violées, l'ensemble des jeunes filles d'un village sont kidnappées et gardées comme esclaves sexuelles dans les campements des milices avant d'être abandonnées mortes ou vivantes dans une fosse, les frères et les pères sont forcés d'assister ou même de participer. Le but est de détruire les réseaux familiaux, d'annihiler les réseaux de solidarité fondamentaux, et de rendre impossible la reproduction[291]. Les belligérants enlèvent les femmes et les filles pour les forcer à la prostitution, pour les vendre à l'étranger[292], ou tout simplement dans le but avoué d'humilier l'adversaire, briser son moral et casser la résistance de la société toute entière.

À ce jour, cette criminalité affecte la société nationale au point d'éroder périlleusement ses fondements socio-économiques et, plus particulièrement au sein des communautés rurales, où les femmes et jeunes filles constituent l'épine dorsale du petit commerce local de produits de consommation courante et

---

[289] ROSGA (A), *op.cit.*, p.8.

[290] HUMAN RIGHTS WATCH, *La guerre dans la guerre : Violences sexuelles contre les femmes et les filles dans l'Est du Congo*, Juin 2002 ; DUROCH (F), « Le viol, arme de guerre : L'humanitaire en désarroi », *Temps modernes*, n°627, 2004, Vol.2, p.139.

[291] MOUFFLET (V), *op.cit.*, pp.120-121.

[292] Rapport du Département d'État américain sur la traite des personnes, 12 juillet 2001, *L'observateur*, n°1193 du 17 Juillet 2001, pp.7-8. Ce Rapport précise que *« la RDC est à l'origine d'une importante traite des femmes à destination de l'Europe, principalement la France et la Belgique, à des fins d'exploitation sexuelle »*. Par ailleurs, l'enquête menée par la CNPD dénonce également la déportation de femmes vers les pays agresseurs dont le Rwanda et l'Ouganda, en vue de la prostitution et de l'esclavage sexuel ; RFDP, « Les viols des filles et femmes se systématisent au Sud-Kivu, territoire occupé par le Rwanda. Que visent les auteurs de ces viols ? », *La messagère*, Bukavu, n°1, Janvier 2001.

denrées de première nécessité, tels le manioc, le poisson, les légumes, l'huile de palme, le sel et le savon[293]. Par ailleurs, « *l'insécurité provoque un exode rural et ruine les économies locales, les femmes refusent de travailler dans les champs, lieux de fréquente attaques, ce qui entraine, par conséquent, une perte de revenus. La situation est si difficilement contrôlable que la MONUSCO a concédé le 7 septembre 2010, avoir échoué dans sa mission à protéger les citoyens* »[294]. En effet, l'action de la Mission onusienne en matière de protection des civils est loin d'être positive. Les Congolais subissent, dans leur chair comme dans leur portefeuille, les exactions quotidiennes des rebelles, mais aussi, et de plus en plus souvent, des forces armées congolaises. Par ailleurs, des soldats de la MONUSCO elle-même se sont à plusieurs reprises rendus coupables d'abus sexuels sur mineurs, de trafic d'armes contre des matières premières (or et diamants) ou d'intelligence avec des mouvements rebelles[295].

En matière de violences sexuelles, la RDC est la championne du monde. Son territoire national, surtout dans sa partie orientale, est le théâtre permanent d'opérations militaires et de la perpétration massive et systématique des actes de violence

---

[293] MUTATA LUABA (L), *op.cit.*, pp.75-76.

[294] MAETENS DE NOORDHOUT (F), « Violences sexuelles en République démocratique du Congo : ''Mais que fait la police ?'' Un état de non-droit à la recherche d'un système normatif. Le cas d'EUPOL RD Congo », *Revue interdisciplinaire d'études juridiques*, n°2, 2013, Vol.71, pp.221-222.

[295] ZEEBROEK (X), « La mission des Nations Unies au Congo : Le Léviathan du maintien de la paix », *in* TREFON (T), *Réformes au Congo RDC : Attentes et désillusions*, *op.cit.*, p.145. La présence de la MONUSCO s'avère inefficace, voire inutile. Les troupes onusiennes sont traitées de contingents touristiques. La majorité de l'opinion publique congolaise juge non pertinente la mission onusienne en RDC. Son bilan de la protection des civils et partant des droits de l'homme est maigre et négatif. Du fait de son inefficacité, elle apparait à certains comme participant au recul de l'agenda démocratique tandis que, pour d'autres, elle n'est plus qu'un observateur particulièrement coûteux des développements politiques et sécuritaires congolais ; NTUMBA LUABA (A) et NTUMBA KAPITA (P), « Evaluation de la mise en œuvre du mandat de la brigade d'intervention de la MONUSCO », *Congo-Afrique*, n°510, Décembre 2016, pp.947-961 ; LAGRANGE (M-A) et VIRCOULON (T), *Réflexions sur les 17 ans de présence de l'ONU en République démocratique du Congo*, Paris, Ifri, 2016, p.20.

sexuelle dans leurs formes les plus graves. Selon les conclusions d'une étude américaine, plus de 1 100 femmes sont victimes de viol chaque jour en RDC[296]. C'est ce qui a fait dire que « *la RDC est la capitale mondiale du viol* », les femmes en sont les principales victimes et à ce titre, la RDC est le pire endroit au monde pour être une femme[297]. La triste réalité congolaise fournit un tableau sombre et effroyable. Les victimes des viols sont déshumanisées de manière inimaginable : « *les formes d'agressions sexuelles (...) prennent des formes variées sur fond de la sauvagerie sans commune mesure : des coups de feu dans les vagins après le viol, le viol avec des pilons enduits de piment, viols avec des bouts de bois, viols à l'aide de tiges à la fois pointus et acérés, viol à l'aide des pointes de fusils, viol à l'aide des baïonnettes en plus de servitude sexuelle* »[298]. Paradoxalement, en RDC, l'on en est arrivé à une normalisation et une banalisation de viols, lesquels constituent au contraire des actes ignobles qui transforment les corps de femmes en champ de bataille et aggravent les inégalités et l'oppression que les femmes subissent en public et en privé. Pire encore, les violences faites aux femmes constituent une atteinte profonde à leur citoyenneté, ces violences portent atteinte de manière systémique et structurelle à leurs droits humains[299].

Comme si son abstention d'intervenir était insuffisante pour le rendre complice des violations graves des droits humains dans les zones rongées par les conflits armés, le gouvernement congolais s'arroge le luxe de demander aux autorités judiciaires

---

[296] AMBER (P), PALERMO (T) et BREDENKAMP (C), « Estimates and determinants of sexual violence against women in the Democratic Republic of Congo », *American Journal of public health*, Vol. 101, 2011, n° 6 ; JEAN BOUCHARD (E), « À l'Est de la République démocratique du Congo, la violence envers les femmes : Briser les mythes d'un droit omnipotent », *Revue de la Ligue des droits et libertés*, Vol.34, n°1, 2015, p.25.

[297] MAPATANO KARUME (J), *Violences sexuelles : Régime juridique et limites à la répression de ces crimes en République démocratique du Congo*, Torino, L'Harmattan, 2012, p.8.

[298] MAPATANO KARUME (J), *Ibidem*, p.8.

[299] LAMARCHE (L) et THIBAULT (C), « Les violences faites aux femmes : Un enjeu de citoyenneté », *Revue de la Ligue des droits et libertés*, Vol.34, n°1, 2015, pp.10-13.

de ne pas engager des poursuites contre les membres de certains groupes armés dont le CNDP, et de ne pas engager de nouvelles poursuites en prévision de la loi d'amnistie qui était alors à venir en mai 2009[300]. Pire encore, des auteurs de ces graves violations des droits humains bénéficient de la promotion au sein de la hiérarchie militaire congolaise. C'est le cas de Jean Pierre BIYOYO promu au grade de Lieutenant-Colonel alors qu'il a été condamné à mort par le tribunal militaire de garnison de Bukavu notamment pour détention illégale d'enfants. C'est encore le cas de la promotion au grade de Général au sein de l'armée nationale des seigneurs de guerre réputés dans le recrutement et l'utilisation d'enfants aux hostilités et dans des violences sexuelles : Jérôme KAKWAKU, Floribert KISEMBO, Bosco NTAGANDA et Germain Katanga[301]. Le cas de M. Gédéon MUTANDA KYUNGU est également illustrateur de l'encouragement de certains criminels. Ce seigneur de guerre a commis de graves violations des droits de l'homme et des crimes de guerre tels que des viols, des exécutions des civils, des attaques planifiées contre les civils, des incendies des villages, etc. Condamné à la peine de mort en 2009, il va s'évader de la prison Kassapa de la Ville de Lubumbashi en 2011. Curieusement et au grand étonnement de la communauté tant nationale qu'internationale, ce condamné est accueilli en grande pompe à Lubumbashi en 2016 arborant un *tee-shirt* à l'effigie du président Joseph KABILA avec le slogan « ne quitte pas le pouvoir » inscrit en langue luba. Bien plus, il a été installé par le gouvernement dans une résidence luxueuse et sa milice *Bakata Katanga* a pris le nom de Mouvement des indépendantistes

---

[300] AMNESTY INTERNATIONAL, *Il est temps que justice soit rendue : La République démocratique du Congo a besoin d'une nouvelle stratégie en matière de justice*, Campagne en faveur de la justice internationale, Document public AFR 62/006/2011, AILRC-FR, Août 2011, pp. 12 et 32.

[301] HCDH, *Rapport du Projet Mapping concernant les violations les plus graves des droits de l'homme et du droit international humanitaire commises entre mars 1993 et juin 2003 sur le territoire de la République démocratique du Congo*, *op.cit.*, p. 346, §683.

révolutionnaires africains (MIRA) et s'est peu après, mué en parti politique[302].

En matière de violences sexuelles, l'impunité est la règle, surtout si l'auteur est membre des forces de sécurité de l'État. Grace aux ingérences politiques et à la corruption généralisée, un auteur des violences sexuelles doté d'un minimum d'influence ou de fortune échappe à toute sanction. Il se produit des simulacres de procès, un fait qui implique une impunité flagrante. L'ampleur et la brutalité des violences sexuelles en RDC ont affaibli tous les mécanismes sociaux de protection, libérant des fantasmes violents qui sont assouvis sur les corps des femmes. La fréquente présence des civils parmi les auteurs des viols et autres formes de violences sexuelles indique que la violence liée à la guerre se normalise[303].

Une déconstruction de l'ordre social

En RDC, les violences sexuelles sont devenues des pratiques courantes. Elles constituent une réalité macabre à laquelle sont confrontées les femmes et les filles congolaises sur tout le territoire national[304]. L'ampleur des violences sexuelles ne relève

---

[302] DJOLI (J), « Le Mapping report et la justice transitionnelle », *Congo-Afrique*, n°516, Juin-Juillet-Août 2017, p.557.

[303] Conseil des droits de l'homme, *Rapport de la Rapporteuse spéciale, Yakin ERTÜRK, sur la violence contre les femmes, ses causes et ses conséquences*, Mission en République démocratique du Congo, A/HRC/7/6/add.4, 28 Février 2008, pp.23-24 ; ASF, *La justice face à la banalisation du viol en République démocratique du Congo : Etude de jurisprudence en matière des violences sexuelles de droit commun*, Kinshasa, 2012, p.4 ; BAAZ (M-E), et STERN (M), *La complexité de la violence : Analyse critique des violences sexuelles en République démocratique du Congo (RDC)*, Stockholm, Nordiska Afrikainstitutet, 2011, pp.41-44.

[304] Une enquête menée dans à l'hôpital général de référence de Kampemba, dans la Ville de Lubumbashi (jamais en proie à un conflit armé), révèle une prévalence hospitalière des violences sexuelles de 3,35 % dont les victimes sont majoritairement jeunes (94 %), âgées de 14 à 17 ans dans plus de 60 % de cas. Parmi les victimes, il a été observé dans 24 % des cas de grossesses et dans 72 % des cas de souffrances psychologiques. Seules 19,18 % des violences sexuelles ont été rapportées à la justice ; ILUNGA (S) et AA., « Les violences

pas seulement du paradigme des viols utilisés comme « arme de guerre », mais aussi plus largement de celui de la légitimation de la violence comme instrument d'insertion sociale depuis plusieurs décennies. En ce sens, la pérennité et l'ampleur du phénomène des violences sexuelles en RDC sont un phénomène politique. Dans un pays où le changement politique s'opère généralement par la voie de la lutte armée et où l'ascension sociale n'est nullement assurée par les institutions étatiques, la violence est devenue dans les représentations, sinon dans les pratiques collectives, le seul moyen de progresser dans l'échelle sociale[305]. Bien plus, les viols commis au Congo vont au-delà de la tactique de guerre ; ils relèvent davantage de la violence nue et de la prédation sexuelle. La violence sexuelle, loin de se limiter aux zones de conflits, est devenue endémique et parait installée dans la culture même des Congolais. À ce titre, elle serait alors une manifestation, dans la sphère des rapports de genre, du phénomène de la « *brutalisation* » des rapports sociaux[306]. L'horreur a dépassé le contexte de conflits pour s'installer dans la société même en temps de paix, les personnes civiles munies ou non d'armes y ayant pris goût au sein de la communauté[307].

---

sexuelles en milieu urbain : cas de la Ville de Lubumbashi, République démocratique du Congo », *Santé Publique*, Vol.29, 2017, n°1, pp.125-131.

305 MOUFFLET (V), *op.cit.*, p.130.

306 DE VILLERS (G), *République démocratique du Congo : De la guerre aux élections. L'ascension de Joseph KABILA et la naissance de la troisième République (Janvier 2001- août 2008)*, Paris, L'Harmattan, 2009, pp.450-451 ; BIHABWA MAHANO (B) et MBENDA KANGAMI (N), « Les femmes violées en République démocratique du Congo : La résilience dans la résignation », *L'Autre*, n°19, 2018, Vol.2, p.211.

307 Une étude menée par le ministère du Genre, de la Famille et de l'Enfant, en collaboration avec l'UNFPA, révèle que 58 % des viols commis en 2012 l'ont été par des civils, 8 % par des militaires ou des policiers et 34 % par des miliciens (rebelles) ; UNFPA, *Ampleur des violences sexuelles en RDC et actions de lutte contre le phénomène de 2011 à 2012*, Kinshasa, 2013, p.22. Par ailleurs, un Rapport de Médecins sans frontières montre que parmi les victimes de viols qui se sont rendues dans ses centres de santé de l'Ituri entre mai 2003 et juillet 2007, plus de 20 %, soit 581 personnes sur 2 695, avaient identifié leurs agresseurs comme étant des civils ; MEDECINS SANS FRONTIERES, *Ituri : Les civils restent les premières victimes !* Genève, Octobre 2007, pp.5 et S.

Plus spécifiquement, les violences sexuelles paraissent être une constante, une nécessité, un exutoire de la société congolaise. Mme Lisette BANZA et M. Christian HAMEDI, par leur inventaire précis, austère des cas de massacres, d'assassinats, de viols, d'esclavages, d'enlèvements, de sévices subis en détention, par la reproduction des récits des victimes nous font toucher du doigt l'horreur de la situation des femmes en temps de guerre comme en temps de paix en RDC[308]. En effet, les violences sexuelles se pratiquent tant en milieu familial, dans la rue comme en milieu professionnel. Les femmes congolaises connaissent, à l'intérieur de leurs propres familles, des viols conjugaux et des viols accompagnés de sévices sexuels comme arme de vengeance ou d'humiliation conformément aux coutumes. Le proxénétisme est également une réalité vécue par les filles congolaises en situation de vulnérabilité. En outre, beaucoup de femmes subissent le harcèlement sexuel en milieu professionnel de la part de leurs patrons ou collègues de travail, avec menaces de licenciement. Pire encore, les violences sexuelles se pratiquent également en milieux médical, carcéral[309] ou tout simplement dans la rue.

Outre l'impunité des auteurs des violences sexuelles, il y a lieu de retenir que la propension des violences sexuelles en RDC est justifiée par une dualité de facteurs : culturels et éthiques. En effet, les traditions culturelles congolaises ont contribué à la flambée des violences sexuelles. La société traditionnelle avait édicté des normes de conduite d'une sévérité particulière à l'égard de la femme. Elle avait mis en place des tabous et interdits auxquels la femme devrait aveuglement se soumettre sous peine de déchainer la fureur des dépositaires de la tradition et même des ancêtres. La femme n'est pas associée aux ancêtres et au savoir transmis par eux, mais elle est liée aux forces

---

308 BANZA MBOMBO (L) et HEMEDI BAYOLO (C), *La femme dans la tourmente des guerres en RD. Congo*, Kinshasa, éd. Du centre international des droits de la personne et du développement, 2002, pp.15 et S.

309 HUMAN RIGHTS WATCH, *RDC : L'Est du Congo dévasté, civils assassinés et opposants réduits au silence*, Mai 2000, Vol.12, n°3 (A). Cette Organisation rapporte la situation des femmes incarcérées qui ont été battues, déshabillées et violées avec des bâtons, puis enterrées vivantes dans des trous.

incontrôlables du monde non humanisé telles que la sorcellerie et la magie d'agression[310]. La société congolaise moderne peine à se libérer de cette conception de la femme au service de l'homme. Cette situation est illustrée par la pratique des mariages précoces, le plus souvent incestueux ; c'est-à-dire des mariages entre personnes de même sang, dont l'un des partenaires, la fille en général, n'a pas encore atteint l'âge de dix-huit ans, ce qui constitue un viol au regard de la loi pénale. La petite fille, dépourvue du libre arbitre par sa minorité d'âge, est généralement placée devant l'épouvantail des traditions, en cas de tentation de refus de contracter ce mariage. On la terrifie en énumérant les risques auxquels elle s'expose, notamment la folie, une maladie incurable, un mauvais sort insupportable, la stérilité et, dans les pires des hypothèses, la mort subite ou due à une longue maladie[311]. Cette pratique courante en RDC, surtout dans les milieux ruraux, constitue une négation de l'essence humaine à la femme, encore mineure, l'assimilant à un bien.

Une autre pratique culturelle qui frise les droits fondamentaux de la fille mineure est la mutilation génitale. L'UNICEF relève que chaque année, trois millions de filles et de femmes subissent l'excision, intervention dangereuse, voire mortelle, ainsi que source de douleurs et de maux indicibles. Cette pratique viole les droits humains fondamentaux des filles et des femmes car elle les prive de leur intégrité physique et mentale, de leur droit à une existence exempte de violence et de discrimination, et dans les pires des cas, de la vie même[312]. La jurisprudence est unanime à reconnaitre que toutes les formes de mutilations génitales féminines sont des persécutions. Elle les qualifie d'actes de torture, de traitements cruels, inhumains ou dégradants. Elles sont une forme de violences fondées sur le genre qui entrainent des dommages importants, à la fois physiques et mentaux, sur les

---

[310] *Les affres de la guerre au Sud-Kivu : Le viol, un affront à notre culture… et à la conscience universelle*, éd. OLAMENKA NYANGA, Bukavu, 2004, p.34, repris par MUTATA LUABA (L), *op.cit.*, p.23.

[311] MUTATA LUABA (L), *op.cit.*, pp.32-33.

[312] UNICEF, Centre de recherche INNOCENTI, *Changer une convention sociale néfaste : La pratique de l'excision/mutilation génitale féminine*, 2008, p.7.

personnes qui en sont victimes. Elles violent les droits humains les plus fondamentaux protégés par le droit international tels que le droit à la non-discrimination, le droit à la protection contre les violences physiques et mentales, le droit au meilleur niveau de santé possible et, dans les cas les plus extrêmes, le droit à la vie[313]. Pourtant, l'Afrique est le premier continent à avoir conçu le premier instrument contraignant de droit international qui interdit l'excision. Il s'agit du Protocole additionnel à la Charte africaine des droits de l'homme et des peuples relatif aux droits des femmes adopté en 2003 à Maputo[314].

Les violences sexuelles connaissent également une flambée effrayante en RDC à cause de la crise de l'éthique. Cette dernière se caractérise par l'absence de toute dimension normative et par un déficit moral sans pareil, ce qui donne libre cours à une vie sexuelle et familiale débridée à la merci du libertinage, à la fascination des modèles importés de spiritisme et d'occultisme superstitieux. L'absence des valeurs morales dans les individus ou dans des groupes humains constitue une véritable menace contre la dignité de l'être humain. La non-considération de l'être humain pousse les individus à afficher des actes barbares comme les viols et autres formes de violences sexuelles, traduction du non-respect de l'intégrité d'autrui, d'humiliation du prochain de la violence physique et morale[315]. Dans ce contexte de perversion morale, les personnes démunies usent de leur force pour soulager leurs pulsions sexuelles. A titre d'exemple, siégeant en procédure de flagrance, le tribunal de grande instance de Bukavu a condamné Mrs MATEMBERA et ses trois coprévenus à cinq ans de servitude pénale principale du chef de viol. Ces délinquants avaient soumis une mineure de treize ans à un viol collectif sous le regard impuissant de sa jeune sœur, après l'avoir propulsée au

---

[313] Cour nationale du droit d'asile (France), Arrêt du 05 décembre 2019, *in* CNDA, *Contentieux du droit d'asile : Jurisprudence du Conseil d'État et de la Cour nationale du droit d'asile, Année 2019*, p.18

[314] Sur le processus de cette adoption, lire GUIGNARD (L), « La construction d'une norme juridique régionale : Le cas des mutilations génitales féminines en Afrique », *Critique internationale*, n°70, 2016, Vol.1, pp.87-100.

[315] NGALULA (J), « Les causes profondes des violences faites aux femmes », *in* NGALULA (J), *Oser la défendre dans son inviolabilité*, Kinshasa, Ed. Mont Sinaï, 2006, pp.30-31.

sol pour lui écarter de force les jambes et consommer à tour de rôle leur acte criminel[316].

Par ailleurs et ainsi que le relève M. Laurent MUTATA, les institutions d'enseignement contribuent à la recrudescence des violences sexuelles, non seulement parce que certains enseignants troquent leur dignité pour distribuer des cotes aux filles qui cèdent à leurs basses sollicitations, mais encore parce que certaines filles aux mœurs légères misent sur le commerce de leur sexe pour réussir. Pour des motifs divers, les fillettes de l'école primaire ou secondaire sont violentées par leurs enseignants, de grandes filles du niveau secondaire ou universitaire sont victimes des viols par ruse ou par abus d'autorité si elles veulent accéder au niveau supérieur d'études[317].

Ce qui est choquant dans le contexte congolais, c'est que les violences sexuelles passent sous silence, en dépit des terribles ravages qu'elles produisent sur les victimes et la société toute entière[318]. Face à cette criminalité déshumanisante, la police nationale congolaise reste bras croisés et le pouvoir exécutif demeure inerte. Ce dernier ne développe pas des moyens suffisants pour lutter contre les violences sexuelles alors que celles-ci constituent un facteur d'insécurité grandissante pour les citoyens. En la matière, l'État congolais est démissionnaire et la règle d'or s'avère être la débrouille ; certains habitants des

---

316 TGI Bukavu, RP 8383 du 19 avril 1995, *in Recueil des jugements rendus par le tribunal de grande instance de Bukavu siégeant en matière pénale (1989-2004)*, 1ère partie, Vol.1, Bukavu, Ed. CEGEC, 2006, pp.152 et S.

317 MUTATA LUABA (L), *op.cit.*, p.43.

318 Les conséquences des violences sexuelles sont fâcheuses : outre la détérioration de la santé physique (maladies sexuellement transmissibles, fistules, grossesses non désirées, etc.) et mentale (dépression, stress post-traumatiques, angoisse, etc.) des victimes, le désespoir et la contrainte poussent les femmes et les jeunes filles à travailler pour les seigneurs de guerre et les milices criminelles en tant qu'esclaves sexuelles ou à entrer dans des sectes informelles exploitant la main d'œuvre. Les violences sexuelles constituent des actes attentoires à l'intégrité physique des êtres humains ; elles sont l'une des pires formes des violations flagrantes des droits et libertés fondamentaux des personnes ; MBUYI BANZA (C), « Les multiples facettes des conséquences des violences sexuelles faites aux femmes », *in* NGALULA (J), *op.cit.*, pp.38-48.

villages préfèrent passer leurs nuits réunis dans la forêt, ils ne passent que quelques heures dans leurs habitations, limitant ainsi le risque d'embuscade, d'enlèvement et de viol.

Le fait que l'État congolais n'intervient pas pour mettre fin à cette criminalité en sourdine a pour effet de favoriser la commission, en toute impunité, par des agents étatiques ou non étatiques, d'actes ignobles de violences sexuelles, voire de leur permettre de les commettre, l'indifférence ou l'inaction systématiques de l'État constituant une forme d'encouragement ou de permission de fait[319]. Afin de garantir l'effectivité des droits fondamentaux des femmes, l'État congolais doit prendre des mesures raisonnables et adéquates. L'État ne doit pas se contenter de s'abstenir, mais il doit également agir afin de les protéger. Cela est d'autant plus justifié que toute obligation de protection des droits de l'homme comporte aussi un volet positif, celui de fournir certaines prestations matérielles pour que les droits garantis ne demeurent pas fictifs ou illusoires[320]. En ce sens, le Comité des droits de l'homme estime que les violations des droits de l'homme sont imputables à l'État si ce dernier tolère de tels actes ou s'abstient de prendre des mesures appropriées ou d'exercer la diligence nécessaire pour prévenir et punir de tels actes commis par des personnes privées, physiques ou morales, enquêter à leur sujet ou réparer le préjudice qui en résulte[321].

---

[319] Comparer Comité contre la torture, *Observation générale n°2* (2007) sur l'application de l'article 2 par les États parties. Dans le même sens, les Cours européenne et interaméricaine des droits de l'homme estiment que l'incapacité de mettre en place et d'appliquer un système de droit pénal réprimant toutes les formes de viols et de violences sexuelles constitue une violation de l'interdiction des traitements dégradants ; CIADH, affaire VELASQUEZ C/ Honduras du 29 juillet 1988, n°4 ; CEDH, Arrêt COSELAV C/ Turquie du 09 octobre 2012.

[320] RASPAIL (H), « Effectivité des droits de l'homme et extension des obligations internationales : L'efficacité des techniques du droit international des droits de l'homme en question », *in* DUBOUT (E) et TOUZE (S), Dir., *Refonder les droits de l'homme : Des critiques aux pratiques*, Paris, A. Pedone, 2019, pp.124-125.

[321] Comité des droits de l'homme, *Observation générale n°31 sur la nature de l'obligation juridique générale imposée aux États parties au Pacte*, Doc. ONU. CCPR/C/21/Rev.1/Add.13, 26 mai 2004, §8.

CONCLUSION DE LA PREMIERE PARTIE

L'évolution politique, sociale et économique de la RDC se révèle chaotique. Elle a favorisé une minorité de citoyens en négligeant le bien-être d'une grande partie du peuple, ce qui a créé une situation injuste et inacceptable. En effet, l'on assiste en RDC à un système politique hybride, puisant dans le libéralisme les avantages qu'offre, en fait à une minorité, la jouissance de la propriété privée, et empruntant par ailleurs au totalitarisme les méthodes de conquête et de maintien au pouvoir. Cette situation a donné lieu à un pouvoir absolu et autocratique. Le pouvoir est articulé autour du souci d'auto-maintient plutôt que celui de l'intérêt du peuple. Toute l'éthique qui anime les acteurs politiques congolais est « se servir » et non « servir »[322]. En conséquence, la pesanteur de la recherche du pouvoir en vue de la satisfaction des intérêts égoïstes a entrainé la négation des libertés publiques notamment les libertés d'opinion, d'association, de presse, d'expression ainsi que des répressions sanglantes et autres mécanismes d'oppression. Elle a conduit à la fragilité de l'État, devenu incapable de garantir les droits civils, politiques, économiques, sociaux, culturels ainsi que le développement, la paix et un environnement sain.

La démission de l'État est manifeste dans des secteurs aussi vitaux où son rôle à jouer était plus qu'attendu. L'on est assez régalé du spectacle de la défaillance des services publics, du dysfonctionnement des appareils administratifs et judiciaire, des

---

[322] METENA (S-P), « A bout portant, Les politiciens dans la mire des évêques : Quelques réflexions politiques sur les derniers Messages des Evêques du Congo sur la conjoncture politique congolaise », *Congo-Afrique*, n°387, Septembre 2004, pp.396-422, spéc. pp.414 et S.

institutions sociales d'assurance et de sécurité sociale[323]. Il en résulte un profond malaise social et un sombre tableau relatif aux conditions sociales : la population congolaise dans sa majorité ne mange plus à sa faim, elle vit dans un environnement et dans des conditions hygiéniques déplorables. La faim, les maladies, les épidémies sont devenues le lot de la plupart des Congolais. Il s'en suit un état de santé très précaire et une aggravation évidente du taux de mortalité. Les hôpitaux et autres infrastructures médicales sont dépourvus de médicaments et d'infrastructures adéquates. Le système scolaire national est détruit, la baisse du niveau des études est générale. Il est des zones entières dans le pays où des écoles ne fonctionnement plus et la jeunesse est abandonnée à elle-même. Aussi, parle-t-on de l'assassinat de l'État congolais par ses propres dirigeants. Les pillages, les conflits armés interminables, les violences sexuelles normalisées, les enlèvements, les arrestations arbitraires, les détentions illégales, les assassinats, l'impunité, déplorés à travers tout le pays sont des signes attestant du décès moral de l'État congolais déchainé contre sa propre population. Face à cette situation, une analyse des mécanismes institutionnels de garantie des droits de l'homme s'impose.

---

323 KABESA KONDWEKE (P), « droits de l'homme et action gouvernementale en République démocratique du Congo après l'indépendance *», in Quarante ans d'indépendance : mythes et réalités, Tome II : Questions sociales, Lubumbashi*, P.U.L., 2004, pp.294-295.

PARTIE II. LA FRAGILITÉ DE LA PROTECTION INSTITUTIONNELLE DES DROITS DE L'HOMME EN RÉPUBLIQUE DÉMOCRATIQUE DU CONGO

Certes, la RDC peut se féliciter de l'imposant arsenal juridique dont elle dispose en matière des droits de l'homme. Le pays a adhéré à la quasi-totalité des instruments juridiques internationaux des droits de l'homme et les a intégrés dans sa Constitution et sa législation interne. Mais la constitutionnalisation des droits de l'homme et l'adhésion du pays aux traités et Accords de protection des droits de l'homme, quoi que constituant un préalable indispensable, sont loin d'être suffisants. La protection des droits de l'homme ne doit pas se limiter sur le plan théorique. Il convient de faire des droits de l'homme des prérogatives dont bénéficient en pratique les populations dans leur vie de tous les jours. C'est ce que la doctrine appelle la protection institutionnelle ou pratique. Cette dernière s'illustre par le niveau de protection que confèrent les mécanismes juridictionnels et non-juridictionnels des droits de l'homme (Chapitre I). L'analyse de ces mécanismes, ou mieux des organes et institutions congolais chargés de protéger les droits de l'homme, nous conduit à conclure à leur insuffisance. En conséquence, il nous parait nécessaire de proposer quelques palliatifs (Chapitre II).

CHAPITRE I. LES VICISSITUDES DES MÉCANISMES JURIDICTIONNELS ET NON JURIDICTIONNELS DE PROTECTION DES DROITS DE L'HOMME

La Constitution de la République démocratique du Congo affirme sans ambages l'importance des droits de l'homme. Tout d'abord, elle procède par une incorporation formelle de ces droits à travers l'affirmation de son attachement aux instruments juridiques internationaux relatifs aux droits de l'homme. Ensuite, la Constitution consacre une incorporation matérielle des droits de l'homme les en intégrant dans son corps même. Ce double processus de constitutionnalisation et d'internationalisation promeut les droits et libertés fondamentaux au sommet de la hiérarchie des normes.

Cependant, cette action louable demeure vaine et inachevée car pareille proclamation n'est pas suivie d'effets et résultats. Les techniques de garantie des droits de l'homme, qui sanctionnent leur violation, ne se perfectionnent pas. Ainsi, *« sans garanties, donc sans sanction de leur violation, la reconnaissance des droits est menacée de rester théorique. Les conditions d'existence de l'État de droit incluent au demeurant à la fois la reconnaissance de droits et les moyens de les défendre face au pouvoir »*[324]. En RDC, l'efficacité des mécanismes juridictionnels s'avère relative (Section I) et l'analyse des mécanismes non-juridictionnels démontrent leur précarité (Section II).

[324] LOCHAK (D), *op.cit.*, p.60.

SECTION I. LA RELATIVE EFFICACITÉ DE LA PROTECTION JURIDICTIONNELLE DES DROITS DE L'HOMME

L'article 150 de la Constitution dispose que « *le pouvoir judiciaire est le garant des libertés individuelles et des droits fondamentaux des citoyens* »[325]. Cette disposition confère au juge le rôle protecteur des droits des citoyens et « *la confiance qu'on lui témoigne tient au fait qu'il a le pouvoir de sanctionner les violations des droits et libertés en veillant au respect de la hiérarchie des normes et qu'il est à la fois indépendant du pouvoir politique et extérieur aux parties* »[326]. Tout le monde s'accorde pour dire que sans le juge, la protection des droits de l'homme serait illusoire. En ce sens, M. Emmanuel DECAUX écrit que « *la justice est la première garantie des droits de l'homme* »[327]. En effet, la fonction juridictionnelle est le lieu central des droits de l'homme d'autant plus que le juge a un double rôle à jouer : il apparait comme le gardien des droits, car il connait la pathologie des droits de l'homme, et c'est lui qui est en mesure d'assurer le respect des libertés individuelles[328]. L'accès à la justice se présente à la fois comme un « moyen » de protection des droits de l'homme, c'est-à-dire il constitue la modalité juridique d'exercice des droits de l'homme, et comme

---

325 Article 150 de la Constitution du 18 février 2006 telle que modifiée et complétée par la Loi n°11/002 du 20 janvier 2011.

326 LOCHAK (D), *op.cit.*, pp.60-61.

327 DECAUX (E), « Justice et droits de l'homme », *Droits fondamentaux*, n° 2, 2002, p.79.

328 SUDRE (F), *in* MAUGENEST (D) et POUGOUE (G), Dir., *droits de l'homme en Afrique centrale*, Colloque régional de Yaoundé (9-11 novembre 1994), Paris-Yaoundé, éd. Karthala-Presses de l'UCAC, 1996, p.191.

une « fin », donc en soi un droit de l'homme à part entière[329]. Cette situation témoigne de la « *montée en puissance* » du juge, lequel dispose de plus en plus de pouvoirs sans autre limite que des recours très souvent aléatoires. C'est donc *« le temps des juges, le triomphe des juges, ou même avec une nuance plus polémique le corps d'État des juges »*[330], selon des formules employées dans la doctrine.

A cet effet, le juge constitutionnel, dans son rôle de protection de la Constitution et partant des droits y consacrés, se trouve au sommet de la pyramide (I). Ensuite, il est épaulé dans cette tâche par le juge de l'ordre administratif (II) et celui de l'ordre judiciaire (III).

I. L'intervention contrastée du juge constitutionnel en matière des droits de l'homme

Dans une société démocratique, « *l'affirmation de l'État de droit et la hiérarchisation des normes qui postulent la subordination des pouvoirs, législatif en particulier, n'a guère de sens si un contrôle de leurs actions n'est pas envisagée par un juge constitutionnel* »[331]. Le juge constitutionnel se présente ainsi comme le gardien de la Constitution et le protecteur des droits fondamentaux qui y sont consacrés. À ce titre, il n'est pas un juge comme les autres parce que l'interprétation de la Constitution

329 MORISSETTE (Y-M), « L'accès à la justice et les droits fondamentaux comme moyen et comme fin », *in L'effectivité des droits fondamentaux dans les pays de la communauté francophone*, Colloque international 29 et 30 septembre, 1er octobre 1993 à Port-Louis, Montréal, éd. AUPELF-UREF, 1994, pp.263-264.

330 BENHAMOU (Y), « Réflexions à propos du retour en grâce des juges », *Gaz. Pal.*, 16 Décembre 1999, p. v, cité par LAMBERT (P), « La montée en puissance du juge », *in Le rôle du juge dans la cité*, Actes du Colloque du 12 décembre 2001, Les Cahiers de l'Institut d'études sur la justice, Bruxelles, Bruylant, 2002, n°6.

331 YAMB (G-D), *Droits humains, démocratie, État de droit*, Paris, L'Harmattan, 2009, pp.182-183 ; ODIMULA LOFUNGUSO (L), *La justice constitutionnelle et la juridicisation de la vie politique en droit positif congolais*, Paris, L'Harmattan, 2016, pp.37-38.

exige des méthodes d'interprétation spécifiques, elles-mêmes justifiées par le fait que la Constitution n'est pas un texte comme un autre. En conséquence, le juge constitutionnel se distingue doublement des autres juges : par le texte qu'il doit interpréter d'abord, par les raisons qui expliquent son existence ensuite[332]. Dans cette œuvre, la juridiction constitutionnelle se présente comme le « représentant de la souveraineté du peuple » dans la mesure où elle participe à la fonction législative, en obligeant le législateur à respecter la volonté du peuple souverain déclarée dans la Constitution[333]. En même temps, le juge constitutionnel, seul juge dont le législateur ne peut défaire ce qu'il a décidé et dont la spécificité tient au caractère sans appel de ses décisions, constitue une menace potentiellement dangereuse pour l'équilibre des pouvoirs dont il est précisément le garant[334].

L'intervention du juge constitutionnel dans la protection des droits de l'homme s'effectue par le biais d'un mécanisme spécifique : le contrôle de constitutionnalité des lois. En effet, la Constitution est la norme suprême et cette suprématie fait que le pouvoir constituant prime les pouvoirs constitués, c'est-à-dire le

---

332 BRUNET (P), « Le juge constitutionnel est-il un juge comme les autres ? Réflexions méthodologiques sur la justice constitutionnelle », *in* JOUANJAN (O), GREWE (C), MAULIN (E), et WACHSMANN (P), *La notion de justice constitutionnelle,* Paris, Dalloz, 2005, pp.115-135 ; MASSINA (P), « Le juge constitutionnel africain francophone : Entre politique et droit », *Revue française de droit constitutionnel,* n°111, 2017, Vol.3, pp.645-646.

333 ROUSSEAU (D), « La jurisprudence constitutionnelle : Quelle 'nécessité démocratique' ? », *in* MOLFESSIS et AA., Dir., *La légitimité de la jurisprudence du Conseil constitutionnel,* Paris, Economica, 1999, p.374 ; TROPER (M), « Démocratie continue et justice constitutionnelle », *in* ROUSSEAU (D), Dir., *La démocratie continue*, Paris-Bruxelles, LGDJ-Bruylant, 1995, p.133.

334 WAFEU TOKO (P), « Le juge qui crée le droit est-il un juge qui gouverne ? », *Les Cahiers de droit,* n°1, 2013, Vol.54, pp.148-149 ; CHAMPEIL-DESPLATS (V), « Le Conseil constitutionnel, protecteur des droits et libertés ? », *Cahiers de la recherche sur les droits fondamentaux*, n°9, 2011, pp.11-22 ; MERIEAU (E), « Le juge constitutionnel face à l'exigence de moralisation de la vie politique : Le pouvoir de destitution des élus pour corruption dans les démocraties émergentes », *Annuaire international de justice constitutionnelle,* n°33, 2017-2018, pp.656 et S ; FASSASSI (I), « Justice constitutionnelle et contre-démocratie » *Annuaire international de justice constitutionnelle*, n°33, 2017-2018, pp.583-600.

pouvoir législatif et le pouvoir exécutif. Aussi, les normes édictées par ces pouvoirs, notamment les lois, sont-elles soumises au contrôle de la constitutionnalité. Considéré comme la garantie de la supériorité de la Constitution, le contrôle de constitutionnalité rend effectif le principe de la primauté de la Constitution et de la subordination de la loi ainsi que d'autres principes de l'État de droit, comme celui de la séparation et l'équilibre des pouvoirs et celui de la sauvegarde des libertés[335].

Bien mieux, la conception normative de la Constitution est centrée sur la hiérarchie des normes et met l'accent sur l'interprétation de la Constitution, et donc sur la décision du juge constitutionnel qui exerce un pouvoir décisif en dernier ressort. Les décisions du juge constitutionnel contribuent en conséquence à l'édification du droit constitutionnel concret. Il s'ensuit que le contrôle de constitutionnalité traduit la visée empirique et concrète du droit[336]. Dans le système constitutionnel congolais, si la loi est présumée être l'expression de la volonté générale, par comparaison à la Constitution qui découle directement de la volonté populaire, elle est en réalité l'expression de la volonté de la majorité parlementaire. Elle n'est pas, par conséquent souveraine, son domaine étant limité, partant elle est soumise au contrôle de la constitutionnalité[337].

---

[335] NTUMBA LUABA (L), *Droit constitutionnel général*, Kinshasa, Editions universitaires africaines, 2007, pp.164-165 ; BERGOUGNOUS (G), « Le Conseil constitutionnel et le législateur », *Les Nouveaux Cahiers du Conseil constitutionnel*, n°38, 2013, Vol.1, pp.7-8 ;

[336] KABASELE LUSONSO (G), « L'influence du modèle euro-américain de contrôle de constitutionnalité sur le régime congolais du contentieux constitutionnel », *Les Analyses juridiques*, n°38, Novembre 2017, p.9.

[337] KABASELE LUSONSO (G), « Constitutionnalisation et internationalisation du droit judiciaire et du droit pénal congolais pour une meilleure garantie de protection des droits fondamentaux », *Les Analyses juridiques*, n°23, p.27 ; HOLO (T), « Emergence de la justice constitutionnelle », *Pouvoirs*, n°129, Vol.2, 2009, p.103. À ce titre, on a écrit que « *la loi elle-même, dans un État de droit, n'est pas libre de tout interdire. Elle est limitée par la Constitution qui fait connaitre à chaque citoyen les pouvoirs que les gouvernants ont ou n'ont pas, d'une part, et d'autre part, les droits du citoyen auxquels les gouvernants ne peuvent ni porter atteinte, ni porter limitation* », PACHECO (J-F), *The legacy of Georges MASON*, Associated University Press, Inc., 1983, p.7, cité par NYABIRUNGU MWENE SONGA, « Le droit pénal dans la tourmente »,

Le contrôle de constitutionnalité des lois : moyen d'action du juge constitutionnel

Le contrôle de constitutionnalité est l'« *ensemble des moyens juridiques ou politiques mis en place en vue d'assurer la régularité interne et externe des normes juridiques par rapport à la Constitution* »[338]. Au Congo, il est exercé par la Cour constitutionnelle et peut être soit par voie d'action, soit par voie d'exception.

En effet, pour défendre leurs droits dont la violation a été faite par le législateur ou l'exécutif, les citoyens congolais peuvent saisir la Cour constitutionnelle pour inconstitutionnalité de tout acte législatif ou réglementaire (article 162, alinéa 2 de la Constitution). Ce contrôle est qualifié d'objectif et d'abstrait en ce sens que pareille action, intentée en dehors de l'existence d'un procès, tend à la vérification de la validité des lois au regard de la norme suprême qu'est la Constitution. C'est un procès de pure constitutionnalité fait à la loi. Il est question de confronter deux textes, celui de la loi critiquée et celui de la Constitution, sans examiner une hypothèse concrète d'application de la loi. La querelle à trancher ici est purement juridique[339].

La saisine de la Cour constitutionnelle en vue d'un contrôle direct de constitutionnalité de la loi est accordée, en premier lieu aux autorités politiques entre autres le Président de la République, le Premier ministre, le Président de l'Assemblée nationale, le Président du Sénat ou le dixième des députés ou des sénateurs et ce, avant la promulgation de la loi (article 160 alinéa

---

Revue pénale congolaise, n°1, 2004, pp.4-5 ; Selon la formule du doyen VEDEL, la loi n'exprime la volonté générale que dans le respect de la Constitution et le juge constitutionnel est, en matière de contrôle de la constitutionnalité des lois, juge de l'excès de pouvoir législatif ; VEDEL (G), « Excès de pouvoir administratif et excès de pouvoir législatif (II) », *Cahiers du Conseil constitutionnel*, n°2, décembre 1997.

338 AVRIL (P) et GICQUEL (I*), Lexique (de) droit constitutionnel*, 8ème éd., Paris, P.U.F., 2001, p.35.

339 KABASELE LUSONSO (G), « L'influence du modèle euro-américain de contrôle de constitutionnalité sur le régime congolais du contentieux constitutionnel », *op.cit*, p.22.

3 de la Constitution). Ce contrôle est dit *a priori*. Il a un aspect préventif en ce sens qu'il empêche l'entrée en vigueur d'une loi inconstitutionnelle car si la Cour constitutionnelle déclare une loi inconstitutionnelle, celle-ci ne fera l'objet d'aucune promulgation et partant se trouve anéantie dans ses effets juridiques. En termes de protection des droits de l'homme, ce contrôle implique une grande sécurité juridique pour les citoyens d'autant plus que la loi n'aura pas encore été appliquée et en conséquence n'aura occasionné aucune injustice sociale. Cependant et malheureusement, ce type de contrôle souffre d'une énorme ineffectivité matérielle, conséquence de l'indifférence affichée vis-à-vis de cette mécanique par les dirigeants politiques qui, obstinés à asseoir un régime totalitaire, ne tolèrent aucune critique de leur comportement législatif[340]. Pour illustration, la loi n° 001/2001 du 17 mai 2001 qui organise les partis politiques et la loi n° 002/2001 du 03 juillet 2001 portant création, organisation et fonctionnement des tribunaux de commerce ne sont nullement passées par le filtre du contrôle de la constitutionnalité.

En second lieu, le constituant a ouvert la voie à tous les citoyens pour contester la constitutionnalité d'une loi. Il s'est inscrit dans « *la logique juridique et démocratique* qui *implique une action populaire ouverte à tout citoyen pour contester la loi inconstitutionnelle ou attentatoire aux droits et libertés* »[341]. Ce contrôle est dit *a posteriori*. Il est d'aspect curatif ou mieux répressif et ne peut être exercé que si la loi est déjà promulguée et publiée au Journal officiel, et donc entrée en vigueur. Ce contrôle *« permet une garantie des droits fondamentaux sans limite de temps* et *peut intervenir dès qu'un acte normatif révèle dans son application un motif d'inconstitutionnalité. En d'autres termes, il permet de corriger une inconstitutionnalité qui*

---

340 KILENDA KAKENGI BASILA (J-P), *Le contrôle de la légalité des actes du magistrat dans l'administration de la justice criminelle en République démocratique du Congo*, Bruxelles, Academia Bruylant, 2006, p.412.

341 BEN ACHOUR (R), « Le contrôle de constitutionnalité des lois : Quelle procédure ? », *in L'effectivité des droits fondamentaux dans les pays de la communauté francophone*, *op.cit.*, p.397.

apparaitrait dans la mise en œuvre concrète de l'acte »[342], ce qui peut parfaitement ne pas apparaitre au stade du contrôle de constitutionalité *a priori*.

Cette situation est parfaitement illustrée par les arrêts rendus par la Cour constitutionnelle de la RDC le 29 mai 2014[343] et le 10 juin 2016[344]. En effet, sous R.Const.0014, la Cour constitutionnelle, saisi par le Président de la République, avait déclaré conforme à la Constitution la Loi organique n°15/014 du 1er août 2015 modifiant et complétant la loi organique n°06/020 du 10 octobre 2006 portant statut des magistrats. En conséquence, ladite Loi fut promulguée et publiée au Journal officiel. Deux ans après l'application de cette loi, des difficultés d'ordre pratique ses sont révélées. L'article 61 alinéa 4 point 3 de ladite loi édicte que « *le Conseil supérieur de la magistrature propose à la révocation, sur simple constatation de la condamnation, le magistrat qui fait l'objet d'une condamnation définitive à la suite d'une procédure de prise à partie* » et donc sans que le magistrat ait présenté ses moyens de défense devant la juridiction disciplinaire, alors qu'aux termes des articles 19 alinéa 3 et 61 point 5 de la Constitution, le droit de la défense est organisé et garanti, qu'en aucun cas, et même lorsque l'État de siège ou d'urgence aura été proclamé conformément aux articles 85 et 86 de la Constitution, il ne peut être dérogé aux droits et principes fondamentaux dont notamment le droit de la défense. En outre, l'article 61 alinéa 1er de la loi sous revue dispose que « *l'action disciplinaire demeure distincte et indépendante de toute action disciplinaire à laquelle peuvent donner lieu les mêmes faits* » ; quoi de plus conséquent que de ne pas priver au magistrat condamné sur le plan judiciaire le droit de se défendre dans une action disciplinaire.

Dans l'application de cette loi, beaucoup de magistrats furent victimes de la violation de leur droit de la défense. C'est ainsi que par ses deux requêtes du 03 février 2016, Maitre Jean Marie ILUNGA a poursuivi en inconstitutionnalité cette loi. Après

---

342 BEN ACHOUR (R), *Ibidem*, p.412.

343 Cour constitutionnelle, R.Const.0014 rendu le 29 mai 2014, *Inédit*.

344 Cour constitutionnelle, R.Const.212/216 rendu le 10 juin 2016, *Inédit*.

examen de la cause, la Cour constitutionnelle rappelle d'abord les termes de l'article 150 de la Constitution d'après lesquels « *le pouvoir judiciaire est le garant des libertés individuelles et des droits fondamentaux des citoyens* ». Ensuite, la Cour déclare inconstitutionnelle l'article 61 alinéa 4 point 3 de la loi organique n°15/014 du 1er août 2015 modifiant et complétant la loi organique n°06/020 du 10 octobre 2006 portant statut des magistrats. Pour justifier sa position, elle allègue « un changement des circonstances » quant au revirement de sa position sur la constitutionnalité de cette disposition affirmée dans l'arrêt R.Const.0014 rendu le 29 mai 2014, car étant saisi *a posteriori* par un citoyen dans l'intérêt de la protection des droits et principes fondamentaux garantis par la Constitution de la République démocratique du Congo[345].

En dehors du contrôle de constitutionnalité par voie d'action, le juge constitutionnel peut également exercer un contrôle de constitutionnalité par voie d'exception. Le contrôle de constitutionnalité par voie d'exception suppose qu'un litige existe et a donné lieu à un contentieux judiciaire, et l'une des parties au procès estime que la loi dont l'application est demandée n'est pas conforme à la Constitution. On dit alors qu'il s'agit d'un contrôle subjectif et concret. Ici et contrairement à l'hypothèse précédemment examinée, l'inconstitutionnalité de la loi ne peut être invoquée que par un justiciable qui se trouve concerné dans une affaire devant une juridiction. Ce contrôle, d'ordre purement procédural, est dit *par voie d'exception* puisqu'il est invoqué devant un tribunal ou une Cour à titre de moyen de défense et non comme l'objet principal de l'action en justice. Ce moyen étant d'ordre public, il est permis de soutenir que le ministère public, organe de la loi, est aussi qualifié pour le soulever devant le juge. Ce dernier a également qualité de le soulever d'office après avoir requis les observations des parties quant à ce[346].

---

[345] Cour constitutionnelle, R.Const.212/216 rendu le 10 juin 2016, *Inédit*.

[346] En ce sens également MUGANZA (M), *L'exception d'inconstitutionnalité des lois en droit positif congolais*, Kinshasa, éd. Malaika, 2016, pp.90-91. Pour éviter que l'exception d'inconstitutionnalité ne soit instrumentalisée à des fins dilatoires, la Cour constitutionnelle a arrêté que ce moyen ne saurait être

L'article 162 al.4 de la Constitution fait obligation aux juridictions devant lesquelles l'exception d'inconstitutionnalité est soulevée de surseoir à statuer et de saisir, toutes affaires cessantes, la Cour constitutionnelle. Lorsque celle-ci se prononce et déclare que la loi mise en accusation est inconstitutionnelle, les effets de cette décision sont les mêmes que dans le cadre d'un contrôle par voie d'action, c'est-à-dire que dans toutes les deux hypothèses, la loi déclarée inconstitutionnelle disparait de l'arsenal juridique congolais. Aussi, l'article 168 de la Constitution est tranchant : « *tout acte déclaré non conforme à la Constitution est nul de plein droit* ». Cette disposition dote le juge constitutionnel d'un pouvoir décisionnel absolu. Cette efficacité des décisions du juge constitutionnel, qu'il s'agisse d'un contrôle par voie d'action ou d'exception, constitue sans doute « *l'arme la plus redoutable* » dont dispose le juge constitutionnel dans la censure des lois liberticides, autrement dit un « *canon braqué sur le parlement* », c'est-à-dire une institution destinée à maintenir l'Assemblée nationale et le Sénat dans leur « *corset* » constitutionnel et organique[347] et à défendre les droits fondamentaux des citoyens. En ce sens, la doctrine enseigne que l'apparition et l'affirmation d'un juge de la constitutionnalité des lois ont induit une véritable mutation de la démocratie, en substituant à la démocratie électorale la démocratie constitutionnelle jugée plus démocratique[348].

---

soulevé contre un acte de procédure d'autant que ce dernier n'est ni un acte législatif, ni un acte règlementaire ; Cour constitutionnelle, R.Cont. 778 du 15 janvier 2020, en cause Mamie NTUMBA MUYUMBE C/ Alfred BADILA MUANDA, *Inédit.*

347 LE POURHIET, (A-M), « Les armes du juge constitutionnel dans la protection des libertés fondamentales », *in* ÉVEILLARD (G), Dir., *La guerre des juges aura-t-elle lieu ? Analyse comparée des offices du juge administratif et du juge judiciaire dans la protection des libertés fondamentales*, Revue générale du droit *on line*, n°23372, 2016, p.6.

348 ROUSSEAU (D) et VIALA (A), *Droit constitutionnel*, Paris, Montchrestien, 2004, pp.237-242 ; TROPER (M), « Le juge constitutionnel et la volonté générale », *Analisi e diritto*, 1999, pp.131-144 ; TROPER (M), *Pour une théorie juridique de l'État*, Paris, PUF, 1994, pp.329-346.

Néanmoins, la Cour constitutionnelle congolaise accuse de graves limites dans cette noble tâche dont la principale est son inféodation au pouvoir politique.

L'inféodation de la Cour constitutionnelle au pouvoir politique comme limite de la protection des droits fondamentaux

Dans tout État de droit, il est unanimement reconnu qu'« *à côté du pouvoir législatif qui traduit en lois la volonté populaire exprimée au moment des élections, à côté du pouvoir exécutif qui prépare les projets de loi et les fait exécuter lorsqu'ils sont votés, la Cour constitutionnelle a pour fonction de protéger les droits et libertés garantis par la Constitution* »[349]. Or, la pratique de la Cour constitutionnelle congolaise a montré que cette haute juridiction fait sienne la politique de deux poids, deux mesures, surtout lorsque les autorités politiques sont en cause. On constate de plus en plus une politisation effrénée de la Cour constitutionnelle par les pouvoirs politiques notamment le gouvernement et le parlement. Certains auteurs ont tenté de généraliser cette situation en l'expliquant par le fait que « *les institutions chargées de la justice constitutionnelle (...) sont en position de relative faiblesse par rapport aux autres branches du pouvoir : ils ne détiennent ni les cordons de la bourse, comme le pouvoir législatif, ni la force du glaive, apanage de l'exécutif* »[350]. Mais ceci ne constitue pas une cause d'exonération du juge constitutionnel congolais tant il est vrai que son œuvre filtre les moustiques et laisse passer les chameaux, suivant l'expression empruntée au professeur Jean RIVERO. Cette politisation de la Cour constitutionnelle procède d'une confusion totale des pouvoirs en dépit de la constitutionnalisation

---

[349] ROUSSEAU (D), « De quoi le Conseil constitutionnel est-il le nom ? », *Jus Politicum,* n° 7, 2012, p.1.

[350] BÖCKENFÖRDE (M) et NGENGE (Y), « Les dispositions constitutionnelles encadrant l'indépendance des juridictions compétentes en matière de contrôle de constitutionnalité », *in* BÖCKENFÖRDE (M) et (AA), *Les juridictions constitutionnelles en Afrique de l'Ouest : Analyse comparée,* Institut international pour la démocratie et l'assistance électorale, 2016, p.61.

de l'indépendance du pouvoir judiciaire. À travers l'analyse d'un certain nombre de décisions constitutionnelles, tant en matière électorale qu'en matière de protection des droits et libertés fondamentaux des citoyens, on peut constater que la Cour constitutionnelle congolaise ne parvient pas à s'affranchir du joug politique qui le retient encore dans des carcans de la servitude. La jurisprudence de la Cour constitutionnelle congolaise en matière de protection des droits de l'homme laisse clairement entrevoir deux orientations négatives qui mettent aujourd'hui la Cour dans une situation de dissidence institutionnelle : la technique d'esquive et la posture de vénération du pouvoir.

Dans sa première tactique, celle d'esquive, *« la Cour enrobe sa démarche dans une forme de juridicisme minimaliste en se cachant derrière les détails procéduraux, pour refuser d'examiner la subsistance et la pertinence des requêtes »*[351]. L'exemple le plus frappant est la matière électorale[352], telle que

---

[351] DJOLI ESENG'EKELI (J), « Le souverain primaire face à la Cour constitutionnelle », *Congo-Afrique*, n°526, Juin-Juillet-Août 2018, p.513.

[352] La matière électorale occupe une place centrale dans la consolidation de la démocratie. Une double fonction y est attachée : la légitimation des élus et la protection de la cohésion sociale. Plus que partout ailleurs dans le monde, les processus électoraux en Afrique ont une plus grande propension à dégénérer en violences électorales ou post-électorales. En conséquence, le juge constitutionnel est appelé à procéder à la vérification de la régularité du processus électoral soit en annulant les élections non sincères, soit en dissipant tout doute sur la sincérité du processus. À travers cette action, le juge constitutionnel résout un problème politique que les acteurs ne peuvent ou ne veulent résoudre et se présente comme le carrefour de la démocratie et des droits politiques. Cependant, loin de moraliser les consultations électorales en Afrique, l'action du juge constitutionnel en est encore au stade des balbutiements. Dans un cas, le mécanisme juridictionnel a montré son incapacité à fonctionner correctement et dans un autre cas, il a entériné les irrégularités électorales ; GATSI (E-A), « Heurs et malheurs du contentieux électoral en Afrique : Etude comparée du droit électoral processuel africain », *Les Cahiers du droit*, n°4, 2019, Vol.60, p.943 ; DU BOIS DE GAUDUSSON (J), « Les élections à l'épreuve de l'Afrique », *Cahiers du Conseil constitutionnel*, n°13, Janvier 2003, p.100 ; DJEDJRO MELEDJE (F), « Le contentieux électoral en Afrique », *Pouvoirs*, n°129, 2009, Vol.2, pp.139-155 ; OMARI (B), *Le contentieux électoral et le juge constitutionnel : L'impératif de vérité, sincérité, régularité et crédibilité*, Paris, L'harmattan, 2020, pp.18-21 ; MEL (A-P), « La justice constitutionnelle à l'épreuve de la participation

l'illustre l'arrêt RCE 001/PR. CR du 19 janvier 2019 en cause Dynamique de l'Opposition C/CENI et UDPS, lequel avait porté sur la contestation des élections du 30 décembre 2018. Le requérant sollicitait l'annulation des résultats de l'élection présidentielle, le recomptage manuel des voix, la consultation des données des observateurs électoraux tels la Conférence épiscopale nationale du Congo (CENCO) et la Synergie des missions d'observation citoyenne des élections. Parmi les moyens en appui à la demande, on peut citer l'exclusion par la Commission électorale nationale indépendante (CENI) de quatre circonscriptions électorales représentant 1 359 000 électeurs au motif qu'au moment des élections, le virus Ebola y était présent et beaucoup de groupes rebelles y opéraient activement. La Cour fait *fi* de toutes ces demandes et estime que la décision de la CENI était justifiée au regard des impératifs sécuritaires et sanitaires prévalant dans ces circonscriptions électorales. Pour couronner cet édifice frauduleux, la Cour va jusqu'à dire qu'elle est juge de la régularité, l'authenticité et la sincérité des résultats des élections et non juge de la légalité[353]. Pourtant, la Cour constitutionnelle avait été saisie avant les élections pour s'entendre dire que la décision de la CENI n°055/CENI/BUR/18 du 26 décembre 2018 (complétant la décision n°050/CENI/BUR/18 du 20 décembre 2018) qui a sectionné la circonscription électorale du Président de la République, par le report des élections dans les villes de BENI et BUTEMBO et dans les Territoires de BENI et de YUMBI, est inconstitutionnelle. Cette requête fut introduite par un des candidats, en la personne de Théodore NGOY ILUNGA WA SENGA ; elle fut enrôlée au greffe de la Cour constitutionnelle sous le R.Const.823. Malheureusement, la Cour ne s'est jamais prononcée sur cette requête et la CENI a organisé les élections selon son calendrier décrié. Après les élections, le même candidat est revenu à la Cour constitutionnelle solliciter que cette dernière

---

électorale internationale en Afrique francophone », *Revue française de droit constitutionnel*, n°106, 2016, Vol.2, pp.15-17.

[353] Cour constitutionnelle, RCE 001/PR. CR du 19 janvier 2019, Dynamique de l'Opposition C/CENI et UDPS, *in Guide électoral, Tome 3 : Référencement jurisprudentiel 2006-2018*, Kinshasa, 2019, p.354.

déclare inconstitutionnelles les élections. Dans son moyen unique, le requérant soutient que les résultats de l'élection présidentielle du 30 décembre 2018, tels que portés par la Décision de la CENI n°001/CENI/BUR/19 du 09 janvier 2019, sont la conséquence et la suite logique d'une décision irrégulière, inconstitutionnelle, en l'occurrence, la Décision n°055/CENI/BUR/18 du 26 décembre 2018 complétant la Décision n°050/CENI/BUR/18 du décembre 2018 portant modification du calendrier des élections présidentielle, législatives et provinciales tel que publié par la décision n°065/CENI/BUR/17 du 05 novembre 2017. Développant ce moyen, le requérant argue que la décision décriée a violé les principes constitutionnels établissant le caractère universel et égal du scrutin qui interdit la discrimination en matière électorale en fonction notamment de la résidence, et le principe selon lequel tous les Congolais de deux sexes, âgés de dix-huit ans révolus et jouissant de leurs droits civils et politiques, comme le sont les électeurs de BENI, BENI Ville, BUTEMBO Ville et YUMBI, à l'instar de tous les Congolais des autres parties du Territoire ou de Kinshasa, sont électeurs et jouissent du droit fondamental d'être dirigés par un Président de la République et des députés et sénateurs régulièrement élus. La Cour constitutionnelle a évité de rencontrer le requérant au fond du litige. Elle a préféré esquiver le débat et affirme, dans une formule lapidaire que la requête est irrecevable pour double emploi car elle a déjà été enrôlée devant la Chambre de la Cour sous le R.Const.823[354]. Pour autant qu'entre le vainqueur (Félix TSHISEKEDI) et le vaincu (Martin FAYULU) l'écart se chiffrait à 684 281 voix alors que le nombre d'électeurs exclus du suffrage s'élevait à 1 359 000, la Cour avait tout intérêt de se pencher sur cette question avec plus de sérieux qu'elle ne l'a fait. Au nom de quoi une partie de la République, de surcroit fief incontesté du candidat vaincu, peut-elle être écartée d'une élection présidentielle ? N'est-ce pas là une voie pour la CENI de favoriser l'un des candidats en course ? En tout état de cause, la sanction de cette violation du droit à l'égalité a

[354] Cour constitutionnelle, RCE 002 / PR. CR du 19 janvier 2019, NGOY ILUNGA WA NSEGA C/CENI, *in Guide électoral, Tome 3 : Référencement jurisprudentiel 2006-2018*, *op.cit.*, pp.320 -333.

été esquivée par la Cour constitutionnelle. Pourtant, le principe d'égalité devant le suffrage s'oppose non seulement à toute subdivision par catégories des électeurs pour tout suffrage politique, mais aussi à toute segmentation territoriale du corps électoral composé de tous les nationaux sans distinction[355].

La Cour constitutionnelle esquive de dire le droit à chaque fois qu'elle se trouve confrontée au contentieux électoral. Sa stratégie habile consiste à dévier, à déplacer la discussion juridique vers des questions périphériques à l'objet même du recours, privant ainsi la jurisprudence constitutionnelle l'opportunité d'évolution. Cette stratégie n'est pas nouvelle : elle est héritée de la Cour suprême de justice sur les cendres de laquelle la Constitutionnelle a vu le jour. L'ancienne Cour suprême avait développé cette technique que la doctrine avait qualifiée d'« évitement » faute de concept adéquat, surtout dans des matières généralement considérées comme « sensibles » ou politiquement connotées, tels les contrôles opérés dans le domaine des normes présentant une forte connotation politique ou les contrôles opérés dans le domaine des nominations ou des révocations politiques, surtout quand celles-ci interviennent dans une période délicate. Ainsi, la Cour constitutionnelle, une fois appelée à vérifier la régularité juridique des actes posés par les autorités publiques, se réfugie généralement derrière deux techniques bien connues dans le monde judiciaire : la déclaration d'incompétence ou la décision d'irrecevabilité des prétentions des parties. Ces deux techniques permettent à la haute Cour de « dévier » et de déplacer la discussion juridique vers des questions « périphériques » à l'objet même du recours constitutionnel[356].

Lorsqu'il n'esquive pas, le juge constitutionnel congolais est dans une posture de vénération du pouvoir et opère un contrôle

---

355 EOCHE-DUVAL (C), « Un État peut-il restreindre un corps électoral sans enfreindre les droits de l'homme ? À travers l'exemple de la 'citoyenneté de la Nouvelle-Calédonie », *Revue trimestrielle des droits de l'homme*, n°40, 1999, p.956.

356 NGONDANKOY NKOY (P-G), *Le contrôle de constitutionnalité en République démocratique du Congo : Etude critique d'un système de justice constitutionnelle dans un État à forte tradition autocratique,* Thèse de doctorat en droit, Université Catholique de Louvain, 2008, pp.287 et S.

préventif ou une censure à usage présidentiel[357]. Dans ce contexte, le juge, sur injonctions de l'exécutif, est obligé de se livrer à un traitement tronqué des requêtes. L'arrêt R.Const.262 du 11 mai 2016 relatif à la prolongation du mandat du Président de la République au-delà du terme constitutionnel en est une illustration. Cet arrêt de discorde a été rendu à la requête des députés de la majorité présidentielle qui demandaient à la Cour l'interprétation des articles 70,103 et 105 de la Constitution liés entre autres au mandat du Président de la République, et de statuer en conséquence sur le sort du président Joseph KABILA en cas de non-tenue de l'élection présidentielle avant la fin de son deuxième et dernier mandat qui prendra fin le 30 décembre 2016. La Cour estime, dans son arrêt, que le Président de la République « *pourra* demeurer en fonction » car la non-tenue des élections s'analyse, aux dires de la Cour, en une force majeure. Pour la Cour, l'article 70 alinéa 2 de la Constitution est clair : « *à la fin de son mandat, le Président de la République reste en fonction jusqu'à l'installation effective du nouveau président élu* ». Aussi, juge-t-elle que le maintien en fonction du Président en exercice se justifie au regard du principe de la continuité de l'État et pour éviter le vide à la tête de l'État. Pourtant, aux termes de l'article 75 de la Constitution, « *En cas de vacance pour cause de décès, de démission ou pour toute autre cause d'empêchement définitif, les fonctions de Président de la République sont provisoirement exercées par le Président du Sénat. La vacance de la présidence de la République est déclarée par la Cour constitutionnelle saisie par le Gouvernement. Le Président de la République par intérim veille à l'organisation de l'élection du nouveau Président de la République* »[358]. Ainsi, le refus du Président de la République d'organiser les élections au terme de son mandat crée la vacance de la présidence de la République par le défaut d'installation effective d'un nouveau Président, hypothèse dans laquelle la fonction de Président de la République

---

357 CONAC (G), « Le juge constitutionnel en Afrique : Censeur ou pédagogue ? », *in* CONAC (G), Dir., *Les Cours suprêmes en Afrique*, T.2, Paris, Economica, 1989, p.8.

358 Article 75 du 18 février 2006 telle que modifiée et complétée par la Loi n°11/002 du 20 janvier 2011.

doit être assurée par le Président du Senat. Ainsi que le suggère Maitre Jean Paul KASUSULA du Barreau d'Edinburgh, la Cour aurait dû constater que la non-tenue des élections dans le délai constitutionnel était une voie rusée orchestrée par le pouvoir en place pour proroger illégalement son mandat ; en conséquence, il aurait fallu débouter le régime en place car *nemo auditur propriam turpitudinem allegans*. Dans la même veine, le professeur YATALA NSOMWE relève que la continuité des services publics prévue par l'article 70 al.2 de la Constitution sus-évoqué renvoie à la période qui va de la proclamation des résultats définitifs de l'élection présidentielle à l'investiture du Président nouvellement élu, et non pas celle qui précède l'élection programmée au-delà du mandat de cinq ans : « *la continuité fonctionnelle n'a pas, ici, pour but de proroger le mandat d'un Président qui n'a pas favorisé l'organisation de l'élection de son successeur. Elle n'offre pas la possibilité de prolonger indéfiniment un mandat présidentiel expiré et non renouvelé par le mandant* »[359]. En conséquence, étant donné que le mandataire n'a plus de mandat et le mandat n'est encore confié à personne, automatiquement le pouvoir revient au mandant qui est le peuple congolais et qui doit désigner un autre mandataire[360]. Il en découle que le président du Senat devient président par *intérim*, avec pour mission d'organiser de nouvelles élections dans le délai constitutionnel. Comme on peut le constater, la Cour constitutionnelle s'est livrée à une interprétation fantaisiste des dispositions constitutionnelles pour permettre au Président en exercice de proroger son mandat au-delà de son terme. Cet arrêt constitue une prime à l'inconstitutionnalité étant donné que le principe de continuité de l'État suppose non seulement la bonne foi des gouvernants sortants, mais aussi le rétablissement de l'ordre constitutionnel violenté dans un délai raisonnable. Par une interprétation en demi-teinte du principe de la continuité de l'État, la Cour constitutionnelle a fourni une réponse insatisfaisante à la thèse de

---

[359] YATALA NSOMWE (C), *La fin du mandat présidentiel et le principe de continuité de l'État dans la Constitution congolaise*, p.9, www.droitcongolais.info, Consulté le 12-3-2020.
[360] YATALA NSOMWE (C), *op.cit.*, p.10.

la vacance du pouvoir. En consacrant la continuité des gouvernants sous couvert de la continuité de l'État, l'arrêt sous analyse constitue incontestablement un coup d'État constitutionnel[361].

Un autre exemple dans lequel la Cour a méprisé sa propre normativité au profit des intérêts égoïstes du gouvernement est l'arrêt R. Const.0089/2015 du 08 septembre 2015. Cet arrêt a été décrié et son impertinence interprétée comme une instrumentalisation honteuse de la haute Cour par le gouvernement. En effet, tout est parti de la Lettre n°025/CAB/MIN/EB/2183/2015 du 18 juillet 2015 que le vice-Premier ministre et ministre de l'Intérieur et sécurité, a adressée à la Commission électorale nationale indépendante (CENI) pour notifier à celle-ci « l'effectivité de l'installation de nouvelles provinces » issues du processus de découpage territorial, enclenché par la loi de programmation n°15/004 portant modalités d'installation de nouvelles provinces, promulguée par le Président de la République le 28 février 2015. La RDC, suivant les termes et l'esprit de cette correspondance, comportait, désormais, 21 nouvelles provinces dont l'administration requérait la désignation, par élection, de 21 nouveaux gouverneurs et vice-gouverneurs ; tâche dévolue, naturellement à la CENI qui devait prendre des dispositions quant à ce. Voilà que cinq jours après réception de cette lettre, la CENI a convoqué le corps électoral et a publié un calendrier de l'élection des gouverneurs et vice-gouverneurs des 21 nouvelles provinces. Par la suite, la CENI a estimé que le calendrier par elle publié est incompatible avec certains délais institués par la loi de programmation sus évoquée. En conséquence, la CENI a saisi la Cour constitutionnelle pour entendre la Cour donner l'interprétation de la loi de programmation ainsi que son *avis* sur la poursuite du processus électoral tel que planifié par elle et ce, au regard des dépassements possibles des délais institués par la loi de programmation.

---

361 MABANGA (G), *Le Principe de la continuité de l'État : Issue de secours à la prohibition du troisième mandat ? Analyse critique de l'arrêt de la Cour constitutionnelle congolaise du 11 mai 2016*, Paris, L'Harmattan, 2017, pp.47 et S.

En réponse à la requête de la CENI, la Cour constitutionnelle a rendu l'arrêt R.Const.0089/2015 le 08 septembre 2015. D'entrée de jeu, cet arrêt pèche par la méconnaissance des règles élémentaires de procédure. La haute Cour a siégé avec cinq membres en violation flagrante de la Constitution et de l'article 90 de la loi organique du 13 octobre 2013 relative à la Cour constitutionnelle, qui prévoient que la Cour ne peut valablement siéger qu'en présence de tous ses neuf membres, sauf empêchement temporaire de deux d'entre eux au plus dûment constaté par les autres membres. La Cour a quand même persisté à violer la Constitution, en arguant dans son arrêt qu'il y avait *nécessité* étant donné que la cause revêtait une importance vitale pour la nation et qu'il s'agissait de prévenir un blocage des institutions de la République et d'assurer la protection des droits fondamentaux des citoyens. La Cour ne va pas arrêter par là sa dégringolade, elle reçoit la requête de la CENI alors qu'aucune disposition constitutionnelle ou légale ne reconnait à la Cour la compétence pour interpréter les lois. Cette dernière est traditionnellement considérée comme le « sanctuaire » de la Cour de cassation en tant que juge suprême du contrôle de légalité des arrêts et jugements rendus par les Cours et tribunaux judiciaires, et du Conseil d'État en tant que juge suprême de la légalité des décisions administratives des autorités centrales de l'État. Par ailleurs, pour autant que la requête de la CENI sollicitait *un avis* de la Cour, cette dernière devrait se déclarer incompétente car elle manque de compétence consultative[362]. On voit bien que la Cour constitutionnelle s'est écartée délibérément du champ matériel de ses compétences constitutionnelles et légales et la doctrine n'a pas manqué de souligner un mauvais départ de cette haute juridiction, qualifiant l'arrêt sous examen de monstruosité juridique, d'indigeste, d'impertinent et aux conséquences calamiteuses[363].

---

[362] MAYO MAMBEKE (J-B), « La Cour constitutionnelle a mal jugé », *Le Phare* du 25 septembre 2015, p.5.

[363] KASHAMA TSHIKONDO (R), « Avec l'arrêt R.Const.0089 du 08 septembre 2015, la Cour constitutionnelle est mal partie », *Les Analyses Juridiques*, n°34, 2016, pp.7 et S.

La Cour justifie sa compétence consultative par la CENI par son « *pouvoir de régulation de la vie politique, du fonctionnement des institutions et de l'activité des pouvoirs publics* », sans toutefois viser une règle constitutionnelle pertinente fondant ce pouvoir, ni viser un principe fondamental qu'elle énonce. Contrairement à ce que la Cour avance, la Constitution étant la compétence des compétences dans un État, la Cour constitutionnelle exerce à la vérité, un pouvoir de régulation de la vie normative, de la cohérence donc du système juridique dans l'État, et non de la régulation de la vie politique, parce que la Cour constitutionnelle est un organe juridictionnel et non un organe politique[364]. D'ailleurs, d'après la Constitution, la seule personne qui ait compétence pour la régulation de la vie politique reste le Président de la République en vertu de l'article 69 al.3 de la Constitution : « *il assure, par son arbitrage, le fonctionnement régulier des pouvoirs publics et des institutions ainsi que la continuité de l'État* »[365]. Par cet arrêt inique, la Cour Constitutionnelle a empiété sur les compétences réservées au chef de l'État et a mis à mal le principe de la séparation des pouvoirs. Cette jurisprudence fragilise l'apprentissage démocratique et pousse les Congolais à émettre de sérieux doutes sur l'indépendance des juges constitutionnels. Ces derniers se sont transformés en un instrument au service de la volonté politique qui, elle-même, a du mal à respecter les règles démocratiques[366].

La Cour a débordé dans son élan jurisprudentiel, substituant à des normes constitutionnelles des principes qu'elle estime

---

[364] KABASELE LUSONSO (G), « La distinction des compétences appréciative, interprétative et consultative de la Cour constitutionnelle à la lumière de l'arrêt R.Const.0089/2015 », *Les Analyses Juridiques*, n°34, 2016, p.30.

[365] Dans certains pays francophones, le pouvoir de régulation de l'espace politique est reconnu à la Cour constitutionnelle. Tel est le cas de la Constitution béninoise dont l'article 114 dispose : « *la Cour constitutionnelle est la plus haute juridiction de l'État en matière constitutionnelle. Elle est le juge de la constitutionnalité de la loi et elle garantit les droits fondamentaux de la personne humaine et les libertés publiques. Elle est l'organe régulateur du fonctionnement des institutions et de l'activité des pouvoirs publics* ».

[366] N'KUPA NTIKALA (D), *Le Congo-Kinshasa : Une République démocratique* ? Paris, L'Harmattan, 2016, pp.357-358.

valable au regard de son jugement politique. Comble de confusion et bien grave encore, la Cour statue *ultra petita* : saisie par la CENI pour donner son *avis* sur l'opérationnalité de son calendrier électoral, la Cour arrive à formuler des recommandations au gouvernement, lui « *ordonnant* » de prendre des « *dispositions transitoires exceptionnelles* » pour la gestion de ces nouvelles provinces, sans préciser la nature et le contenu de ces mesures. Comme on aurait bien pu s'y attendre car tel était l'objectif poursuivi par les commanditaires de l'arrêt, le Président de la République a, sur le fondement de cet arrêt constitutionnel, nommé les « commissaires spéciaux » et leurs adjoints afin de diriger les nouvelles provinces, tous issus de son obédience politique. Cette Ordonnance présidentielle de nomination est purement et simplement entachée d'inconstitutionnalité dans la mesure où il ressort de la Constitution que le mode de désignation des gouverneurs est l'élection et non pas la nomination[367].

Face à cette situation ambiguë, la cheffe de fil de l'opposition congolaise a saisi la Cour constitutionnelle en interprétation de son arrêt. La question lui posée est la suivante : les « *mesures transitoires exceptionnelles* » ordonnées par la Cour constitutionnelle ont-elles autorisé le gouvernement à procéder à la nomination des commissaires spéciaux en dehors du cadre constitutionnel établi ? Usant de la politique d'esquive, la Cour, dans son arrêt R.Const.0143 du 21 novembre 2015, rejette cette requête. Elle argue que la requérante n'a pas été partie à l'instance ayant conduit à l'arrêt querellé du 8 septembre 2015 et que son recours traduit une sorte d'*actio popularis* qui n'est pas admise en droit congolais. Pourtant, l'article 64 alinéa 1er de la Constitution dispose que « *Tout Congolais a le devoir de faire*

---

[367] Dans la même pensée, M. RICHARD TSHIENDA estime que cet acte tue la démocratie dans la mesure où la nomination des commissaires spéciaux est une violation intentionnelle et manifeste de la Constitution de la République. Cela constitue un précédent malheureux dans la marche vers l'édification de l'État de droit ; TSHIENDA MUAMBI (R), « L'analyse de l'Ordonnance n°15/081 du 29 octobre 2015 portant nomination des commissaires spéciaux et des commissaires spéciaux adjoints chargés d'administrer les nouvelles provinces en République démocratique du Congo », *Afrika Focus*, Vol.30, n°1, 2017, pp.122 et S.

échec à tout individu ou groupe d'individus qui prend le pouvoir par la force ou qui l'exerce en violation des dispositions de la présente Constitution ». Cette disposition confère la qualité et l'intérêt à agir à tout citoyen congolais en vue de la préservation de l'intérêt général d'ordre constitutionnel. La Cour constitutionnelle a tout simplement évité le problème de fond et son enjeu politique et juridique, à savoir la protection de la démocratie constitutionnelle en provinces, ce qui dénote qu'on n'est pas loin, en tout cas, d'une démocratie de pacotille[368]. Au lieu de protéger les droits fondamentaux des citoyens congolais, la Cour constitutionnelle a permis au contraire au Président de la République de violer les dispositions constitutionnelles qui prévoient l'élection des gouverneurs.

Le passage en revue de ces quelques arrêts de la Cour constitutionnelle montre à suffisance que cette haute juridiction, loin de constituer une institution protectrice des droits fondamentaux, s'analyse en revanche en un édifice décoratif au service du pouvoir. Le contexte non démocratique du pays fait que la haute Cour est sans cesse contrôlée par les autorités politiques. Au lieu d'être un gouvernement du droit, elle est devenue un gouvernement des juges et surtout des juges du gouvernement. Elle se présente comme une caution, mieux comme un instrument du pouvoir politique et par là, a payé de sa propre monnaie son discrédit.

Il faut reconnaitre que si le juge constitutionnel est le premier protecteur des droits de l'homme partant de sa position privilégiée de garant de la Constitution, il est secondé dans cette tâche par le juge administratif.

---

[368] KAHOMBO (B), « Constitution congolaise et adoption des mesures exceptionnelles : Commentaire sur l'arrêt R.Const.0143 de la Cour constitutionnelle de la République démocratique du Congo du 21 novembre 2015 relatif à l'interprétation de l'arrêt R.Const.0089/2015 du 8 septembre 2015 », *Recht in Afrika-Law in Africa-Droit en Afrique*, n°19, 2016, pp.132-134.

II. La timide protection des droits de l'homme par le juge administratif

La Constitution consacre le principe de la souveraineté de l'État congolais. Ce principe implique que l'État congolais est indépendant de tout autre État au monde (la souveraineté externe), en même temps que sur son territoire, l'État est la puissance suprême et nulle autorité n'est au-dessus de lui (la souveraineté interne)[369]. En réalité, rien ne peut limiter l'État. Mais ce principe connait une exception en démocratie : au nom de la protection des droits des citoyens, l'État voit sa suprême puissance être encadrée et limitée par le droit. Afin de prévenir le retour à la tyrannie, un équilibre est donc nécessaire entre l'autorité de l'État et l'indispensable protection des droits fondamentaux des citoyens. Cet état de choses se justifie, aux dires de M. Félix VUNDUAWE, par le fait que la société politique elle-même est fondée sur la primauté de l'homme qui est en même temps acteur et objet de cette société ; en conséquence, les droits de cet « homme » doivent être garantis contre la puissance publique[370]. Voilà le rôle que l'article 155 de

---

[369] La souveraineté de l'État se définit en droit interne par son contenu positif de plénitude, comme le plus grand degré possible de supériorité de son titulaire sur ceux qui lui sont soumis. La souveraineté internationale se définit négativement comme la non-soumission à une autorité supérieure, le fait de n'être sujet d'aucun sujet ; COMBACAU (J) et SUR (S), *op.cit.*, pp.234-235.

[370] VUNDUAWE TE PEMAKO (F), *Traité de droit administratif*, Bruxelles, Larcier, 2007, p.107. Dans la même veine, M. COULIBALEY relève que « *l'idée d'un aménagement d'une justice administrative s'est donc imposée en contrepartie du caractère inégalitaire des rapports juridiques qui s'établissent entre l'administration et les personnes privées. Dans le principe, l'intervention du juge administratif visera à soumettre l'administration au respect des règles qui régissent l'exercice de ses pouvoirs, à contenir les privilèges dans les limites que leur assigne la règle de droit, et à permettre aux administrés soit de paralyser une activité administrative irrégulière, soit d'obtenir une certaine compensation pour les préjudices qu'elle a pu leur causer* » ; COULIBALEY (B), « Le juge administratif, rempart de protection des citoyens contre l'administration en Afrique noire francophone ? », *Afrilex*, Janvier 2013, pp.1-2.

la Constitution[371] confère au juge administratif, lequel est chargé de connaitre des recours pour violation de la loi, formés contre les actes, règlements et décisions des autorités administratives.

Le contrôle de légalité des actes administratifs : une arme efficace dans la protection des droits

Définie au sens strict comme étant *« la règle de droit écrite, générale et permanente élaborée par le parlement »* et au sens général comme « *la règle de droit d'origine étatique, qu'elle soit d'origine parlementaire (...) ou non* »[372], la loi joue un très grand rôle dans la protection des droits de l'homme[373]. La loi apparait, dans la Constitution, comme la charnière autour de laquelle s'articulent les rapports entre les droits de l'homme et la société politique[374]. En conséquence, il est important de protéger cette

---

[371] L'article 155 de la Constitution dispose : « *Le Conseil d'État connaît, en premier et dernier ressort, des recours pour violation de la loi, formés contre les actes, règlements et décisions des autorités administratives centrales. Il connaît en appel des recours contre les décisions des Cours administratives d'appel* ».

[372] GUILLIEN (R) et VINCENT(J), *Lexique des termes juridiques*, 15ème éd., Paris, Dalloz, 2005, p.384.

[373] Le but de la loi consiste à permettre l'effectivité normative de la Constitution. La loi apparait comme une courroie de transmission des valeurs constitutionnelles. La Constitution fixe des objectifs, la loi devra les poursuivre et les mettre en œuvre. En conséquence, il appartient à la loi de concrétiser tous les droits de l'homme constitutionnellement garantis. L'effectivité des droits de l'homme ne peut s'appréhender que par le biais d'une échelle sur le plan de leur normativité, à défaut de laquelle les énoncés constitutionnels, du reste « objectifs », se réduiraient à de simples déclarations d'intention. Sans concrétisation légale, les droits proclamés par la Constitution seraient juridiquement insignifiants et auraient une valeur de « recommandations », leur statut de norme constitutionnelle n'ayant que la force symbolique de la proclamation ; Voir à ce sujet MARINESE VITO, *L'idéal législatif du Conseil constitutionnel : Etude sur les qualités de la loi*, Thèse de doctorat en droit, Université de Nanterre-Paris X, 2007, pp.81-186 ; ROULHAC (C), « Les droits de l'homme sans la loi ? », *La Revue des droits de l'homme*, n°5, 2014, p.3.

[374] La loi occupe une place exceptionnelle au sein du texte constitutionnel. Elle établit les exceptions de la jouissance des droits politiques par les étrangers (article11), elle seule peut défendre, ordonner, et fonder la répression et la

loi dans la mesure où elle apparait comme l'instrument par excellence de limitation des pouvoirs de l'exécutif et la bonne formule pour protéger les particuliers contre l'arbitraire de l'administration[375]. La puissance des autorités administratives doit pouvoir s'exercer dans les limites légales et le constituant a donné le pouvoir au juge administratif de vérifier cette conformité au moyen d'un mécanisme spécial : *le contrôle de légalité,* lequel s'exerce au moyen du recours pour excès de pouvoir.

Ainsi, tout particulier peut saisir le juge administratif en annulation d'un acte administratif qu'il juge illégal. La recevabilité du recours implique que l'acte attaqué fasse effectivement grief à celui qui en demande l'annulation. Il faut que le requérant ait un intérêt à agir, c'est-à-dire qu'il doit avoir subi un préjudice à ses droits subjectifs à la suite de l'acte administratif attaqué. Contrairement au recours en inconstitutionnalité, le recours dans le seul intérêt de la loi n'est pas recevable. Cette condition d'intérêt à agir assure un équilibre entre les impératifs contradictoires de légalité et de sécurité juridique[376]. L'illégalité dont peut être entaché un acte administratif est de plusieurs ordres. Il peut s'agir d'une incompétence (usurpation des fonctions, usurpation de pouvoir, et empiétement de fonction), des vices de forme (soit substantielles, soit prescrites à peine de nullité), du détournement

---

contrainte (articles 16-20), elle assure l'égalité (article 12), elle fixe les modalités d'application des droits de la femme et de la parité (article 14), elle fixe les modalités d'exercice de la liberté de pensée, d'expression, de conscience et de religion (articles 22-27), elle fixe les modalités d'exercice du droit d'asile (article 33), elle garantit les droits d'auteur et de propriété intellectuelle (article 46), elle fixe les conditions d'exercice du droit à la santé, à l'eau, au logement (articles 47 et 48) ; c'est d'elle, en somme, que dépend l'exercice effectif des droits de l'homme dans la société (article 122).

[375] BADET (S-G), *Contrôle intra normatif et contrôle ultra normatif de constitutionnalité : Contribution à l'identification des sous catégories du modèle Kelsénien de justice constitutionnelle à partir des systèmes belge et béninois*, Thèse de doctorat en droit, Université Catholique de Louvain, 2012, p.3.

[376] VUNDUAWE TE PEMAKO (F), *op.cit.*, p.877.

de pouvoir ou de procédure ou tout simplement, de la violation de la loi.

Lorsque le juge administratif constate que l'action est recevable et fondée, il prononce l'annulation de l'acte illégal et cette annulation a un effet rétroactif en ce sens que non seulement l'acte annulé ne fera plus désormais partie de l'arsenal juridique, mais aussi tous ses effets antérieurs sont effacés de sorte qu'il est censé n'avoir jamais existé. Les deux parties, l'administration et l'administré, sont replacées dans la situation où elles se trouvaient avant l'intervention de l'acte. De la sorte, on comprend que le but du recours en annulation est de sanctionner l'illégalité de certains actes administratifs en les annulant *erga omnes*.

Le recours en annulation a un caractère objectif en ce sens qu'il constitue un procès fait à l'acte administratif illégale et vise à éliminer de l'ordonnancement juridique les décisions qui sont entachées d'illégalité[377]. À travers l'arrêt RA 326, le juge administratif congolais a fait preuve d'audace dans la mise en œuvre de ses pouvoirs dans le but de la protection des droits fondamentaux des citoyens contre les assauts de l'administration publique. Dans cette cause, le ministre de la Justice a, par une lettre adressée à l'Inspectorat général des services judiciaires, suspendu l'exécution de l'arrêt RCA 16771 de la Cour d'appel de Kinshasa/Gombe. Le juge administratif congolais a d'abord rappelé que dans sa mission juridictionnelle, le magistrat est indépendant tant vis-à-vis de l'exécutif que du législatif et cette indépendance découle du principe constitutionnel de la séparation des pouvoirs. Ensuite, le juge déclare qu'en ordonnant la surséance de l'exécution d'une décision judicaire qui est l'aboutissement de l'activité judiciaire, la décision décriée encourt annulation pour excès de pouvoir[378].

---

377 CHAPUS (R), *Droit administratif général*, Tome I, 14ème éd., Paris, Montchrestien, 2000, p.771, cité par MVELLE (G), *L'Union africaine : fondements, organes, programmes et actions*, Paris, L'Harmattan, 2007, p.200.

378 Cour suprême de justice, RA 326 du 1er décembre 1997, KATO KALE LUTINA MWANA LUHEMBWE C/ RDC. Cette position jurisprudentielle a été réitérée dans l'arrêt RA 422 du 25 septembre 2000, rendu par la Cour suprême de justice en l'affaire MUTOMBO NYEMA C/ RDC. Cependant et

Le contrôle de légalité, autrement appelé contentieux de la juridicité, recours en annulation ou contentieux de la régularité juridique, est le véritable bouclier contre les actes administratifs illégaux car il conduit à l'anéantissement intégral d'un acte administratif entaché d'illégalité. C'est même à ce niveau là que réside l'intérêt du recours en annulation pour la protection des droits de l'homme. La doctrine le présente d'ailleurs comme « *l'arme la plus efficace, la plus économique et la plus pratique qui existe au monde pour défendre les libertés individuelles* »[379]. M. Pierre-Henri TEITGEN abonde dans le même sens et écrit que « *de l'avis unanime des juristes et des hommes politiques du monde entier, il n'est pas de meilleur système de garantie des libertés individuelles que le recours pour excès de pouvoir* »[380].

Le contrôle de légalité des actes administratifs est exercé exclusivement devant le juge administratif. Ce dernier se révèle être « *la clef de voûte et la condition de la réalisation de l'État de droit car la hiérarchie des normes ne devient effective que si elle est juridictionnellement sanctionnée, et les droits fondamentaux ne sont réellement assurés que si un juge est là pour en assurer la protection* »[381]. La justification de ce pouvoir du juge réside dans le fait que le législateur est censé être le protecteur des citoyens alors que l'administration est portée,

---

en dépit de l'existence de ces arrêts de principe de la haute juridiction, l'Inspectorat général des services judiciaires continue de suspendre l'exécution des décisions judiciaires en violation flagrante de la Constitution ; Sur cette question, Voir KINGUDI MUNGUL (B), « Les suspensions de l'exécution des décisions judiciaires ordonnées par l'Inspectorat général des services judiciaires : Déficit ou excès de pouvoir ? », *Les Analyses Juridiques*, n°32, 2016, pp.21-31.

[379] GEZE (G), « Les libertés individuelles », *Rapport à l'institut international de droit public*, Annuaire 1929, p. 180, cité par PETIT (J), « Les armes du juge administratif dans la protection des libertés fondamentales : Le point de vue de la doctrine », *in* ÉVEILLARD (G), Dir., *op.cit.*, p.4.

[380] TEITGEN (P-H), *Avis et débats du Comité consultatif constitutionnel*, La Documentation française, 1960, p. 77, cité par DESGORCES (R), « Les armes du juge judiciaire dans la protection des libertés fondamentales : Le point de vue de la doctrine », *in* ÉVEILLARD (G), Dir., *op.cit.*, p.2.

[381] CHEVALLIER (J), *L'État de droit*, 2e éd., Paris, Montchrestien, 1994, p.147 ; NTUMBA MUSUKA (Z), *Le rôle du juge administratif congolais dans l'émergence de l'État de droit*, Paris, L'Harmattan, 2014, p.22.

étant donné sa nature, à violer généralement les droits des citoyens, en tant que détentrice de la puissance publique. Malheureusement que la pratique au Congo a révélé quelques faiblesses dans la mise en œuvre de cette arme, au premier rang desquelles se trouve le manque d'indépendance du juge administratif.

L'absence d'indépendance comme obstacle à l'efficacité du juge administratif

L'une des grandes faiblesses du juge administratif congolais consiste en son manque d'indépendance vis-à-vis de l'administration publique. À l'instar de son homologue constitutionnel, il se sait vulnérable et connait que l'entreprise est très risquée. Il sait qu'annuler un acte d'une autorité administrative équivaut à une vexation de cette dernière car l'annulation est considérée comme une attaque personnelle lancée contre l'auteur de l'acte. C'est ainsi qu'il lui arrive souvent de se réfugier derrière la théorie de *l'acte du gouvernement* pour ne pas affronter le pouvoir politique, tel que nous l'atteste l'arrêt RA 459[382]. Dans cette affaire, en effet, le Président de la République avait révoqué, en vertu de son Décret n°144, 315 magistrats de leurs fonctions au motif qu'ils sont « *soit d'une moralité douteuse, soit corrompus, soit déserteurs ou affichent une incompétence notoire, comportements contraires aux devoirs de leur état, à l'honneur et à la dignité de leurs fonctions* ». Ces magistrats ont saisi la Cour suprême de justice en recours en annulation pour excès de pouvoir. Leurs requêtes étaient fondées notamment sur le fait que la loi dispose que le Président de la République ne peut révoquer un magistrat civil que sur proposition du Conseil Supérieur de la Magistrature (CSM), alors que les présentes révocations ont été décidées sur proposition du ministre de la Justice, membre de l'exécutif, qui s'est ainsi substitué au seul organe habilité en ce domaine, à savoir le CSM. De même, l'obligation pour les autorités de

[382] Cour suprême de justice, Arrêt RA 459 du 26 septembre 2001 sur la révocation de 315 magistrats.

respecter en matière disciplinaire, en tout temps, le principe du contradictoire et ses corollaires (dont la présomption d'innocence) a été bafouée. Aucun reproche ou notification de la part d'une autorité, d'un organe ou d'une commission n'ont été transmis aux auteurs, lesquels au demeurant n'ont, à aucun moment, été entendus tant devant le Magistrat-enquêteur que le CSM, comme le prévoie la loi. Finalement, ce Décret incriminé a péché par une insuffisance de motivation. Il n'invoque que des motifs vagues, imprécis et impersonnels, à savoir une moralité douteuse, la désertion et une incompétence notoire sans établir concrètement les faits formant la substance des accusations portées contre eux ; ce qui équivaut en droit à une absence de motif. Dans la même veine, les Nations Unies ont considéré ce décret comme « *une manifestation de la mise sous tutelle du pouvoir judiciaire par le pouvoir exécutif* »[383].

La Cour suprême de justice, évitant de censurer le décret présidentiel, s'est réfugiée derrière la théorie de l'acte du gouvernement. Elle a décrété l'irrecevabilité des requêtes au motif que l'acte déféré avait un caractère politique et qu'il rentrait dans le cadre de la politique du gouvernement visant l'assainissement des mœurs au sein de la magistrature et le meilleur fonctionnement de l'un des trois pouvoirs de l'État. La Cour a même étendu la définition de l'acte de gouvernement pour les besoins de la cause, en y ajoutant les actes relatifs à la « *conduite de la politique de la nation menée par le Gouvernement et le Président de la République* ». Pourtant et ainsi que le relève M. BUSANE RUHANA, le Décret attaqué en annulation est un acte administratif dont aucun aspect ne permet d'orienter l'analyse vers la catégorie des actes de gouvernement. Ledit Décret a touché une matière prévue et réglementée par une loi spéciale portant statut des magistrats et pour aucune raison, fût-ce politique, elle ne peut être ignorée sous peine d'irrégularité. C'est un acte que le Président de la République a pris dans l'exercice de ses attributions administratives inhérentes

---

[383] Commission des droits de l'homme, Rapporteur spécial sur la situation des droits de l'homme en République démocratique du Congo, Rapport E/CN4/1999/31, du 8 février 1999 ; Rapporteur spécial sur l'indépendance judiciaire, Rapport E/CN4/2000/61, du 21 février 2000.

à sa qualité d'autorité administrative[384]. Mieux, il s'agit d'un acte administratif ordinaire auquel on ne peut appliquer ni la théorie du mobile politique, largement abandonnée mais encore chère au juge administratif congolais, ni celle de l'exercice direct des pouvoirs publics constitutionnels[385]. Dans le même sens, le Comité des droits de l'homme constate que les circonstances invoquées par le Décret-Présidentiel n°144 ne sauraient être retenues comme des motifs permettant de justifier la conformité des mesures de révocation au regard du droit, et en particulier de l'article 4 du PIDCP. En effet, le Décret-Présidentiel comporte une simple référence à des circonstances particulières sans pour autant préciser la nature et l'ampleur des dérogations au regard des droits consacrés par la législation nationale et le Pacte, ni démontrer la stricte nécessité de ces dérogations et de leur durée. De plus, le Comité constate l'absence de notification internationale de la part de RDC relative à l'utilisation du droit de dérogation, tel que prévu au paragraphe 3 de l'article 4 du PIDCP[386]. En conclusion, le décret attaqué était bel et bien justiciable devant le juge administratif, mais celui-ci a forcé la qualification d'acte du gouvernement pour éviter de s'attirer la foudre du Président de la République. Cette affaire illustre la participation de la justice congolaise à l'essor exponentiel des violations des droits humains. Marque de la dévalorisation du droit, l'arrêt de la Cour suprême de justice est paradigmatique d'un défaut d'intériorisation du respect des textes légaux et des principes fondateurs de l'État de droit[387].

Voilà pourquoi les justiciables eux-mêmes, sachant la dépendance du juge administratif à l'administration publique,

---

[384] BUSANE RUHANA MIRINDI (W), *Le contrôle du pouvoir discrétionnaire de l'administration par le juge administratif congolais*, Thèse de doctorat en droit, Université Catholique de Louvain, 2010, pp.212-213.

[385] OKITONEMBO WETSHONGUNDA (L), « La théorie des actes de gouvernement dans l'arrêt de la Cour Suprême de Justice RA 459 et Consorts du 26 septembre 2001 sur la révocation des 315 magistrats », *Les Analyses Juridiques*, n°5, 2005, p.22.

[386] Comité des droits de l'homme, Constatation du 31 juillet 2003, Communication n°933/2000 du 17 décembre 1999, Adrien MUNDYO BUSYO et Autres C/ RDC, p.7.

[387] KILENDA KAKENGI BASILA (J-P), *L'affaire des 315 magistrats de Kinshasa : Une purge néo-mobutiste*, Paris, L'harmattan, 2004, pp.17-19.

hésitent à le saisir. Ils savent qu'attraire l'administration devant les tribunaux relève de la témérité, voire de l'inconscience, l'entreprise étant vue comme incivique. La crainte des recours est davantage forte lorsqu'il s'agit des actes du chef de l'État car les Congolais, à l'instar des autres africains, croient qu'attaquer une décision présidentielle, c'est attaquer le Président de la République et, au-delà de cette haute autorité politique et administrative, sa personne[388]. Cette crainte révérencielle du Président de la République et des autorités administratives en général, est ancrée dans la mentalité collective africaine. Deux phénomènes peuvent l'expliquer. Tout d'abord, le poids des traditions. En effet, la société traditionnelle congolaise était caractérisée par la personnification du pouvoir. L'autorité du chef y était absolue et ne tolérait aucune contestation. C'est pourquoi de nos jours, l'État et son administration incarnent, dans l'esprit des citoyens, le pouvoir absolu de l'autorité traditionnelle. Il apparaît difficilement concevable que leurs actes soient contestés au risque de commettre un crime de lèse-majesté[389]. Ensuite, la crainte révérencielle du pouvoir et de tout ce qui se rattache à l'administration peut être expliquée à travers le « fait colonial ». Ce dernier a créé une attitude de soumission inspirée par le « mythe de l'homme blanc », laquelle se complète d'une dimension de crainte révérencielle inspirée par le pouvoir colonial. Cet état de choses crée chez les populations africaines une prédisposition à la soumission résignée à l'autorité publique, en même temps qu'elle leur inspire une représentation sublimée du pouvoir dans laquelle ils trouvent l'explication de leur propre impuissance[390]. L'ensemble de ces facteurs font que « *le citoyen*

---

[388] DEGNI SEGUI (R), « L'accès à la justice et ses obstacles », *in L'effectivité des droits fondamentaux dans les pays de la communauté francophone*, *op.cit.*, pp.248-249. À cet effet, il faut noter qu' « *en Afrique, les élections confèrent au chef de l'État des pouvoirs à la fois institutionnels et symboliques d'une portée exceptionnelle. En effet, dans l'inconscient collectif africain réside l'idée qu'une fois élu, un chef n'est pas tenu de partager le pouvoir avec les autres organes de l'État ou avec d'autres personnalités* » ; SACCO (R), *Le droit africain : Anthropologie et droit positif*, Paris, Dalloz, 2009, p.224.

[389] BUSANE RUHANA MIRINDI (W), *op.cit.*, p.196.

[390] KAMTO (M), *Pouvoir et droit en Afrique noire : Essai sur les fondements du constitutionnalisme dans les États d'Afrique noire francophone*, Paris, LGDJ, 1987, pp.251 et S.

éprouve beaucoup de peine à concevoir une action en contestation de la régularité de l'acte pris par le chef. Il a l'impression qu'en agissant ainsi, il commet un acte de rébellion et qu'il s'en prend ouvertement à la personne de l'autorité. Il s'autocensure déjà rien que de penser à un tel projet, comme s'il était en train de fomenter un véritable complot contre le pouvoir »[391].

En conséquence, les décisions en matière administrative sont rares au Congo. Il arrive que le juge saisi, au lieu de rendre une décision condamnant l'administration, s'abstient de se prononcer et appelle les requérants à tenter des voies de négociation à l'amiable. La raison de pareille attitude est simple : le juge sait que même s'il condamne l'administration, son jugement restera lettre morte et ne sera d'aucune utilité aux justiciables. En effet, outre le fait que les biens des personnes publiques ne sont pas saisissables, il n'existe pas en droit congolais de mécanismes spécifiques d'exécution à l'encontre des personnes publiques. En conséquence, l'exécution d'une décision de condamnation par l'administration relève de sa seule volonté, cette dernière faisant généralement défaut dans le contexte congolais. Les pouvoirs publics se retrouvent ainsi dans une position telle qu'ils ne sont pas soumis aux voies d'exécution du droit commun, en même temps ils se retrouvent immunisés contre l'obligation de respecter l'autorité de la chose jugée à leur encontre. Cette inexécution des décisions du juge administrative porte un coup mortel à la protection des droits fondamentaux dans la mesure où cette dernière postule notamment que les citoyens puissent opposer à l'administration ces droits. Or, dans le contexte du contrôle de la légalité des actes administratifs par le juge, les décisions de ce dernier débouchent sur le vide car elles ne sont pas exécutées.

Pas moins que le juge constitutionnel et le juge administratif, le juge judiciaire protège aussi les droits fondamentaux.

---

[391] BUSANE RUHANA MIRINDI (W), *op.cit.*, p.198, n°411.

III. L'action limitée du juge judiciaire en matière des droits de l'homme

Il ressort de l'article 153 de la Constitution[392] que le juge judiciaire est le juge naturel de la protection des droits fondamentaux, les autres juges étant considérés comme « spéciaux ». C'est fort de ce positionnement que le juge judiciaire a développé une action protectrice des droits de l'homme et ce, en dépit des entraves auxquelles il est confronté.

Le rôle traditionnel du juge judiciaire, garant des droits

En matière des droits de l'homme, le juge judiciaire dispose d'une compétence générale, sauf restrictions résultant de la loi. En effet, le juge judiciaire est compétent pour intervenir dans les violations des droits de l'homme intervenues soit entre particuliers, soit entre un ou plusieurs particuliers et l'administration publique. Le constituant a choisi de confier au juge judiciaire la protection du droit de propriété. L'article 34 de la Constitution qui protège le droit de propriété est en ce sens lorsqu'il dispose *in fine* que « *nul ne peut être saisi en ses biens qu'en vertu d'une décision prise par une autorité judiciaire compétente* ». On voit bien que le juge judiciaire est le gardien attitré de la propriété privée.

Mais le juge judiciaire n'est pas seulement protecteur de la propriété, il est également protecteur de la liberté individuelle. En droit congolais, le juge judiciaire intervient dans la régulation des rapports tendant à la restriction préventive de la liberté des citoyens. En ce sens, l'article 17 de la Constitution garantit la liberté individuelle ; il en fait la règle et la détention l'exception soumise à l'autorisation et au contrôle du juge judiciaire. Dans le

---

[392] L'article 153 de la Constitution dispose : « *Il est institué un ordre de juridictions judiciaires, composé des Cours et tribunaux civils et militaires placés sous le contrôle de la Cour de cassation. Sans préjudice des autres compétences qui lui sont reconnues par la présente Constitution ou par les lois de la République, la Cour de cassation connaît des pourvois en cassation formés contre les arrêts et jugements rendus en dernier ressort par les Cours et tribunaux civils et militaires* ».

prolongement de cette vision, le Code de procédure pénale prévoit en son article 28 que lorsque les conditions de la mise en détention préventive sont réunies, le ministère public a la charge de faire conduire l'inculpé devant le juge judiciaire compétent pour y statuer[393].

Le rôle du juge judiciaire est plus perceptible lorsqu'il intervient en matière répressive. L'effet dissuasif de la sanction qu'il prononce contribue indirectement à la protection des droits de l'homme. Par exemple, en condamnant les auteurs d'un meurtre aux peines prévues par la loi, le juge attire l'attention des autres membres de la société et les pousse au respect de la dignité humaine. Dans son rôle protecteur des droits de l'homme, le juge judiciaire est généralement amené à établir les responsabilités des uns et des autres aux fins de condamnation du violateur à une indemnité ou à une réparation en nature. Il s'agit là d'une protection indirecte des droits de l'homme, par la sanction de l'auteur de la violation des droits de l'homme et par la recherche de la réparation. En la matière, le juge pénal congolais a fait montre d'une audace élogieuse dans la mise en œuvre du Statut de Rome de la Cour pénale internationale (CPI). Les tribunaux répressifs congolais, surtout ceux militaires ont prononcé une quantité considérable des décisions de condamnation en application directe du Statut de Rome et en référence à la jurisprudence des tribunaux pénaux internationaux, ce qui constitue une avancée significative[394]. En doctrine, ce dynamisme du juge pénal congolais a été salué comme une parfaite complémentarité entre la Cour pénale internationale et la

---

[393] V. à ce sujet, PUNGWE NEMBA (R-N), *Guide pratique des magistrats du parquet : Les fonctions du Ministère public en République démocratique du Congo*, Tome 1, Kinshasa, Ed. Du Service de documentation et d'études du ministère de la Justice, 2006, pp.108 et S.

[394] ASF, *La mise en œuvre judiciaire du statut de Rome en République démocratique du Congo*, Bruxelles, Avril 2014, pp.8 et S ; Voir également ASF, *Etude de jurisprudence : L'application du Statut de Rome de la Cour pénale internationale par les juridictions de la République démocratique du Congo*, Bruxelles, mars 2009.

justice congolaise, dans la répression des crimes internationaux en vue de la protection des droits fondamentaux[395].

Par ailleurs, à la suite de l'article 153 alinéa 3 de la Constitution qui dispose que « *les Cours et tribunaux, civils et militaires, appliquent (...) les actes réglementaires pour autant qu'ils soient conformes aux lois* », on peut en déduire que le rôle du juge judiciaire est accru dans les rapports entre les personnes privées et l'administration publique. Cette disposition constitutionnelle confère exceptionnellement au juge judiciaire une compétence de se prononcer sur l'exception d'illégalité d'un acte administratif. Bien entendu et à la différence du juge administratif, le juge judiciaire n'a pas qualité pour annuler l'acte administratif décrié, la sanction se limitant uniquement au refus d'appliquer l'acte illégal à la solution du litige soumis à sa juridiction sans emporter l'annulation de l'acte en tant que tel.

Bien plus, la protection des droits fondamentaux par le juge judiciaire est relativement visible à travers la procédure d'expropriation pour cause d'utilité publique. En la matière, le rôle des tribunaux civils est essentiellement concentré en aval, mais conserve néanmoins son efficacité. En effet, pendant la période du Congo belge, où la matière était régie par le Décret colonial du 24 juillet 1956, tout comme après l'indépendance et après l'adoption de la Loi n°77-001 du 22 février 1977, l'expropriation est une procédure qui relève davantage de la compétence du pouvoir exécutif. Les tribunaux judiciaires ne sont compétents que pour régler *a posteriori* les incidents nés de l'opération entre expropriants et expropriés[396]. Le rôle du juge judiciaire en cette matière consiste à vérifier la légalité de la procédure d'expropriation, notamment si les formalités

---

[395] KAZADI MPIANA (J), « La Cour pénale internationale et la République démocratique du Congo : 10 ans après. Étude de l'impact du Statut de Rome dans le droit interne congolais », *Revue québécoise de droit international*, n°25, 2012, Vol.1, pp.57-90, spéc.pp.82-87 ; KABUNDA (M), « La coopération entre la CPI et la RDC à l'épreuve de la pratique » *in* RCN JUSTICE & DEMOCRATIE, *Les 10 ans de la Cour pénale internationale : Bilan et perspectives*, Recueil des actes des Journées scientifiques tenues à Kinshasa du 23 au 25 octobre 2012, pp.69-83.

[396] LUKOMBE NGHENDA, *Droit civil : Les biens*, Kinshasa, Publication des Faculté de droit des Universités du Congo, 2003, pp.820 et S.

administratives imposées par la loi ont été respectées, sous peine de nullité. Il est permis de faire observer que le rôle dévolu au juge judicaire en matière d'expropriation pour cause d'utilité publique est moindre en RDC, comparativement à d'autres pays comme la France où l'expropriation ne peut être prononcée que par une autorité judiciaire.

Un constat s'impose : le juge judiciaire congolais est hostile au droit international des droits de l'homme et se comporte comme si ce droit lui était étranger. Recherchant les causes de cette lacune, M. Matadi NENGA estime que cette situation est peut-être due à une formation insuffisante en la matière au niveau de l'Université, et appelle de tous ses vœux que dans la formation de futurs juristes, les Universités congolaises tiennent compte de cette lacune[397]. Dans le même sens, M. MIRANDA METOU note que les juges africains connaissent mal les subtilités que revêt le droit international et de ce fait, ils évitent habituellement de se prononcer sur le moyen de droit international invoqué par l'une des parties au procès. Lorsqu'ils examinent parfois ce moyen, « *ils font une interprétation biaisée du droit international en se basant sur la condition de réciprocité minutieusement incluse dans la quasi-totalité des Constitutions en cause et surtout en prenant en considération des spécificités de l'ordre juridique interne dont ils sont d'abord les garants* »[398].

---

[397] MATADI NENGA (G), *Droit judiciaire privé,* Louvain-la-Neuve, Academia-Bruylant, 2006, p.36. Le même problème d'information et de formation des juges se pose dans beaucoup de pays africains. Par exemple, le Comité des droits de l'homme , après l'examen du 2ème rapport périodique du Mali en 2003, a recommandé au gouvernement d'assurer la formation des magistrats, avocats et auxiliaires de justice, y compris ceux qui sont déjà en fonction, sur le contenu du PIDCP et des autres instruments internationaux relatifs aux droits de l'homme ratifiés par le Mali, Voir MOUSSA TOURE (E), « Droit international au Mali : Les juridictions nationales à l'épreuve d'une application effective », *Revue malienne des sciences juridiques, politiques et économiques de Bamako*, n°3, 2016, pp.353-372, spéc. pp. 363-371.

[398] MIRANDA METOU (B), « Le moyen de droit international devant les juridictions internes en Afrique : Quelques exemples d'Afrique noire francophone », *Revue québécoise de droit international*, n° 22, Vol.1, 2009, pp.129-165. Sur la même question en droit européen, lire utilement NEUWAHL (N), « Le droit des particuliers d'invoquer les Accords

Dans sa fonction de protection des droits de l'homme, le juge congolais est de plus en plus exposé à la corruption, ce qui affaiblit considérablement son rôle en la matière.

La corruption du juge judiciaire comme limite à une protection effective des droits

Le juge constitue une figure cardinale dans l'architecture protectrice des droits et libertés fondamentaux dans la mesure où la fonction judiciaire est le lieu central de la protection des droits de l'homme et le droit au juge est lui-même un droit fondamental. Pour que la justice soit vraiment garante des droits et libertés de chacun, les juges doivent être sauvegardés de toute pression de la part du pouvoir comme des particuliers. Or, le constat qu'on dresse en RDC est que la justice comporte de nombreuses dépendances. Quand on regarde de très près la machine juridictionnelle congolaise, on s'aperçoit qu'elle ne parait pas être faite pour sauvegarder équitablement les droits des citoyens. Déjà, dès l'entrée au palais de justice, le principe de l'égal accès à la justice est battu en brèche. La justice au Congo est trop affaiblie, anémique, pour jouer le rôle protecteur des droits de l'homme. Les participants au Séminaire national sur l'administration de la justice organisé par le ministère de la Justice et celui des droits humains le reconnaissent. Ils notent que compte tenu du lien étroit entre l'administration de la justice et les droits de l'homme, l'état de fonctionnement très peu satisfaisant de l'appareil judiciaire en RDC a logiquement entrainé une situation analogue en ce qui concerne les droits de l'homme dans ce pays. Etant donné que l'administration de la justice souffre de sérieux handicaps, il en est de même des droits de l'homme. La conclusion tirée de ce séminaire national est que la RDC se trouve encore parmi les nombreux pays où la situation générale des droits de l'homme laisse à désirer et la protection de ces droits est mal assurée, surtout au niveau juridictionnel[399].

---

internationaux de la Communauté européenne devant les Cours nationales », *Revue québécoise de droit international*, n° 15, 2012, Vol.2, pp.39-55.

399 BALANDA MIKUIN (E), « L'administration de la justice et les droits de l'homme en République démocratique du Congo », *in Administration de la*

Dans son Discours prononcé le 30 novembre 1999 lors de la rentrée solennelle de la Cour suprême de justice, le Premier président de la haute juridiction nationale a cité les maux qui ont contribué à défigurer la justice congolaise dans l'ordre que voici : l'ignorance du droit, la paresse et l'incurie, l'indiscipline, le culte de la bouteille et l'appât du gain, la corruption. Il renchérit en disant que ce dernier s'avère être le plus répandu et le plus corrupteur car il fait dire « B » à l'esprit là où celui-ci voit « A » ; il est aussi le plus dangereux puisqu'il engendre ou entraine la plupart des autres. En effet, « *la corruption du personnel judiciaire a atteint un seuil intolérable ; les magistrats en ont fait une criminalité objective et immédiate. Ce mal destructeur de la justice congolaise est devenu de nature professionnelle et une seconde nature. Une décision satisfaisante rendue par un juge sans voir été contacté relève de la surprise et appelle toujours l'admiration. La hiérarchie elle-même corrompue vit des dons de commerçants et de la protection politique. La plupart de juges et procureurs sont placés par des chefs hiérarchiques comme pourvoyeurs de recettes de rackets. Les prévarications en chaine sont reliées entre elles grâce à une certaine solidarité pareille à celle de la mafia, et cela de la base au sommet* »[400]. Le ministre de la Justice lui-même n'hésite pas à banaliser le Corps de magistrats. Lors de l'ouverture des travaux du Conseil supérieur de la magistrature, le 18 octobre 2017 à Kinshasa, il a traité les magistrats du siège et du parquet de corrompus, de personnes à la recherche de *3V* (Véhicule, Villa et Veste). Les juges qui prennent les causes en délibéré laissent passer beaucoup de temps avant de rendre leurs décisions, attendant d'être approchés par les parties. Beaucoup de juges élaborent deux projets de décision, l'un en faveur de la partie demanderesse, l'autre en faveur de la partie défenderesse, qui au plus offrant de l'emporter. De l'avis unanime des instances onusiennes, le système judicaire en RDC est dans un état déplorable. La justice est en proie aux ingérences politiques et à la corruption. Elle est restée jusqu'à ce jour le

---

justice et droits de l'homme en RDC, Actes de Séminaire du 23-25 août 1999, Kinshasa, Novembre 1999, pp.48-49.

400 MATADI NENGA, *La question du pouvoir judiciaire en République démocratique du Congo*, *op.cit.*, pp.183-184.

parent pauvre des institutions démocratiques du pays. Le manque de volonté politique pour lutter contre la corruption ne fait que maintenir une situation dans laquelle ceux qui peuvent se le permettre achètent les services des magistrats. Il existerait donc une justice à deux vitesses en RDC : la justice rapide, celle des riches et des puissants qui peuvent acheter ou influencer les décisions de juges, et la justice qui n'avance pas, celle des pauvres qui sont victimes des décisions achetées par les plus riches ou des interférences politiques[401].

En RDC, la corruption remonte au plus haut niveau de l'État et descend jusqu'aux classes sociales les plus basses. Elle est généralisée et s'étale à tous les niveaux de responsabilité. Elle s'analyse en un système de fonctionnement dans le cadre d'un certain ordre d'économie politique. En effet, la crise économique congolaise a conduit les fonctionnaires et agents publics à développer une autre source de revenus qui est la corruption. Le juge judiciaire n'échappe pas à ce nouveau vent. Il y a une expansion presque pathologique de la corruption dans le monde judiciaire. La justice s'effrite et perd de son intérêt et de son efficacité pour les justiciables. Les palais, autrefois de justice, se sont dorénavant transformés en palais d'injustice. Les décisions iniques s'y vendent aux enchères. Il en résulte la panne de tout le système juridique, étant entendu que le prestige d'un système juridique dépend des relations étroites qu'il entretient avec la justice ; le droit doit assurer la sécurité et la justice dans la société. Or, la justice congolaise fonctionne à double vitesse : indulgente avec les puissants et répressive avec le peuple. Loin d'être aveugle comme le prétend sa représentation allégorique, elle constitue une justice de classe partiale, voire injuste[402].

---

401 Conseil des droits de l'homme, *Rapport du Rapporteur spécial sur l'indépendance des juges et des avocats*, Mission en République démocratique du Congo, A/HRC/8/4/Add.2, Avril 2008, pp.17-19 ; Conseil des droits de l'homme, *Rapport de l'expert indépendant sur la situation des droits de l'homme en République démocratique du Congo*, A/HRC/7/25, Février 2008, pp.9-11.

402 Pour un aperçu général du tableau macabre de la justice congolaise, principalement de la corruption du juge, lire MPUNGA BIAYI (P), *La crise de la justice congolaise : Les origines des maux et les remèdes appropriés*, Lubumbashi, Presses Universitaires, 2017, pp.85 et S ; ISUNGU KAKOKO

Le sentiment d'injustice et de révolte que suscite le dysfonctionnement du système judiciaire congolais pousse les citoyens à se réfugier dans la justice parallèle et informelle, c'est-à-dire l'utilisation de la force et des voies de fait pour se rendre justice. En effet, la méfiance envers les tribunaux judiciaires est telle que les gens préfèrent porter des litiges privés à la police, à l'Agence nationale de renseignement (ANR), à la Détection militaire des activités anti-patrie (DEMIAP), voire à l'armée. Les personnes œuvrant dans ces services ne sont pas choisies par la population pour leur sagesse, mais bien au contraire à cause de l'autorité que leur confère l'usage de la force. Souvent, elles ne sont pas issues du milieu. Celui-ci ne les contrôle donc pas et ils jouent le jeu de la corruption. En conséquence, elles organisent à leur profit personnel une justice arbitraire nuisible à la sécurité des personnes[403].

Après avoir passé en revue les différents organes de protection juridictionnelle des droits fondamentaux, le bilan montre une efficacité relative. Par conséquent, cette situation justifie la quête d'organes de garantie destinés à défendre les droits et libertés par le biais de moyens non juridictionnels.

(R), *Une mascarade de justice en République démocratique du Congo*, Paris, l'harmattan, 2018, 172p ; LUYAMBA WA LEMBA (M), KABANGE KITENGE (A) et KATAMEA (V), « La justice au Congo : Rétrospective et perspectives d'avenir », *in Quarante ans d'indépendance, mythes et réalités. Tome II : Questions sociales*, Lubumbashi, P.U.L., 2004, pp.301-307 ; Sur la place du juge en Afrique, voir BAD ARA FALL (A), « Le juge, le justiciable et les pouvoirs publics : Pour une appréciation concrète de la place du juge dans les systèmes politiques en Afrique », *in* MORIN (J-Y) et OTIS (G), Dir., *Les défis des droits fondamentaux,* Actes des deuxièmes Journées scientifiques du Réseau Droits fondamentaux de l'Agence Universitaire de la Francophonie tenues à Québec du 29 septembre au 2 octobre 1999, Bruxelles, Bruylant, 2000, pp.309-346.

403. AKELE ADAU (P), « La guerre des droits… aura-t-elle lieu ? », *Congo-Afrique*, n°361, Janvier 2002, pp.54-57 ; AKELE ADAU (P), *Le citoyen-justicier dans l'État de droit,* Kinshasa, ODF Editions, 2002, pp.61 et S.

SECTION II. LE DÉFICIT DES MÉCANISMES NON JURIDICTIONNELS DE PROTECTION DES DROITS DE L'HOMME

Les insuffisances de la protection juridictionnelle des droits de l'homme justifient l'instauration d'organes de protection destinés à défendre les droits et libertés par le biais de moyens incitatifs. Ces organes se proposent de garantir l'effectivité des droits et libertés par la voie du dialogue et de la persuasion, c'est-à-dire en dehors de tout pouvoir coercitif. En mesure de combler certaines carences affectant les traditionnelles voies de recours, de tels organes favoriseraient, en somme, l'émergence d'un système institutionnel de garantie des droits et libertés complet et, partant, attesteraient du caractère incontournable de la protection non juridictionnelle des droits fondamentaux[404]. Parmi ces organes, la Commission nationale des droits de l'homme et la société civile se présentent comme les formes indispensables de protection non juridictionnelle des droits de l'homme, en dépit de leurs faiblesses institutionnelles (I). Bien plus, la RDC a également fait l'expérience des mécanismes de justice transitionnelle dont il convient d'analyser les résultats (II).

---

[404] LÖHRER (D), *La protection non juridictionnelle des droits fondamentaux en droit constitutionnel comparé : L'exemple de l'ombudsman spécialisé portugais, espagnol et français*, Thèse de doctorat en droit, Université de Pau et des pays de l'Adour, 2013, pp.17-18.

I. Les limites de la commission nationale des droits de l'homme et de la société civile

Spécialement aménagée pour assurer la protection des droits et libertés fondamentaux des citoyens, la Commission nationale des droits de l'homme (CNDH) peine à remplir efficacement cette lourde mission. Sur son chemin, se dressent plusieurs obstacles. Par ailleurs, l'efficacité de la société civile en la matière est sujette à caution, tant elle connait d'innombrables travers et faiblesses.

Les entraves de la Commission nationale des droits de l'homme

La Constitution de la transition du 04 avril 2003 avait créé une institution nationale des droits de l'homme dénommée « Observatoire nationale des droits de l'homme », avec comme mission de promouvoir et de protéger les droits de l'homme (article 155). Malheureusement et à la grande surprise générale, la Constitution du 18 février 2006 l'a purement et simplement supprimée, ce qui témoigne d'un rejet systématique de la protection des droits de l'homme par le parlement congolais[405]. Des voix tant nationales qu'internationales se sont élevées pour dénoncer l'absence au Congo d'une institution nationale des droits de l'homme tel que le recommande les instruments juridiques internationaux, notamment les « Principes de Paris ». Suite à une forte pression émanant des organisations non gouvernementales qui avaient décidé de boycotter le sommet de la Francophonie que le pays organisait et suite également aux nombreuses critiques contre les assassinats des défenseurs de

[405] KANDOLO ON'UFUKU WA KANDOLO, (P-F), « Pour une nouvelle constitutionnalisation des droits de l'homme : La République démocratique du Congo toujours au rond-point », *Les Analyses Juridiques*, n°13-14, 2007-2008, pp.25-38, spéc. pp.37-38 ; WETSH'OKONDA KOSO (M), « Les droits de l'homme dans l'Avant-projet de la Constitution de Kisangani : Un élan brisé », *Les Analyses Juridiques*, n°5, 2005, p.35.

droits de l'homme réputés, notamment Floribert TSHEBEYA et Fidèle BAZANA, le régime en place a cru calmer le jeu par le vote de la Loi n°13/011 du 21 mars 2013 portant institution, organisation et fonctionnement de la Commission nationale des droits de l'homme. Ce contexte suffit à considérer que la mise en œuvre effective de la Commission s'avère incertaine. Le décor de l'asphyxie de l'institution est déjà planté. Pour tout dire, l'effectivité de l'institution a été piégée déjà à la source[406]. Il a fallu attendre l'année 2015 pour voir les membres de la Commission nationale des droits de l'homme entrer en fonction. Ces quelques années de fonctionnement de l'institution ont mis en lumière principalement deux faiblesses. Il s'agit, d'une part, de son éloignement géographique et du manque des moyens financiers et matériels adéquats, d'autre part.

La CNDH est située dans la capitale de la RDC, c'est-à-dire à Kinshasa. Sur ce point, la Commission reproduit le modèle d'éloignement physique qui affecte l'efficacité du contrôle juridictionnel. Certes, la loi prévoit la possibilité des représentations provinciales et locales, mais elle renvoie la réglementation de la question au Règlement d'ordre intérieur. De la sorte, « *nommés par les bureaux de la Commission, les représentants en province apparaîtront comme des simples commissaires et non comme de véritables autorités. Sans aucun lien avec les élus locaux, les représentants provinciaux et locaux de la Commission verront leur légitimité affaiblie, alors que ce sont eux qui sont au contact avec l'administration et les administrés* »[407]. D'ailleurs, jusqu'à ce jour, la CNDH n'est présente que dans 32 villes sur les 96 villes de la RDC ainsi que dans 20 territoires sur les 145 territoires que compte le pays[408]. Plusieurs personnes ne sont même pas au courant de son existence, y compris certaines autorités judiciaires et

[406] NYALUMA MULAGANO (A), *Les modes alternatifs de règlement des conflits : À la recherche d'une clé d'accès à la justice administrative congolaise*, Thèse de doctorat en droit, Université Catholique de Louvain, 2014, p.232, n°458.
[407] NYALUMA MULAGANO (A), *Ibidem*, p.232, n°457.
[408] CNDH, *Rapports d'activités : Janvier à décembre 2018*, Kinshasa, Janvier 2019, p.16.

pénitentiaires. Cet éloignement physique de la CNDH constitue une véritable entrave à sa visibilité. Cette situation ressort d'ailleurs de l'inventaire de plaintes y portées de sa création jusqu'à ce jour. En effet, de 2015 à 2016, la CNDH a enregistré 229 plaintes de violations alléguées de droits de l'homme dont les ¾ provenaient de la Ville de Kinshasa et le quart avait pour origine les 25 provinces réunies. De 2016 à 2017, le nombre de plaintes est passé à 1218. L'année 2018 a vu le nombre de plaintes être porté à 4194[409].

Le second déficit auquel se trouve buté la CNDH dans son fonctionnement s'avère être le déficit des moyens financiers et matériels. Le gouvernement est hostile à mettre à sa disposition les moyens financiers adéquats pour bien effectuer ses tâches. La première année de son existence, soit d'avril 2015 à septembre 2016, cette institution a pratiquement fonctionné sans budget, ce qui a débouché à l'absence de siège officiel ainsi qu'à l'inachèvement de son installation et son opérationnalisation. En outre, l'institution a souffert d'insuffisance en personnel à tous les niveaux. En effet, le Règlement intérieur prévoit un effectif de 230 personnes au niveau des cabinets des commissaires et 520 experts au niveau des sous-commissions permanentes. À ces chiffres s'ajoutent ceux du personnel qui doit travailler au Secrétariat technique qui compte 13 départements comprenant chacun un ou plusieurs services. Mais de 2015 à 2016, 19 conseillers seulement ont été recrutés au niveau des cabinets des commissaires, aucun expert au niveau des Sous-commissions permanentes, 4 cadres au niveau du Secrétariat technique et 10 seulement pour l'ensemble de 26 provinces[410]. Il apparait donc que pendant cette période, la CNDH n'a disposé même pas d'un effectif minimum pour promouvoir et défendre les droits de l'homme.

La situation de la CNDH s'est un peu améliorée lors de la deuxième année de son existence, soit de 2016 à 2017. Au cours

---

[409] CNDH, *Rapports d'activités : Janvier à décembre 2018*, Kinshasa, Janvier 2019, p.35.

[410] CNDH, *Rapports d'activités : 2015-2016*, Kinshasa, septembre 2016, pp.90-91.

de cette période, le gouvernement a exécuté le budget lui alloué à hauteur de 41 %, ce qui demeure toujours insuffisant au vu des dimensions continentales du pays. L'institution elle-même conclut dans son deuxième Rapport annuel d'activités qu' « *avec ce budget, il est quasiment impossible pour la CNDH de réaliser la mission qui lui est confiée par l'État congolais* »[411]. Les mêmes problèmes d'absence d'un siège social et du personnel ont continué à se poser, sous l'inaction du gouvernement[412]. Pour preuve, au courant de la même année 2017, la CNDH avait projeté d'effectuer des visites d'inspection des prisons et cachots sur toute l'étendue de la République, c'est-à-dire dans toutes les provinces et territoires congolais. Malheureusement, rencontrant des difficultés liées aux moyens humains, financiers et matériels, elle n'a eu à effectuer ces visites que dans moins de la moitié des provinces, les territoires ayant été sacrifiés[413]. Dans l'affaire des présumés crimes contre l'humanité qui ont eu lieu dans la province du Kasaï, la CNDH s'est aventurée à aller collecter des informations sur terrain. Elle en est ressortie déboussolée, avec un rapport superficiel et non chiffré, au moment où des organisations non gouvernementales ont donné des chiffres avec beaucoup de précisions. Conscient de son échec, elle justifie son fameux rapport par le manque de moyens de transport propres à la CNDH, le manque des moyens de communication appropriés, le manque des moyens matériels et logistiques ainsi que la modicité du budget lui alloué par l'État[414].

L'année 2018 n'a pas apporté grand-chose au fonctionnement de la CNDH. Tout d'abord, la CNDH a continué à manquer de siège social tant au niveau national qu'aux niveaux provinciaux. Ensuite, l'État congolais n'a exécuté son budget qu'à hauteur de 33,22 %, ce qui ne constitue que 7 mois de fonctionnement sur

---

[411] CNDH, *Rapports d'activités : 2016-2017*, Kinshasa, septembre 2017, p.24.

[412] CNDH, *Rapports d'activités : 2016-2017*, *Ibidem*, pp.79-80.

[413] CNDH, *Rapport de synthèse de visite des prisons dans les dix anciennes provinces de la République démocratique du Congo*, Kinshasa, 2017, pp.5 et S.

[414]CNDH, *Rapport ponctuel d'enquêtes préliminaires sur la situation « Kamuina Nsapu » au Kasaï centrale* : 2016-2017, Kinshasa, Juillet 2017, pp.18 et S.

toute l'année 2018[415]. Il en résulte une limite de la CNDH par des contraintes financières et logistiques. Faute de moyens conséquents, elle s'est trouvée dans l'impossibilité de réaliser périodiquement les visites des lieux de détention à travers le pays comme l'exige sa loi organique. Ses déplacements sont limités faute de moyen de locomotion. La quasi-totalité de ses membres, cadres et agents, n'ont pas reçu du gouvernement les moyens de locomotion qui leur permettent de faire le monitoring ou de mener des enquêtes et investigations. La CNDH manque même de véhicule pour les courses de service pour son fonctionnement[416]. Une des avancées réalisées par la CNDH en 2018 est l'augmentation de son personnel qui est passé de 73 à 211, ce qui lui permet désormais d'être dans tous les chefs-lieux des provinces, quand bien même cette présence est fictive par manque de siège social.

Au regard de toutes les difficultés dont souffre la CNDH et face à l'indifférence du gouvernement congolais d'y trouver des solutions, il est permis de conclure que cette institution nationale des droits de l'homme souffre d'un manque de crédibilité et c'est avec raison que la population congolaise s'en méfie. La majorité des Congolais pense que l'État congolais a créé la CNDH pour de simples raisons d'étiquette juridique, c'est-à-dire pour se donner une apparence de démocratie ou d'État de droit auprès des institutions financières internationales afin de bénéficier des programmes d'aide au développement. Elle n'est dotée ni de moyens financiers ni ceux matériels pour réaliser ses attributions. Aussi, n'est-elle pas visible sur l'ensemble du territoire national. Au demeurant et comble d'ironie, la CNDH ne parvient pas à se faire obéir. Ses recommandations formulées servent simplement à remplir les annales administratives, son efficience étant réduite à néant. L'exemple le plus frappant est la situation de M. Eugène DIOMI dont la CNDH avait exigé du ministre de la Justice la libération immédiate en date du 29 mai 2017. Cette recommandation a purement et simplement été ignorée par

---

[415] CNDH, *Rapports d'activités : Janvier à décembre 2018*, *op.cit.*, pp.17-18.

[416] CNDH, *Rapport de synthèse des visites des Centres pénitentiaires et de détention effectuées en République démocratique du Congo*, Kinshasa, 2018, p.51.

l'exécutif congolais et ce, sous le regard passif et impuissant de la Commission. De telles situations sont malheureusement légion.

Pas moins que la Commission nationale des droits de l'homme, la société civile congolaise accuse également des limites dans la protection des droits et libertés fondamentaux des citoyens.

Les travers de la société civile

La présence de la société civile dans un État de droit consacre le principe de séparation entre l'État et la société dans les États modernes et fait partie des principes constitutifs d'un État démocratique. Ce principe veut que celui qui gouverne ne soit pas en même temps juge et partie. Par la séparation entre l'État et la société civile, on entend mettre en lumière le fait qu'en face du pouvoir qui gère l'État, il y a un contre-pouvoir qui a pour mission de former de manière informelle l'opinion et la volonté politiques des citoyens. La finalité est d'amener ceux-ci à influer sur les décisions de l'État ou même à proposer des projets de société alternatifs[417]. Conçue comme un espace public entre l'État et les citoyens, la mission de la société civile est double : soutenir les citoyens dans leur visée de bien vivre et épauler les pouvoirs publics dans leurs obligations de fournir de bonnes conditions de vie à la population. Ainsi, située au milieu du village, entre l'individu et l'État, la société civile tient l'apolitisme et l'indépendance pour principes de jugement et d'indépendance[418].

---

[417] BONGA (T), « De qui la société civile doit-elle être l'alliée en République démocratique du Congo ? », *Congo-Afrique*, n°508, Octobre 2016, p.747.

[418] NGOMA BINDA (E), « Forces politiques de la société civile : Voie d'accélération du développement de l'Afrique ? », *Congo-Afrique*, n°380, Décembre 2003, p.597 ; Dans le même sens, M. Gérard ROLLAND note que la société civile doit continuellement conquérir et reconstruire sa capacité propre d'action, ce qui passe d'abord par la formation de mouvements sociaux. Ces mouvements doivent agir par eux-mêmes, sans servir de base ou de tremplin à quelque mouvement politique que ce soit ; ROLLAND (G), « Gouvernance globale et société civile : Enjeux pour le long terme », *Congo-Afrique*, n°359, Novembre 2001, p.532.

Malheureusement, la situation est en sens contraire en RDC. La société civile congolaise souffre de bien de pathologies et se trouve être gangrénée par des ambitions politiciennes et un désir effréné d'enrichissement personnel. En conséquence, sa mission en matière de protection des droits humains se trouve brouillée et ineffective. En dépit de la multiplicité des ONG et Associations de défense des droits de l'homme en RDC, leur efficacité est sujette à caution, tant il est vrai que par leur insertion dans la logique politique et dans ses forces financières, ces associations ont perdu leur consistance de la foi en l'humain qui définit leur identité.

En effet, les constats réels effectués sur terrain sont de nature à faire douter à la population l'indépendance de plusieurs associations des droits de l'homme vis-à-vis des politiques, tant leur alignement sur les positionnements des dirigeants politiques est évident. Au Congo, les structures de la société civile se calquent sur les instances politiques dont elles reprennent les titres et les modes de fonctionnement jusqu'à la caricature. On retrouve en elles les clivages ethniques et les dynamiques tribales qui agitent le monde politique. Elles fonctionnent avec des allégeances politiciennes et défendent les intérêts des hommes au pouvoir de manière visible, sans se soucier que ces allégeances ne relèvent pas de l'authenticité de la société civile. Aujourd'hui, il existe une société civile clairement proche du gouvernement en place et une autre société civile qui se positionne comme une force de l'opposition[419]. La société civile peine à se démarquer des forces politiques en place. Divisés et affiliés les uns à la politique du pouvoir en place, les autres à celle de l'opposition politique, armée ou non-armée, les leaders de la société civile congolaise laissent furtivement trahir une soif de pouvoir fulgurante, un désir évident et de plus en plus avide de pouvoir politique. Il est clair qu'il y a détournement de la mission même de la société civile en RDC : celle-ci est devenue une importante tribune de visibilité à partir de laquelle il est possible de se faire coopter ou débaucher par le pouvoir politique. L'entrée dans la

---

419 MANA (K), « La société civile en RD Congo », *Congo-Afrique*, n°521, Janvier 2018, pp.43-44.

société civile est ainsi vue stratégiquement comme un passage, une manière d'acheminement vers la politique, lieu de privilèges et d'honneurs. La société civile constitue ainsi une voie d'accès, relativement facile, aux postes politiques[420].

Au manque d'indépendance vis-à-vis de la politique, s'ajoute la corruption qui mine les associations de défense des droits de l'homme en RDC. En effet, l'univers associatif tend à devenir un terreau pour l'enrichissement, y compris par des voies frauduleuses, de certaines associations des droits de l'homme. En outre, l'absence de stratégies d'intervention plus fécondes, plus durables et plus conséquentes conduit certaines personnes à faire de l'activisme des droits de l'homme une simple mode, ce qui ne participe pas tangiblement au triomphe de l'idéal et de la culture des droits de l'homme dans la société congolaise. Ces situations ont fait perdre aux associations congolaises, notamment celles de défense des droits humains, la fiabilité, la constance et la crédibilité tant aux yeux des principaux bénéficiaires de leurs prestations que sont les populations, qu'à ceux des différents partenaires nationaux et internationaux[421]. Il y a lieu de noter également que la fragilité socio-économique du pays conduit certaines personnes à s'engager dans le mouvement associatif en vue d'y trouver des opportunités tant de subsistance que de réussite ou d'ascension sociale. Il semble même que cette nécessité existentielle motive plus que la poursuite de l'idéal de défense de la dignité humaine dans les activités associatives. Il parait évident de dire que l'on tend vers une sorte de démission, d'irresponsabilité, de trahison des idéaux de droits humains par la majorité des animateurs de la société civile en général et des associations de défense des droits de l'homme en particulier. C'est dire que ces dernières, vues dans leur globalité, sont coupables de plusieurs pratiques malsaines ou vicieuses, telles que les détournements des fonds et matériels alloués par des bailleurs pour les nécessités d'exécution des projets, d'assistance

---

[420] NGOMA BINDA (E), *op.cit.;* pp.603-605.
[421] Rapprocher GANKAMA (L), *op.cit.*, p.45.

des populations ou de fonctionnement des structures[422]. Il en découle un brouillage dans l'accomplissement de leur mission.

Les acteurs de la société civile en RDC, notamment les ONG de défense des droits de l'homme, sont très actifs au pays. Nombreux d'entre eux œuvrent cependant en matière promotrice plutôt qu'en matière protectrice. En effet, la plupart de leurs actions se cantonnent à des campagnes de vulgarisation des droits de l'homme, afin de permettre aux citoyens de connaitre leurs droits et de mieux les défendre. Mais ces Associations et ONG ne se risquent pas sur le terrain de la protection des droits de l'homme par peur de s'exposer et de se transformer elles-mêmes en prochaines victimes de ces violations. L'autoritarisme du régime politique congolais est un frein de taille à ces associations et ce, en dépit de l'existence des mécanismes internationaux et régionaux de protection des défenseurs des droits de l'homme[423]. Seules les ONG et associations internationales telles qu'« Amnesty international », « Human Rights Watch », « Centre Carter » prennent le risque de dénoncer fréquemment des violations des droits humains commis par l'État et ses agents. En outre, l'Eglise catholique, avec comme fidèles plus de 50 % de la population, se positionne en avant-gardiste des droits de l'homme en RDC. Elle constitue un véritable contre-pouvoir au régime politique et s'est souvent placée en interlocuteur crédible des institutions officielles.

---

422 GANKAMA (L), *op.cit.*, pp.45-46 ; Dans le même sens GIOVANNONI (M), TREFON (T), KASONGO BANGA (J) et MWEMA(C), « Agir à la place-et en dépit-de l'État : ONG et Associations de la société civile à Kinshasa », *in* TREFON (T), *Ordre et désordre à Kinshasa : Réponses populaires à la faillite de l'État*, *op.cit.*, pp.130-134.

423 Au niveau onusien, le texte de base est la « Déclaration sur le droit et la responsabilité des individus, groupes et organes de la société de promouvoir et protéger les droits de l'homme et les libertés fondamentales universellement reconnus », généralement connue sous le nom de la « Déclaration de l'ONU sur les défenseurs des droits de l'homme ». En conséquence, plusieurs mécanismes ont été créés notamment le Rapporteur spécial des Nations Unies sur la situation des défenseurs des droits de l'homme et le Rapporteur spécial de la Commission africaine des droits de l'homme et des peuples sur la situation des défenseurs des droits de l'homme en Afrique.

La faible visibilité des ONG congolaises s'explique également par le manque des moyens financiers, matériels et humains, lequel se manifeste par une carence de publication fréquente des Rapports et la limitation des interventions. Au demeurant, la presse, qui devrait épauler les Associations des droits de l'homme dans leur stratégie de dénonciation des atteintes à ces droits, est sous contrôle gouvernemental et ne s'aventure pas de diffuser des informations en défaveur du pouvoir, sous peine d'être fermée[424]. Au regard de tout ce qui précède, il est permis de conclure que la société civile congolaise, à travers les ONG et les Associations de défense des droits fondamentaux, peine encore à contribuer à l'enracinement de la culture des droits de l'homme en RDC. Face à une société civile statique, inactive et à peine viable, l'on ne peut raisonnablement pas s'attendre à des actions efficaces.

Par ailleurs, l'imbrication de la vision politique et économique vide l'engagement des militants des droits de l'homme de toute force qui leur permettrait de se concentrer sur les problèmes de la protection des droits fondamentaux des citoyens et pour les résoudre effectivement. En effet, de l'opinion commune des citoyens congolais et de la réalité observée sur terrain, il se constate que la fonction des associations de défense des droits humains est essentiellement de facture politique. La fonction de ces acteurs est le plus souvent d'être une doublure des organisations politiques, ou au moins, une sorte d'antichambre pour y accéder. De même, ces associations fonctionnent comme des petites et moyennes entreprises dont les intérêts sont fortement économiques et financiers. Elles sont traversées, de part en part, par d'intenses conflits de pouvoir et s'accrochent aux financements extérieurs avec une impressionnante énergie, sans qu'à ce jour une voie congolaise

---

[424] L'on se rappellera à ce sujet qu'en 2016, plusieurs Chaines de télévision notamment « Radio-télévision Lubumbashi JUA », « NYOTA », « WANTASHI », « CCTV » avaient été fermées pour avoir montré les images des manifestants contre un troisième mandat inconstitutionnel du président Joseph KABILA. Lors des dernières élections, en décembre 2018, les médias tant publics que privés avaient reçu l'ordre de ne pas diffuser les campagnes électorales des opposants au régime en place.

de construction d'une société respectueuse des droits de l'homme ait été ouverte vraiment par ces organisations. La raison de cet échec est que les violations de droits de l'homme ne sont pas, globalement pour ces organisations, un problème à résoudre mais une opportunité d'accès aux strapontins politiques ou à l'enrichissement grâce aux aides extérieures pour certains personnages qui savent profiter du chaos congolais[425]. Cela prouve que l'essentiel dans la lutte pour les droits de l'homme est le positionnement politique et pas les droits de l'homme en tant que tels. D'ailleurs, le nombre d'anciens militants des droits de l'homme qui sont actuellement dans les rouages politiques du pays prouve à suffisance que l'orientation des chefs des mouvements civiques a une visée d'entrer dans le cercle du pouvoir ou de l'opposition[426].

Il s'en infère une inefficacité sans pareil de la société civile en matière de protection des droits de l'homme. La société civile en RDC est en crise. Celle-ci est perfectible par la démultiplication des plates-formes, l'écroulement des structures nationales, la paralysie de certaines associations. Cette crise a atteint son paroxysme avec un certain nombre de procès opposant entre eux des animateurs des associations[427]. Face à cette crise, il

---

425 MANA (K), *op.cit.*, pp.40-41.

426 À titre illustratif, on relèvera que plusieurs ministres ont été issus de la société civile dans le gouvernement du président Joseph KABILA. Parmi eux : le professeur MASIALA MA SOLO, vice-ministre de l'Enseignement supérieur et universitaire, nommé alors qu'il dirigeait l'ONG « Centre congolais de l'enfant et de la famille » ; M. Benjamin MUKULUNGU, ministre de la Fonction publique, qui était à la tête du « Secrétariat technique de la société civile » ; Mme Marie-Ange MUFWANKOLO, présidente de l' « Union nationale des femmes », devenue Ministre du Travail et de la prévoyance sociale ; Modeste BAHATI LUKWEBO, tour à tour ministre du Budget, de la Fonction publique, du Plan, et actuellement président du Sénat ; Pierre LUMBI, ministre des Postes, téléphones et télécommunications ; Amédée KIRARAHUMU, Ministre du Plan ; Baudouin HAMULI , Vice-ministre de l'Agriculture. Toutes ces personnalités étaient très influentes au sein de la société civile congolaise et avaient une grande renommée en tant que tels.

427 A titre d'exemple, se sentant avoir été injustement exclue de la délégation de la Société civile aux Concertations de Bruxelles convoquées par le vice-Premier ministre et ministre des affaires étrangères belge, M. Louis MICHEL, en Janvier 2002 dans le cadre du Dialogue intercongolais, la « Coalition des forces sociales et indépendantes » a porté l'affaire au tribunal, accusant le

y a nécessité, voire urgence de repenser et refonder la société civile congolaise de fond en comble. Il faudrait intégrer ses structures dans la dynamique des valeurs et des intérêts vitaux de la population et la rendre capable d'influer sur les débats au sein de l'espace public et de poser des contributions alternatives au pouvoir. Pour le dire autrement, la société civile ne sera crédible et forte que lorsqu'elle sera capable « *d'agir, à travers ses propres opinions publiques, sur les organismes parlementaires, sur les tribunaux, et de contraindre le système politique à les mettre en œuvre dans le cycle du pouvoir officiel* »[428]. En attendant ce moment, d'autres pistes ont été envisagées, entre autres les mécanismes de justice transitionnelle.

II. L'efficacité mitigée de la justice transitionnelle

À la suite de la multiplicité de guerres qu'a connues la RDC, de violations graves et systématiques des droits de l'homme ont été perpétrées. Les victimes attendent obtenir réparation et voir les bourreaux condamnés, mais fort malheureusement, la justice congolaise s'avère incapable de répondre à ces attentes. Devant l'incapacité de la justice de répondre aux multiples demandes des victimes, les acteurs congolais ont jugé bon de recourir à d'autres mécanismes alternatifs et plus précisément à la justice transitionnelle en vue de rétablir la paix et promouvoir la réconciliation.

---

docteur Anatole MATUSILA (Président du CALCC et porte-parole de la société civile au Dialogue intercongolais à Pretoria) et M. Modeste BAHATI LUKWEBO (président de la SOCICO et porte-parole adjoint de la société civile au Dialogue intercongolais) de tricherie, de faux et usage de faux en écriture. Cette affaire, qui s'est soldée par un classement sans suite, a fait comprendre que personne, parmi les membres de la société civile, n'entend manquer la moindre occasion de se faire une place au soleil de la scène politique. De façon triviale, ces personnalités qui ont représenté la société civile l'ont quittée peu après et ont occupé plusieurs fois des postes de ministres dans le gouvernement de l'ancien président Joseph KABILA.

[428] HABERMAS (J), *Droit et démocratie : Entre faits et normes*, (Traduction de ROCHLITZ (R) et BOUCHINDHOMME (C), Paris, Gallimard, 1997, p.400, repris par BONGA (T), *op.cit.*, p.750.

Le fondement de la justice transitionnelle en RDC

La justice transitionnelle est définie comme « *l'ensemble de mécanismes judiciaires et non-judiciaires ad hoc établis pour répondre aux abus de droits de l'homme survenus dans un passé plus ou moins lointain et qui ne peuvent être traités de manière appropriée par les institutions classiques, y compris les Cours et tribunaux existants* »[429]. Le qualificatif « transitionnel » est justifié en considérant que l'État est en transition ou en cours de transformation pour passer d'un système politique autoritaire à un système plus ouvert et de plus en plus démocratique[430]. De ce fait, M. Maurice KAMTO voit dans la justice transitionnelle une justice de passage vers autre chose, vers un ailleurs stabilisé, une justice exceptionnelle, spéciale, dictée par les événements, une justice qui se construit dans la douleur de la paix rompue et qui veut tourner la page[431]. Elle est souvent d'application dans les sociétés post-conflits, lesquelles sont généralement confrontées aux legs des violations massives et systématiques des droits de l'homme dont les auteurs demeurent impunis et les victimes restent sans justice ni réparation. Très souvent, de telles situations désastreuses sont caractérisées par la défaillance de l'appareil judiciaire, de fortes divisions et culpabilités partagées, un effondrement institutionnel et une crise économique. À cet égard, la justice transitionnelle n'apparait pas comme une contradiction de la justice pénale, mais plutôt comme une vision plus riche, plus profonde et plus large de la notion de justice. Elle vise à accorder des réparations aux victimes, empêcher que les futures violations des droits de l'homme ne se produisent, de reconstruire les relations État-citoyen, de protéger et renforcer la

---

429 MUTOY MUBIALA, « Les Commissions de réconciliation et la justice en Afrique », *Congo-Afrique*, Février 2015, p.101.

430 BENCHIKH (M), « Violations massives des droits humains et justice transitionnelle en Afrique », *in* TAVERNIER (P), Dir., *Regards sur les droits de l'homme en Afrique*, Paris, L'harmattan, 2008, p.229.

431 KAMTO (M), « Les enjeux de la justice et de la paix dans les situations de conflit et post-conflit » *in La justice transitionnelle : Une voie vers la réconciliation et la construction d'une paix durable*, Yaoundé, Ed. Saint Paul, 2011, pp.25-26.

paix et la démocratie et encourager la réconciliation au niveau à la fois individuel et national[432].

Les mécanismes de justice transitionnelle en RDC tirent leur fondement de l'Accord de paix de Lusaka du 10 juillet 1999 et de l'Accord global et inclusif sur la transition, conclu à Pretoria le 17 décembre 2002 en marge du dialogue intercongolais de Sun City. L'Accord de paix de Lusaka avait pour objectif principal de parvenir à un compromis politique pour mettre fin à la guerre qui avait opposé d'un côté la RDC et ses alliés dont l'Angola, la Namibie et le Zimbabwe, et le Burundi, le Rwanda et l'Ouganda de l'autre côté. Cet accord prévoyait une série de mesures pacifiques à mettre en œuvre par chaque pays en vue de mettre un terme aux violations massives des droits de l'homme dont étaient victimes les populations congolaises. Parmi ces mesures, on peut citer la garantie de la sécurité aux frontières congolaises, le contrôle du trafic illicite d'armes, le contrôle de l'infiltration des groupes armés, etc. Cet Accord a mis en avant les limites des solutions militaires pour parvenir à une paix durable en RDC, et a mis l'accent sur la compréhension du processus de réconciliation comme un effort collectif qui vise à créer ensemble un avenir commun ainsi que sur la restauration des relations brisées. En dépit de ces efforts, l'Accord de paix de Lusaka n'a pas été correctement mis en œuvre à cause de son manque d'inclusivité[433]. En effet, des groupes rebelles étaient non présents à la table de négociation de l'Accord et cette

---

432 BIRINGANINE (E), « Mise en œuvre des mécanismes de justice transitionnelle : Une alternative à la lutte contre l'impunité des crimes internationaux commis en RD Congo », *Recherches africaines : L'Afrique et son vécu*, n°36, Janvier-Mars 2014, pp.22-23 ; Voir également le Rapport du secrétaire général de l'ONU sur « le Rétablissement de l'État de droit et l'administration de la justice pendant la période de transition dans les sociétés en proie à un conflit ou sortant d'un conflit », S/2004/616 ; Voir enfin le Centre international pour la justice transitionnelle, *Le concept et les défis des réparations collectives*, Rapport de la Conférence de Rabat, Février 2009.

433 Cet Accord avait comme parrains la Belgique et les Etas Unis. Plusieurs autres pays et Organisations internationales y sont intervenus, entre autres la République Sud-africaine, la Lybie, l'ONU à travers le Conseil de sécurité, l'OUA, alors que les Congolais étaient mis à l'écart ; Voir WILLAME (J-C), *L'Accord de Lusaka : Chronique d'une négociation internationale*, Paris, L'Harmattan, 2002, pp.159 et S.

absence de qualité de signataires a été interprétée par eux comme une justification pour ne pas se sentir liés par son contenu. Une autre limitation de l'Accord de paix de Lusaka était le manque d'appropriation de son contenu par le peuple congolais concerné. Partant de l'insistance de l'Accord sur l'aspect diplomatique de la réconciliation nationale, les Congolais y ont vu plus une imposition extérieure qu'une initiative interne et nationale capable de restaurer les relations brisées afin de conduire à une paix durable en RDC[434]. M. Willy MOKA note avec pertinence qu'un des problèmes majeurs de l'Accord de paix de Lusaka était précisément l'influence extérieure au détriment de l'appropriation locale. Par conséquent, le manque de participation active des parties en conflit était devenu un obstacle à la mise en application de l'Accord. Or, dans tout processus de réconciliation, des groupes en conflit doivent être impliqués dans la conception et la mise en œuvre des stratégies. L'assistance internationale est à encourager, mais elle doit être limitée dans la mesure où plus les gens sont motivés, plus ils se sentent responsables de la réussite du processus[435]. C'est ce que le Dialogue intercongolais de Sun city avait tenté de faire. Ce dernier a conféré un statut identique à tous les participants, c'est-dire aux représentants du Gouvernement et des rébellions, mais aussi à ceux de l'opposition politique non armée et des Forces vives congolaises[436].

Le dialogue intercongolais de Sun city a abouti à la signature de l'Accord Global et inclusif sur la transition en RDC, à Pretoria le 17 décembre 2002. Aux termes de cet Accord, les parties congolaises s'étaient engagées notamment à identifier les auteurs des massacres, des crimes contre l'humanité et autres crimes de guerre (point 8.2.2.a) ainsi qu'à traduire les génocidaires et autres criminels de guerre devant le Tribunal pénal international (point

---

434 MOKA MUBELO (W), « L'utopie de la justice restauratrice : Le cas de la République démocratique du Congo », *Congo-Afrique*, n°522, Février 2018, p.117.

435 MOKA MUBELO (W), *Ibidem*, p.17.

436 DE VILLERS (G), *République démocratique du Congo : De la guerre aux élections. L'ascension de Joseph KABILA et la naissance de la troisième République (Janvier 2001-août 2008)*, Paris, L'Harmattan, 2009, pp.40-41.

8.2.2.b). La même idée avait été confirmée lors du Dialogue intercongolais qui avait précédé la conclusion de l'Accord global et inclusif. Les Résolutions n°20/DIC/AVRIL/2002 et 21/DIC/AVRIL 2002 plaidaient en faveur des poursuites judiciaires contre les auteurs de graves violations des droits de l'homme. Les délégués de différentes composantes et entités qui y ont pris part ont affirmé la nécessité de lutter contre l'impunité au travers deux textes : la Résolution n°05/DIC/CPR/2002 portant création d'un tribunal pénal international pour la RDC ainsi que le point III.8 de l'Accord Global et Inclusif qui prévoit une amnistie pour les faits de guerre, infractions politiques et infractions d'opinion, à l'exception des crimes contre l'humanité, des crimes de guerre et des crimes de génocide. Par ailleurs, le point V de l'Accord Global et Inclusif prévoit la création d'une Commission Vérité et réconciliation dont la mission est de rétablir la vérité, de promouvoir la paix, la justice, la réparation, le pardon et la réconciliation en vue de consolider l'unité nationale. Mais aucun de ces mécanismes n'a été un succès.

L'échec des mécanismes de justice transitionnelle

Les mécanismes de justice constitutionnelle en RDC ont connu un échec patent. Les raisons de cet échec tiennent en grande partie au fait que le conflit congolais a connu la participation de plusieurs acteurs et a concerné plus d'un pays. Par ailleurs, la justice transitionnelle a échoué en raison du refus des Congolais de se conformer à deux exigences importantes de la réconciliation sociale, à savoir le devoir de la mémoire et la reconnaissance publique et partagée des blessures passées. En effet, la découverte du passé peut conduire à une compréhension mutuelle et permettre à la communauté de se réconcilier avec sa mémoire blessée. En ce sens, « *les mécanismes de la justice transitionnelle sont bien des lieux de mémoires, et cela à deux niveaux : en tant que lieux de cristallisation de l'identité collective et en tant qu'arènes où se construit, se rationalise, se met en récit et s'officialise la mémoire nationale* »[437]. Cependant, dans le cas de la RDC, le devoir de la mémoire est délibérément ignoré et le droit de rappeler le passé est nié. En outre, la reconnaissance publique et partagée des blessures et des pertes subies est une exigence importante dans la justice transitionnelle. Ceux qui avaient commis des crimes contre les autres, soient-ils physiques, psychologiques ou moraux, doivent accepter la responsabilité de leurs actes et exprimer la contrition comme signe de leur engagement à construire un avenir partagée avec leurs victimes passées. Pourtant, le devoir de nommer le mal est complexe dans le cas de la RDC parce qu'il y a un refus délibéré, à plusieurs niveaux, de reconnaitre publiquement les violations des droits de l'homme[438].

Plus concrètement, l'examen général de trois mécanismes de justice transitionnelle retenus par l'Accord Global et Inclusif révèle un échec dans leur mise en œuvre. En effet, la Commission Vérité et Réconciliation (CVR), bien que créée, n'a pas fonctionné au sens du mandat et de la mission lui confiés. En RDC, la CVR a vu le jour en tant qu'institution d'appui à la démocratie[439]. La Loi n°04/018 du 30 juillet 2004 portant organisation, attributions et fonctionnement de la CVR précise que la CVR est un organisme de droit congolais et qu'elle a pour mission de consolider la paix et l'unité nationale grâce à une véritable réconciliation entre les Congolais. Les moyens de réaliser cette mission passent par le rétablissement de la vérité sur les violations massives des droits de l'homme et la promotion

---

437 BENGHELLAB (N), « Des mythes aux réalités de la justice transitionnelle », *Champ pénal*, Vol. XIII, n°31.

438 MOKA MUBELO (W), *op.cit.*, pp.125-129.

439 La Commission Vérité et Réconciliation était composée de 21 membres au total dont 8 constituant le Bureau de la CVR et 13 Commissaires. Elle était subdivisée en deux sous-commissions spéciales. L'une, chargée de la vérité, est composée de sections chargées respectivement des crimes politiques et des violations massives des droits de l'homme ; des crimes économiques, sociaux, environnementaux et des biens mal acquis ainsi que des violences faites aux femmes et aux enfants. L'autre, en charge de la réconciliation, est composée des sections chargées respectivement de la pacification et de la cohabitation interethnique ; de la réparation, de la réhabilitation, du pardon et de l'amnistie ; et de la prévention, la médiation des conflits et de l'éducation à la culture de la paix.

de la paix, de la justice, de la réparation et du pardon. Elle n'est pas une juridiction, mais plutôt une institution non juridictionnelle appelée à connaitre des violations massives des droits de l'homme perpétrées au cours de la période allant du 30 Juin 1960 à 2003. Autrement dit, il s'agit de faire en sorte que se réconcilient les auteurs et les victimes des crimes graves commis ou subis durant les innombrables guerres qui ont endeuillé le pays. Cette réconciliation, au-delà de la douleur engendrée par des atrocités inhumaines, est jugée nécessaire et indispensable pour amorcer une nouvelle ère d'harmonie, de paix et de justice. La Commission a donc reçu les rôles de créer un climat de paix et de confiance mutuelle, d'apaiser les esprits surchauffés et révoltés par des massacres gratuits et innombrables, de prévenir et gérer les conflits, d'entreprendre la guérison des traumatismes causés à des victimes violées, troublées dans leur vie psychique et matérielle par les spectacles atroces de parents et enfants assassinés ou de leurs maisons et biens cyniquement détruits[440]. Pour arriver à cette fin, il a été accordé à la CVR le pouvoir de recevoir des plaintes des victimes, de se saisir d'office, d'entendre toutes les victimes plaignantes, toutes les personnes citées comme auteurs des violations des droits de l'homme et aussi toutes les personnes appelées à témoigner.

Dans la pratique, ce mécanisme non juridictionnel de protection des droits de l'homme ne s'est pas montré efficace. En effet, la brièveté du temps imparti face à l'étendue chronologique énorme d'un nombre incommensurable de violations graves et systématiques des droits de l'homme a constitué un énorme défi, qui s'est révélé insurmontable à la Commission. Cette dernière n'a disposé ni des moyens humains ni des moyens matériels, encore moins ceux financiers pour pouvoir accomplir une tâche aussi complexe et immense que celle qui lui était confiée. En conséquence, la réalité sur terrain a dévoilé que la mise en œuvre de la CVR a simplement été un échec. La caution morale du Gouvernement lui a sérieusement fait défaut. L'inexécution quasi-totale du mandat de la CVR participe de l'absence de

---

[440] NGOMA BINDA (E), « Lutte contre l'impunité pour l'État de droit au-delà de la réconciliation », *Congo-Afrique*, n°399, Novembre 2005, pp.458-459.

synergie entre les besoins d'une renonciation nationale sincère et la détermination de mettre un terme définitif à l'impunité des crimes graves. Le manque de ressources humaines, matérielles et financières ainsi que l'absence de volonté politique claire semblent avoir été à la base de la faillite de cette institution[441]. Cela est justifié par le fait que la commission vérité et réconciliation avait puisé sa base dans un faux consensus politique : « *aucun des signataires de l'Accord n'avait l'intention de soutenir cette commission et (...) sur ce point comme sur beaucoup d'autres, leur accord à Sun City était purement cosmétique. De retour au pays, il était hors de question de conférer la moindre effectivité à cette commission qui n'avait été qu'un organisme virtuel dans ses résultats, mais qui était bien réel dans ses factures* »[442].

Par ailleurs, la CVR a fait preuve d'incapacité à interpeller et à entendre tous ceux qui avaient été cités comme témoins, victimes ou auteurs des violations des droits humains. Certes, la loi lui donnait le pouvoir d'exercer sa compétence à l'égard de tous les Congolais, y compris l'État lui-même ainsi que les personnes jouissant des privilèges de poursuite ou de juridiction (article 6 de la Loi organique). Cependant, le contexte politique congolais n'offrant pas de garantie suffisante de sécurité, les membres de la Commission se sont butés à des interférences dans leur travail au point de ne pas pouvoir travailler efficacement et avec autorité. Par conséquent, la CVR s'est retrouvée impuissante face à plusieurs cas de non-comparution. La conséquence principale est que « la réconciliation nationale à la congolaise » n'a pas abouti aux résultats escomptés. Elle n'a pas sérieusement pris en compte le volet « droit à la justice et à la réparation », valeur essentielle à l'instauration d'une paix durable et à la prévention de nouveaux crimes. La preuve en est qu'elle a favorisé la récidive des chefs de guerre dont l'activisme a ralenti le processus de consolidation de la paix, exacerbant par le fait

---

[441] MUKONGO NGAY (Z), « Congo-Kinshasa : La paix à l'épreuve d'une justice bègue et balbutiante », *Les Analyses Juridiques*, n°21, 2011, p.35.

[442] VIRCOULON (T), « *Réforme de la justice : Réalisations, limites et questionnements* », *op.cit.*, pp.97-98.

même, les tensions entre la paix et la justice[443]. Cette situation a été renforcée par l'octroi de l'amnistie aux seigneurs de guerre ainsi que le défaut de la création du tribunal pénal international pour la RDC.

Il est dans l'intérêt de la paix que de graves violations des droits humains ne tombent pas dans des oubliettes, que le devoir de mémoire soit honoré et qu'il y ait des formes de réparation pour les victimes. La réconciliation et le pardon supposent toujours la révélation de la vérité et la justice. Autrement, elles donneraient un blanc-seing à quiconque serait tenté de prendre les armes et massacrer les populations avec l'espoir d'être amnistié et récompensé pour ses crimes[444]. Toutefois, pour sceller la réconciliation, le point III alinéa 8 de l'Accord global et inclusif sur la transition en RDC en a disposé autrement : « *afin de réaliser la réconciliation nationale, l'amnistie sera accordée pour des faits de guerre, les infractions politiques et d'opinion, à l'exception des crimes de guerre, des crimes de génocide et des crimes contre l'humanité* », dit-il. En conséquence, sans une planification exhaustive de la lutte contre l'impunité dans sa globalité, le Parlement congolais a cru mieux faire en se servant de l'amnistie pour tourner complètement la page des guerres à répétition qui ont déchiré la RDC. Il a de ce fait, adopté une loi accordant une amnistie à tous les Congolais pour faits de guerre, infractions politiques et d'opinion, commis entre août 1996 et juin 2003. Un regard rétrospectif sur la mise en œuvre de cette loi d'amnistie révèle que celle-ci s'est appliquée à tous les criminels sans distinction, indépendamment de la nature des faits et actes dont ils se sont rendus coupables, y compris des faits constitutifs des crimes de guerre et crimes contre l'humanité. Une telle amnistie générale ne pouvait que desservir l'intérêt de la paix et susciter des tensions entre celle-ci et la justice.

Le législateur congolais a fait la part belle aux auteurs de crimes abominables ; pareille pratique encourage la société à l'impunité. Le sens de la justice réclame que des violations massives des droits de l'homme ne soient jamais impunis, surtout

---

[443] MUKONGO NGAY (Z), *op.cit.*, p.35.
[444] MUKONGO NGAY (Z), *Ibidem*, pp.35-36.

lorsqu'elles constituent des crimes internationaux, et affirme que l'impunité de tels actes est un obstacle de taille dans l'édification d'un État de droit. La jurisprudence internationale est en ce sens lorsqu'elle estime que l'amnistie des crimes internationaux est généralement contraire aux obligations des États de garantir le droit des victimes d'obtenir réparation et de voir les auteurs de ces violations être jugés[445]. Comme si cette loi d'amnistie était insuffisante, une autre loi a été votée par le parlement en date du 04 mai 2009 et couvre les faits insurrectionnels et les faits de guerre dans les provinces du Nord et du Sud-Kivu commises entre 2003 et 2009. Ceci constitue une preuve supplémentaire de l'encouragement implicite au recours à la force pour la conquête des postes politiques, et cette situation étouffe l'émergence de la culture démocratique.

Les participants au Dialogue intercongolais avaient levé l'option de la création d'un tribunal pénal international pour la RDC (TPI/RDC) comme troisième mécanisme de la justice transitionnelle applicable au pays. Ce tribunal, s'il avait vu le jour, se serait occupé de réprimer les crimes de guerre, les crimes de génocide, les crimes contre l'humanité, y compris le viol utilisé comme arme de guerre et les violations massives des droits de l'homme commis depuis le 30 juin 1960 et pendant les guerres meurtrières de 1996 à 2002, étant entendu que cette période échappe à la compétence *ratione temporis* de la Cour pénale internationale. En réalité, ce tribunal n'a jamais été créé en dépit de demandes répétées formulées par l'Expert indépendant sur la situation des droits de l'homme en RDC. Le Conseil de sécurité qui a la responsabilité de mettre sur pied ce type de juridictions, bien qu'activement saisi de la situation en RDC et des recommandations du Dialogue intercongolais, n'y a pas fait cas.

---

[445] Comité des droits de l'homme des Nations Unies, *Observation générale n°31 : La nature de l'obligation juridique générale imposée aux États parties aux Pacte*, Doc. ONU, 2004, §18-20 ; Comité contre la torture, *Observation générale n°2 : Application de l'article 2 par les États parties*, Doc. ONU, §5 ; CEDH, affaire SOARE et AA. C/Roumanie du 22 février 2011 ; CIADH, Affaire Barrios Altos C/Pérou (2001) ; Commission ADHP, Affaire Zimbabwe Human Rights NGO Forum C/Zimbabwe (2006) ; GRONDIN (O), « Les amnisties des crimes internationaux : Recherche sur l'état du droit », *Revue québécoise de droit international*, n°32, 2019, Vol.1, pp.18-23.

En conséquence, une masse de criminels responsables de graves violations des droits de l'homme est livrée à la paisible retraite dans une société qui veut se réconcilier avec elle-même !

Au vu des échecs constatés sur terrain dans la mise en œuvre des mécanismes tant juridictionnels que non-juridictionnels de protection des droits de l'homme, il nous semble opportun de formuler quelques recommandations en vue d'améliorer le système juridique congolais.

CHAPITRE II. ÉVALUATION DES PERSPECTIVES POUR UNE PROTECTION EFFICACE DES DROITS DE L'HOMME EN RÉPUBLIQUE DÉMOCRATIQUE DU CONGO

Les perspectives de réforme proposées dans le cadre de cet ouvrage s'articulent autour de deux idées maitresses. Elles tiennent d'abord à la création d'un cadre juridique adapté à une protection efficace des droits de l'homme (Section I). Ensuite, elles visent la réforme du système juridique congolais sous l'angle de la réparation au profit des victimes des violations des droits de l'homme (Section II).

SECTION I. LA CRÉATION D'UN CADRE JURIDIQUE ADAPTÉ À UNE PROTECTION EFFICACE DES DROITS DE L'HOMME

La protection des droits de l'homme en République démocratique du Congo souffre de la vétusté du cadre juridique qui la régit. Plusieurs textes de lois qui sont applicables dans le pays remontent soit à l'époque coloniale, soit à l'époque qui a suivi l'indépendance, période marquée par une dictature sanglante qui a mis en péril les droits et libertés des citoyens. Il en découle que la majorité de ces lois est liberticide et n'offre pas de garanties sérieuses de réparation aux victimes des violations de droits humains. De là découle la nécessité de reformer le cadre juridique qui définit la responsabilité de l'État en matière de réparation des violations des droits fondamentaux au travers d'une nouvelle loi d'indemnisation des victimes des violations des droits humains (I). De plus, cette Loi devra reconnaitre l'application en droit congolais des actions de groupe aux fins d'une efficace protection des droits des victimes (II).

I. Pour une nouvelle loi sur la réparation des victimes de violations des droits de l'homme

En droit congolais, la réparation des droits des victimes de violations des droits humains est assurée par le Code civil congolais, Livre III (CCC L3). Celui-ci a été mis en vigueur en vertu du Décret du 30 juillet 1888 promulgué par le Roi Léopold II de Belgique, ce décret étant lui-même une copie conforme du Code Napoléonien de 1804. Faute d'une loi d'indemnisation des victimes de violations des droits de l'homme, la pratique révèle que ce sont les articles 258-260 du CCC L3 qui constituent la base de toutes les réparations en droit congolais, qu'il s'agisse de la matière acquilienne, contractuelle, pénale, administrative ou celle des droits humains. Au vu de sa vétusté, le Code civil congolais n'est plus adapté aux différents instruments juridiques internationaux relatifs aux droits de l'homme dont la totalité lui est postérieure. Ainsi, a-t-il besoin de quelques réformes. La première réforme que nous envisageons est relative au fondement juridique de la responsabilité de l'État en matière de violations des droits humains. La seconde porte sur l'extension du droit de la réparation aux victimes indirectes des violations des droits de l'homme.

La réforme du fondement juridique de la responsabilité de l'État en matière de violation des droits humains : pour une responsabilité objective

Il arrive fréquemment que les victimes de violations des droits humains commises par les forces de l'ordre notamment les policiers et les militaires, introduisent des actions pénales contre ces derniers et sollicitent par la même occasion la condamnation de l'État congolais *in solidum* avec les prévenus. Dans pareille hypothèse, la responsabilité directe des auteurs des violations des droits humains est fondée sur les articles 258 et 259 du Code civil congolais livre III[446], tandis que la responsabilité de l'État en tant que civilement responsable est basée sur l'article 260 du même texte[447].

---

446 L'article 258 du CCC L3 dispose que « *Tout fait quelconque de l'homme, qui cause à autrui un dommage, oblige celui par la faute duquel il est arrivé à le réparer* ». À sa suite, l'article 259 est ainsi rédigé : « *Chacun est responsable du dommage qu'il a causé, non seulement par son fait, mais encore par sa négligence ou par son imprudence* ».

447 S'agissant de la responsabilité de l'État en tant que civilement responsable, il est couramment fait application de l'article 260 du CCC L3 dont la teneur suit : « *On est responsable non seulement du dommage que l'on cause par son propre fait, mais encore de celui qui est causé par le fait des personnes dont on doit répondre, ou des choses que l'on a sous sa garde. Le père, et la mère après le décès du mari, sont responsables du dommage causé par leurs enfants, habitant avec eux. Les maîtres et les commettants, du dommage causé par leurs*

Sur le plan strictement juridique, il sied de se demander si l'on peut valablement s'appuyer sur ces dispositions légales qui prévoient la responsabilité civile de droit commun pour condamner l'État en cas de commission des faits violant les normes des droits de l'homme des citoyens. La jurisprudence congolaise parait bien assise en la matière : elle part de la condamnation pénale des auteurs matériels pour établir la responsabilité civile de l'État congolais sur le fondement de l'article 260 du Code civil. Tout est parti d'un arrêt de principe de la Cour de cassation belge du 05 novembre 1920, laquelle était aussi, à l'époque, la Cour de cassation de la RDC. Cette dernière a estimé que l'État était soumis aux règles de droit civil et devait, comme tout commettant, répondre du fait de ses agents. Selon l'arrêt, pas plus que les particuliers, l'État n'a pas le pouvoir de léser les droits civils. S'il lèse ces droits, ses actes sont accomplis sans pouvoir, ils sont illégaux et constituent des fautes. La Cour a ainsi consacré l'application aux pouvoirs publics en Belgique comme au Congo, des articles 1382 et suivants du Code civil belge qui sont les équivalents des articles 258 et suivants du Code civil congolais. De ce fait, aux termes de cet arrêt et du principe qu'il dégage, les règles civilistes en matière de responsabilité doivent s'appliquer également à l'administration publique et à toute personne publique, y compris l'État. En conséquence, « *quelles que soient les personnes en cause, l'État ou les particuliers, la responsabilité est de même nature et doit être soumise aux mêmes règles ; l'administré ne doit pas se trouver désarmé devant une administration sans cesse grandissante et dont les agents ont les pouvoirs quasi-illimités. Si l'administration a le devoir d'accomplir une tâche d'intérêt général, elle ne peut le faire que dans le respect des droits des particuliers* »[448]. Dans le prolongement de cette doctrine, toutes

---

domestiques et préposés dans les fonctions auxquelles ils les ont employés. Les instituteurs et les artisans, du dommage causé par leurs élèves et apprentis pendant le temps qu'ils sont sous leur surveillance. La responsabilité ci-dessus a lieu, à moins que les père et mère, instituteurs et artisans ne prouvent qu'ils n'ont pu empêcher le fait qui donne lieu à cette responsabilité ».

448 KALONGO MBIKAYI, *Responsabilité civile et socialisation des risques en droit zaïrois*, Kinshasa, P.U.Z., 1974, p.158 ; dans le même sens NTABALA (K), « Responsabilité de l'administration publique des services publics

les juridictions congolaises qui condamnent les militaires et les policiers notamment pour violations flagrantes des droits humains, condamnent aussi l'État congolais en qualité de civilement responsable sur le fondement de l'article 260 du Code civil congolais.

Sans doute, écrit M. LAURENT, l'État a la mission de gérer les intérêts généraux, mais il doit le faire dans la limite de son pouvoir ; or, la loi au nom de laquelle il agit, ne lui donne pas le pouvoir de porter atteinte aux droits des particuliers. Il faut donc que l'État gère les intérêts sociaux de manière à ne pas léser les droits des individus, et s'il les lèse, il doit réparer le dommage qu'il cause car toute lésion d'un droit donne lieu à responsabilité, peu importe qui a lésé le droit[449]. Les personnes morales de droit public ont l'obligation générale de respecter les droits privés des particuliers dont l'exercice n'est pas incompatible avec l'exercice légal des actes de l'autorité publique.

L'analyse de la jurisprudence congolaise permet de dégager les principes suivants : le recours en indemnisation sur base du droit commun (article 260) implique dans le chef de l'administration une faute, un dommage et le lien de causalité entre la faute et le dommage[450]. Or, l'administration n'étant pas une personne physique, elle ne peut agir que par l'intermédiaire de ses agents qui sont soit ses organes, soit ses préposés. Les organes sont les personnes physiques qui exercent à des titres divers les pouvoirs administratifs qu'ils tiennent de la loi ou qui leur sont délégués. L'idée dominante est que l'agent est un organe lorsqu'il exerce des fonctions dans lesquelles il représente la puissance publique qu'il engage par des actes juridiques qu'il accomplit. En revanche, est un préposé de la puissance publique,

---

décentralisés du fait des actes de leurs préposés ou organes », *Revue juridique du Zaïre*, Janvier-Août 1976, p.15.

[449] LAURENT (F), *Principes de droit civil, Tome XX*, 1878, n°419, repris par RAE (M), *Droit civil : Des engagements qui se forment sans convention*, Lubumbashi, SEJK, 1967, n°231, pp.159-160.

[450] Pour une approche détaillée de la jurisprudence congolaise sur cette question, lire utilement MBOKANI (J), *La jurisprudence congolaise en matière de crimes de droit international : Une analyse des décisions des juridictions congolaises en application du statut de Rome*, New York, African Minds, 2016, pp.377-395.

l'agent qui n'exerce pas un pouvoir administratif, qui n'accomplit que des faits matériels de nature à entrainer des conséquences juridiques mais sans entrer dans les fonctions essentielles de l'autorité publique[451]. Le fait de l'organe, qui est le fait de l'État parce que, dit-on, l'individualité de l'agent-organe est absorbée par la puissance publique, engage la responsabilité directe de la RDC sur base des articles 258 et 259 du Code civil congolais, Livre III. En revanche, lorsque l'agent est un préposé, son fait est de nature à engager la responsabilité indirecte de la puissance publique sur base de l'article 260 du Code civil congolais Livre III.

Pour notre part, il parait juridiquement insoutenable de fonder la responsabilité de l'État sur l'article 260 du Code civil. En effet, cette disposition légale qui consacre la responsabilité indirecte, c'est-à-dire l'obligation pour une personne de réparer le dommage causé par la faute d'autrui, par le fait des choses ou par le faits des animaux, énumère les personnes suivantes : les père et mère, les instituteurs et les artisans, les maitres et les commettants, les personnes qui ont la garde d'une chose, le propriétaire d'un animal ou celui qui s'en sert, le propriétaire d'un bâtiment. Nulle part, la loi ne fait allusion à l'État comme civilement responsable. Les cas de responsabilité indirecte étant exorbitants du droit commun que constituent les articles 258 et 259 du Code civil, leur énumération est donc strictement limitative. C'est donc à tort que les juridictions tentent d'assimiler l'État à un commettant car, en raison même de la nature spéciale des droits et obligations de l'administration publique, il saute aux yeux que son activité n'est pas comparable à celle d'une personne privée, que le droit qu'a un individu à l'égard d'un particulier n'a pas la même portée quand il invoque ce droit à l'encontre de la puissance publique. En fait, la responsabilité de la puissance publique peut varier suivant les devoirs des divers services ; il est souvent malaisé de déterminer si le particulier lésé avait un droit civil à l'égard de l'administration et si, dans ce cas, le pouvoir public pouvait ou non le transgresser sans commettre une faute acquilienne. La

[451] RAE (M), *op.cit.*, pp.168-173.

notion de faute consacrée par le droit civil est peu conciliable avec les actes de la puissance publique. Faute d'autre solution dans l'état actuel du droit positif congolais, le principe de non-application des règles du droit civil aboutit inévitablement à l'irresponsabilité de l'administration. Il apparait clairement que l'application des règles spéciales à la responsabilité des pouvoirs publics permettrait aisément de concilier les droits de l'État avec ceux des particuliers.

Pour pallier l'irresponsabilité de la puissance publique, il est urgent de codifier un droit propre de la responsabilité administrative. Voilà pourquoi il nous semble opportun d'édicter une nouvelle loi d'indemnisation, en y prévoyant la responsabilité civile *objective* et *de plein droit* de l'État en matière de violation des droits humains par les forces de l'ordre ou les agents et organes administratifs : il s'agit, au travers de cette réforme, d'intégrer l'aspect relatif aux droits de la personne dans la responsabilité de l'État. De la sorte, le droit congolais s'adapterait au droit international où le droit des victimes des violations des droits de l'homme de demander réparation à l'État est un droit consacré indépendamment de la faute de l'État ou à tout le moins cette faute est irréfragablement présumée. Pour que cette faute se forme, il ne serait pas nécessaire que l'État soit en faute. Il suffirait de relever une mauvaise tenue générale du service public dans son ensemble, d'établir sa mauvaise organisation ou son fonctionnement défectueux ; ces dernières notions étant elles-mêmes appréciées objectivement par référence à ce que l'on doit attendre d'un service public moderne et de son fonctionnement normal. Bénéficiaire de l'activité accomplie pour son compte par ses agents, il n'est que logique et de principe d'équité élémentaire que l'administration publique soit appelée à réparer le mal résultant du service dont elle tire profit[452]. La nouvelle loi ainsi projetée doit faire obligation à

---

452 KALONGO MBIKAYI, *op.cit.*, p.157. Léon DUGUIT, pour sa part, lorsqu'il s'est interrogé sur les transformations de la responsabilité administrative, a mis en exergue la sûreté de l'individu comme idée marquante de l'extension de la responsabilité de l'État. Il entendait par là que des garanties étaient désormais prévues au profit des individus contre l'arbitraire de l'État, au nombre desquelles la responsabilité de l'État était « la meilleure

l'État de réparer tout dommage causé à ses administrés, comme un véritable assureur d'autant plus qu'ayant reçu une prime constituée par une partie des impôts versés directement ou indirectement par les citoyens, il doit assurer ces derniers contre les dommages provenant de l'activité étatique. Ce faisant, la nouvelle loi organiserait efficacement la garantie des droits des citoyens contre l'État, dans la mesure où la sécurité des individus est la raison même de la vie juridique des peuples et de l'organisation des sociétés. Il importe beaucoup que l'État y veille constamment en répondant de dommages causés par ses agents dans l'exercice de leurs fonctions, non parce qu'il a pu commettre quelque faute ou créer un risque, mais parce qu'il a l'obligation de garantir la sécurité des individus contre les actes dommageables de ceux qui exercent une activité en son nom et pour son compte. En définitive, la réforme ainsi projetée ferait reposer la responsabilité de l'État sur sa défaillance dans sa mission de protection des droits et libertés fondamentaux des citoyens.

Cette réforme projetée est en parfaite harmonie avec le droit international des droits de l'homme. Ce dernier consacre le droit de la responsabilité de l'État et consolide le fondement juridique du droit à réparation des victimes. En effet, l'article 1er commun aux quatre Conventions de Genève de 1949 prévoit une obligation à charge des États de « respecter et de faire respecter » les règles du droit international humanitaire. Cet article pose le fondement d'après lequel l'omission par l'État de prendre des mesures positives pour prévenir les violations massives des

---

sauvegarde » de cette sûreté. Pour lui, l'État étant l'ensemble des services publics fonctionnant sous l'impulsion et le contrôle des gouvernants dans « l'intérêt collectif », « si l'exécution d'un de ces services occasionne un préjudice spécial à un particulier, la caisse collective doit supporter la réparation du dommage » ; DUGUIT (L), *Les transformations du droit public*, Paris, Armand Colin, 1999 (1913), pp.223-255 ; DEGUERGUE (M), « Regard sur les transformations de la responsabilité administrative », *Revue française d'administration publique*, n°147, 2013, Vol.3, p.576 ; HAURIOU (M), « La consécration de la responsabilité de l'administration dans les services de la police », Note sous Conseil d'Etat, Section, 10 février 1905, Tomaso Greco, requête numéro 10365 et Conseil d'Etat, 17 février 1905, Auxerre, S. 1905.3.113, *Revue générale du droit on line,* 2013, n°11579.

droits humains engage sa responsabilité. La même obligation de respecter et garantir aux individus la jouissance paisible de leurs droits fondamentaux est également consacrée à l'article 2 du Pacte international relatif aux droits civils et politiques. Il s'en infère que lorsque les individus ou les bandes criminelles commettent des actes constitutifs de violations des droits de la personne, même s'il y a absence d'implication directe de l'État, le droit international admet que l'obligation de l'État n'est pas limitée au respect de ces droits et à l'abstention de commettre des violations. Il doit également garantir le respect des droits de l'homme par tous. Cette obligation découle du devoir de protection des personnes placées sous la juridiction de l'État et ce dernier l'assumera principalement en assurant la garantie du respect des droits de l'homme entre particuliers. Dès lors, l'État est coupable s'il ne prévient pas, juridiquement ou matériellement, la violation des droits par les particuliers ou, à tout le moins, s'il ne sanctionne pas les auteurs de la violation[453]. La Cour européenne des droits de l'homme a jugé que la responsabilité de l'État peut être engagée non seulement du fait de son ingérence « active » dans un droit, mais également, par le jeu de la théorie des « obligations positives », du fait de son ingérence « passive » en raison de non-adoption des mesures positives que l'application concrète du droit réclamait. Cette dernière hypothèse recouvre deux modalités : soit l'abstention de l'État entraine en soi une atteinte au droit garanti, soit elle permet aux tiers de s'immiscer dans le droit garanti[454]. Pour la Cour interaméricaine des droits de l'homme, la pleine effectivité des

---

453 AKANDJI AKOMBE (J-F), *Les obligations positives en vertu de la Convention européenne des droits de l'homme : Un guide pour la mise en œuvre de la Convention européenne des droits de l'homme*, coll. Précis sur les droits de l'homme, n°7, Strabourg, Conseil de l'Europe, 2006, pp.14-15 ; ZEROUKI COTTIN (D), « L'obligation d'incriminer imposée par le juge européen, ou la perte du droit de ne pas punir », *Revue de science criminelle et de droit pénal comparé*, n°3, 2011, Vol.3, pp.581-582.

454 SUDRE (F), MARGUENAUD (J-P), ANDRIANTSIMBAZOVINA (J), GOUTTENOIRE (A) et LEVINET (M), *Les grands arrêts de la Cour européenne des droits de l'homme*, Paris, PUF, 2003, p.21 ; NIGEL RODLEY (S), « Article 2 : Engagement des États parties », *in* DECAUX (E), *Le Pacte international relatif aux droits civils et politiques : Commentaire article par article, op.cit.*, pp.120-124.

droits de l'homme implique également des obligations positives de protection, y compris dans les rapports entre particuliers. Ainsi, les États doivent mettre en place des structures capables de garantir juridiquement l'exercice des droits de l'homme. De cette obligation découle le devoir de l'État de prévenir, enquêter et punir toute violation des droits de l'homme. À travers sa jurisprudence pionnière, la Cour de San José a contribué au mouvement de renforcement des obligations positives de l'État en matière pénale[455].

L'idée de la responsabilité objective et de plein droit de l'État est également justifiée au regard de la recrudescence de la criminalité que l'État congolais n'arrive pas à endiguer. La multiplication des infractions et l'absence d'indemnisation des victimes créent un sentiment d'insécurité dans la population, et un mécontentement général par rapport à l'institution de la justice. La commission d'une violation des droits de l'homme par un agent de l'État ou un membre des forces de l'ordre démontre la carence de l'État dans la mission de protection des biens et des personnes qui lui incombe et engage, en conséquence, sa responsabilité. L'indemnisation des victimes devrait incomber à l'État qui a failli à sa mission, et n'a pu empêcher la violation d'un droit fondamental[456]. En ce sens, le droit à l'indemnisation des victimes s'apparente « *à une sorte de prestation sociale de garantie, assurée par l'État envers et contre tous, dans un souci d'assurance objective de tous risques sociaux* »[457]. Cela est d'autant plus justifié que l'exigence de sécurité engendre la conviction que tout risque doit être couvert, que la réparation de tout dommage doit être rapide et intégrale et que « *la société doit, à cet effet, pourvoir, non seulement à une indemnisation des dommages qu'elle a elle-même provoqués, mais encore de ceux*

---

455 MARTIN CHENUT (K), « Le renforcement des obligations positives de nature pénale dans la jurisprudence interaméricaine : L'exemple de graves violations des droits de l'homme commises pendant les dictatures des pays du Cône sud », *Revue de science criminelle et de droit pénal comparé*, n°3, 2012, Vol.3, pp.705-706.

456 MBARGA (A), *L'indemnisation publique des victimes d'infractions : L'indemnisation par le fonds de garantie*, Paris, L'Harmattan, 2000, p.11.

457 GUENAIRE (M), « Le régime juridique de la responsabilité administrative du fait des actes de violence », *AJDA*, 1987, p.242.

qu'elle n'a pas été en mesure d'empêcher, ou dont elle n'a pas su prévoir l'occurrence »[458].

Il est fort heureux de constater qu'en attendant la réforme, certaines juridictions militaires ont fait preuve d'audace en faisant évoluer le droit congolais, dans le silence du législateur. Elles ont retenu la responsabilité de l'État en cas de défaillance de ce dernier dans l'accomplissement de sa mission régalienne de sécurisation de la population. Ainsi, la Haute Cour militaire a condamné l'État congolais en qualité de civilement responsable en se basant sur la théorie de la responsabilité de l'administration publique sur le fondement de sa mission d'assurer la sécurité des personnes et de leurs biens. La Cour argue qu'étant donné que les militaires étaient impliqués dans l'assassinat de M. Steve, l'État congolais a manqué à sa mission de sécurisation des particuliers et par conséquent à sa mission de puissance publique[459]. Dans la même visée, la Cour militaire de Lubumbashi a condamné l'État congolais dans une affaire des meurtres commis par les milices de M. Gédéon KYUNGU. La Cour motive son arrêt par le fait que les armes étant une propriété exclusive de l'État congolais dans la mesure où le port d'armes de guerre est réglementé de manière très stricte sur le territoire national, l'État est responsable des assassinats commis par les milices et autres groupes armés moyennant des armes détenues illicitement. La responsabilité de l'État a ainsi été établie nonobstant le fait que ces armes ont été retirées de la garde de l'État congolais par les attaques de ses installations par les insurgés. Pour la Cour, « *l'État congolais ne peut s'exonérer de sa responsabilité née de la Constitution et des traités internationaux auxquels il a adhéré et qu'il a ratifiés, même en cas d'abus commis à l'aide de ses armes de guerre par les civils* » [460]. Pour asseoir sa théorie, l'arrêt Gédéon cite et se rallie à l'enseignement doctrinal d'après lequel « *le respect dû aux*

---

[458] Conseil d'Etat, *Responsabilité et socialisation du risque*, Paris, La Documentation française, 2005, p.205.

[459] Haute Cour militaire, Arrêt rendu dans l'affaire RP n°001/2004, *Bulletin des arrêts de la Haute Cour militaire*, Kinshasa, 2005, pp.174-176.

[460] Cour Militaire du Katanga, Arrêt Gédéon KYUNGU MUTANGA, 6 mars 2009, *Bulletin des arrêts de la Haute Cour militaire, op.cit.*, pp.368-369.

victimes des crimes commis à leur dépens requiert de la part de l'État, en application des règles conventionnelles et des coutumes internationales, l'obligation de leur fournir une instance devant laquelle celles-ci sont en droit d'obtenir une juste et équitable réparation selon l'ampleur des violations commises. La particularité que représente les crimes de masse impose l'intervention directe de l'État dans le processus de réparation quel que soit l'auteur des violences, car la responsabilité de l'État est présumée lorsque les violations graves des droits de l'homme et du droit humanitaire se font à grande échelle »[461].

Le Tribunal militaire de garnison de Bukavu a emboité les pas à la Haute Cour militaire et à la Cour militaire du Katanga. En effet, après avoir reproduit l'article 52 de la Constitution aux termes duquel « *tous les Congolais ont droit à la paix et à la sécurité tant sur le plan national qu'international* », il en tire le devoir de l'État d'assurer à son peuple et à ses biens la paix et la sécurité sur l'ensemble du territoire national et d'éradiquer tout acte de nature insurrectionnelle. Le tribunal a reproché à l'État d'avoir abandonné les paysans entre les mains de leurs assaillants (les milices rebelles) qui les ont assujettis, alors qu'il aurait dû et devrait constamment veiller sur eux. Il en conclut qu'en ayant perdu tout moyen de contrôle face aux agissements criminels et nuisibles de groupes rebelles, l'État a manqué à sa mission de puissance publique, autrement dit à son devoir prétorien de sécurisation nationale et, en conséquence, doit être tenu civilement responsable des dommages causés aux civils par ce groupe armé[462]. Allant plus loin, la Cour militaire de Bukavu

---

461 VAN BOVEN et BASSIOUNI (M-C), *Ensemble révisé des violations flagrantes des droits de l'homme et du droit humanitaire*, Rapport présenté et adopté par le Conseil Economique et Social à Genève le 13 avril 2005, cité par la Cour militaire du Katanga dans *l'arrêt Gédéon* précité.

462 Tribunal Militaire de Garnison de Bukavu, RP.400 du 12 août 2011, Ministère public et Parties civiles C/ MANIRAGUHA et SIBOMANA. Cette position jurisprudentielle a été réitérée par le même tribunal dans l'affaire RP. n°1448/19 du 12 novembre 2019, Ministère public et Parties civiles C/ MASUDI ALIMASI Fréderic Alias KOKO-DI-KOKO et Consorts. Elle a également été reprise par le Tribunal militaire de l'Ituri dans l'affaire Ministère public et Parties civiles C/ MORGAN et Consorts ; Voir MAHESHE MUSOLE

retient la responsabilité civile de la RDC en se fondant sur l'obligation de respecter et garantir les droits de l'homme sur l'ensemble du territoire. Selon la Cour, l'implication des militaires dans la perpétration des crimes contre l'humanité suffit pour engager la responsabilité de la RDC résultant de son obligation de respecter et garantir les droits de l'homme sur l'ensemble de territoire[463].

Cette jurisprudence des juridictions militaires traduit une audace des juges dans l'évolution du droit congolais. Il est difficile de trouver quelque chose à redire à ces décisions pleines de bon sens. En effet, il est unanimement admis en droit international que l'État a l'obligation d'adopter des mesures de prévention des atteintes causées par des personnes privées et ce, dans une recherche d'effectivité horizontale indirecte. Il s'agit de faire en sorte que l'effet concret des droits protégés ne soit pas balayé par des agissements non imputables aux États soumis aux obligations de protection effective, lesquels ont tout de même la charge d'assurer l'ordre sur leur territoire[464]. Au demeurant, cette jurisprudence des juridictions militaires est en parfaite harmonie avec les Constatations de la Commission africaine des droits de l'homme et des peuples. Cette dernière a condamné la RDC pour violation de la responsabilité de protéger, en raison de sa défaillance de protéger la victime contre les violences basées sur le genre et les stéréotypes ancrés dans la société ; la responsabilité de l'État congolais a été retenue quand bien même le viol n'avait pas été perpétré par les autorités publiques, mais plutôt par des tiers. Pour la Commission, la responsabilité de protéger et le devoir d'enquêter incombant à l'État commandent extrême célérité et urgence, l'État défendeur ne pouvant justifier

---

(T), « La prise en compte de l'obligation de protéger dans la répression du viol par le juge militaire, note sous tribunal militaire de garnison de Bukavu, RP n° 1448/19, 12 novembre 2019, Ministère public et Parties civiles C/ MASUDI ALIMASI Fréderic Alias KOKO-DI-KOKO et Consorts », *Cahiers du CERDHO*, Janvier 2021, pp.11-18.

[463] Cour militaire de Bukavu, RP 083 du 15 décembre 2014, Ministère Public et (307) Parties Civiles C/ Bedi MOBULI ENGANGELA Alias « Colonel 106 ».

[464] RASPAIL (H), *op.cit.*, pp.128-129 ; SUDRE (F), *Droit européen et international des droits de l'homme*, 10ème éd., Paris, PUF, 2011, pp.262-265.

son inaction par des facteurs tels que la gravité ou la complexité des crimes allégués, l'encombrement du rôle de la juridiction de jugement ou la situation politique nationale. Aussi, conclue-t-elle « *qu'aux termes de la Charte, les États sont astreints non seulement à l'obligation de respecter les droits de leurs citoyens mais également de les protéger contre la violation par des tiers...L'État a l'obligation de protéger personnellement et individuellement chaque citoyen* »[465]. Dans bien d'autres décisions, la Commission africaine fait l'œuvre pédagogique en rappelant que la nature des obligations auxquelles sont astreintes les États aux termes de la Charte est non seulement de respecter les droits mais également de garantir leur protection, leur réalisation et leur promotion. L'obligation de respecter impose à l'État de s'abstenir de participer directement à la commission des violations alors que celle de protéger requiert une intervention en vue d'empêcher les tiers d'enfreindre ces droits. Quant aux obligations de réaliser et de promouvoir, elles appellent la mise en place de toutes les mesures nécessaires en vue de la jouissance tangible des garanties prévues par la loi[466].

Nous en appelons ainsi au législateur de consacrer officiellement la réforme projetée pour permettre à toutes les juridictions de statuer en ce sens. Non seulement la réforme souhaitée doit retenir la responsabilité objective de l'État, elle doit, en outre, étendre le droit à la réparation aux victimes indirectes.

---

[465] Commission africaine des droits de l'homme et des peuples, Communication n°325/06 du 14 novembre 2015, Organisation Mondiale Contre la Torture et Ligue de la Zone Afrique pour la Défense des Droits des Enfants et Élèves (pour le compte de Céline) C/ République démocratique du Congo, §59 ; Dans le même sens Commission africaine des droits de l'homme et des peuples, Communication n°341/2007 du 10 novembre 2015, Equality Now and Ethiopian Women Lawyers Association (EWLA) C/ République fédérale d'Ethiopie.

[466] Commission africaine des droits de l'homme et des peuples, Communication n°389/10 du 06 mai 2015, Geneviève MBIANKEU C/ Cameroun, §114 ; Commission africaine des droits de l'homme et des peuples, Communication n°155/96, Social and Economic Rights Action Center (SERAC) and Center for Economic and Social Rights (CESR) C/ Nigeria, §44-47.

L'extension du droit à réparation aux victimes indirectes de violations des droits de l'homme

Le droit positif congolais cantonne la qualité du demandeur à l'action en réparation à la seule victime directe, c'est-à-dire à la seule personne qui a souffert des effets directs de la violation, excluant de ce fait les victimes indirectes telles que les parents et les personnes à charge de la victime directe. Pourtant, en raison de la souffrance éprouvée à cause de leur relation avec la victime directe, les victimes indirectes mériteraient une attention un peu plus étendue au regard de la douleur morale ou matérielle qu'ils subissent. La position actuelle du droit congolais consistant à ne reconnaitre le droit à la réparation qu'aux victimes directes est en opposition avec le droit international où les victimes indirectes sont également protégées et ont droit à la réparation.

Un certain nombre de Conventions internationales consacrent le principe du droit à réparation en faveur des victimes indirectes. Pour illustration, l'article 4 de la Convention contre la torture et autres peines ou traitements cruels, inhumains ou dégradants oblige les États, en son alinéa 1er, à garantir à la victime d'un acte de torture, « *le droit d'obtenir réparation et d'être indemnisée équitablement et de manière adéquate (...). En cas de mort de la victime résultant d'un acte de torture, les ayants cause de celle-ci ont droit à indemnisation* »[467]. Le droit à réparation est également reconnu aux victimes indirectes par les « Principes relatifs à la prévention efficace des exécutions extrajudiciaires, arbitraires et sommaires et aux moyens d'enquêter efficacement sur ces exécutions » qui énoncent, en leur 20ème Principe, que « *les familles et les ayants droit des victimes d'exécutions extrajudiciaires, arbitraires ou sommaires auront droit à recevoir une indemnisation équitable dans un délai raisonnable* ». Le 8ème Principe de la « Déclaration des Principes fondamentaux de justice relatifs aux victimes de la criminalité et aux victimes d'abus de pouvoir » va dans le même sens et dispose que « *les auteurs d'actes criminels ou les tiers*

---

[467] Article 4 de la Convention contre la torture et autres peines ou traitements cruels, inhumains ou dégradants.

responsables de leur comportement doivent, en tant que besoin, réparer équitablement le préjudice causé aux victimes, à leur famille, ou aux personnes à leur charge »[468]. Enfin, le Statut de Rome de la CPI va dans le même sens et énonce, à l'article 75 que « *la Cour peut rendre contre une personne condamnée une ordonnance indiquant la réparation qu'il convient d'accorder aux victimes ou à leurs ayants droit* ».

Faisant application de ces instruments juridiques internationaux, le Comité des droits de l'homme a reconnu qu'outre l'indemnisation de la victime qui a subi de mauvais traitements, les membres de sa famille doivent également être indemnisés dans leur propre droit pour l'angoisse subie. Pour le Comité, « *le préjudice comprend la douleur et l'angoisse causées à la mère par la disparition de sa fille et par les incertitudes qui demeurent quant à son sort et au lieu où elle se trouve. L'auteur a le droit de savoir ce qu'il est advenu de sa fille. De ce point de vue, la mère est également victime des violations du Pacte dont sa fille fait l'objet* »[469]. L'Observation générale n°3 du Comité des droits de l'homme souligne que les personnes ayant droit à réparation comprennent également les personnes à charge de la victime. Cette prise en compte des personnes à charge est basée sur la notion de « perte économique » de ces personnes comme conséquence directe de la violation commise contre la victime. Cette reconnaissance est également fondée sur l'idée que la violation commise contre la victime directe a donné lieu à une certaine forme de *préjudice à autrui*. Une approche holistique de la réparation vise à faire en sorte que ceux qui ont subi un préjudice du fait d'une violation prenne donc en compte la réparation due aux personnes à charge[470]. La Cour européenne des droits de l'homme estime que les proches d'une personne

---

468 Voir le 8ème Principe de la *Déclaration des Principes fondamentaux de justice relatifs aux victimes de la criminalité et aux victimes d'abus de pouvoir* du 29 novembre 1985.

469 Comité des droits de l'homme, Communication n°107/1981, María Del Carmen Almeida de Quinteros et Al. C/ Uruguay, Doc de l'ONU. CCPR/C/OP/2 à 138 (1990), §40.

470 KANDOLO ON'UFUKU WA KANDOLO (P-F), *Droit des réparations, Volume 1 : Droit général, droits de la personne et droit international humanitaire*, Paris, Edilivre, 2020, p.188.

disparue peuvent être eux-mêmes victimes de torture et de traitement inhumain ou dégradant interdits par l'article 3 de la Convention européenne des droits de l'homme, si leur souffrance se distingue de la détresse affective inévitablement causée au proche d'une victime de graves violations des droits de l'homme. Pour évaluer le préjudice causé au proche, la Cour a tenu compte de facteurs tels que l'importance du lien familial, les circonstances particulières de la relation, la mesure dans laquelle le membre de la famille a été témoin des événements survenus, la participation des proches aux tentatives d'obtenir des renseignements sur la personne disparue et la manière dont les autorités ont réagi à ces recherches[471]. Dans le même élan, la Commission africaine des droits de l'homme et des peuples a accordé une indemnisation aux veuves des victimes d'exécutions extrajudiciaires, justifiant sa décision par le fait que ces victimes indirectes avaient une relation proche des victimes directes[472]. La Cour interaméricaine des droits de l'homme a fait des pas de géant en la matière. D'abord elle pose le principe de l'inopportunité de rapporter la preuve du préjudice subi par les plus proches parents (père et mère, frères et sœurs, conjoint et enfants) de la victime directe ; ce préjudice étant présumé à la lumière de graves répercussions sur le bien-être mental et émotionnel des proches des victimes, il appartient à l'État de rapporter la preuve contraire. Ensuite, la Cour estime que les personnes pouvant rentrer dans la catégorie de victimes indirectes indemnisables ne se limitent pas seulement aux proches parents, mais comprennent également les personnes qui sont déterminées par la Cour sur la base des caractéristiques de l'affaire et l'existence d'une relation spéciale entre les proches et

---

[471] CEDH, *Affaire Kurt C/ Turquie*, Arrêt du 25 mai 1998, *Recueil* 1998-III, § 174, repris par COMMISSION INTERNATIONALE DE JURISTES, *Le droit à un recours et à obtenir réparation en cas de violations graves des droits de l'homme*, Guide pratique, n°2, Genève, 2006, p.38.

[472] Commission africaine des droits de l'homme et des peuples, *Affaire Malawi African Association et Al. C/ Mauritanie*, Communications 54/91, 61/91, 98/93, 164/97, 196/97, 210/98 (27ème session ordinaire, mai 2000), Recommandations, *in* COMMISSION INTERNATIONALE DE JURISTES, *op.cit.*, p.39.

la victime des faits de la cause. Aussi, a-t-elle retenu les grands-parents directs ainsi que les cousins[473].

En application de cette multitude d'instruments juridiques internationaux et de la jurisprudence internationale bien assise, nous estimons utile que dans la Loi d'indemnisation dont nous avons ci-haut appelé l'existence de tous nos vœux, il soit reconnu aux victimes indirectes le droit de réparation du préjudice par eux subis à la suite de la violation des droits fondamentaux d'un des leurs. Nous estimons qu'il y va de l'intérêt de l'État congolais de ne pas se cantonner à la notion de « victime individuelle » ni celle de « recours individuel » qui en découle, mais d'intégrer plutôt dans l'arsenal juridique les notions de « victimes collectives », « réparations collectives » et « recours collectifs » afin de reconnaitre aux victimes indirectes le droit à la réparation. Dans cette lancée et pour rendre efficace la protection des droits humains, une *action de groupe* serait la bienvenue dans ce pays où les violations des droits de l'homme prennent souvent les allures massives et collectives.

II. Pour une admission des actions de groupe en droit judiciaire congolais

Les actions de groupe permettent aux victimes des violations massives des droits de l'homme d'unir en commun leurs énergies aux fins d'une action visant un objectif plus ou moins commun. Il s'agit spécifiquement de l'action en représentation et de l'action collective.

---

[473] CIADH, Affaire Massacre de Mapiripán C/ Colombie, Arrêt (Fond, réparations et dépens), 15 septembre 2005, §146, §264 ; Affaire des Enfants de la rue, §80-85 ; Myrna Mack C/ Guatemala, §242-244 ; CIADH, Aloeboetoe C/ Suriname, Arrêt (réparations et dépens), 10 septembre 1993, §76 ; CIADH, Loayza Tamayo C/ Pérou (Réparations et dépens) 27 novembre 1998, §140 ; CIADH, Gonzalez Medina et autres C/République dominicaine, §270.

L'action en représentation : une intégration du corps social à la justice réparatrice

L'action en représentation est *« une procédure judiciaire représentative, qui peut se caractériser par la représentation en justice d'un groupe de personnes, par une association, un organisme ou une fondation, habilité par les pouvoirs publics pour agir en défense des intérêts personnels des personnes représentées »*[474]. En l'état actuel du droit positif, les juridictions congolaises, qui tiennent pour acquis le principe d'après lequel *Nul ne plaide par procureur*, n'acceptent pas encore la participation des Associations des droits de l'homme, comme parties ou intervenantes au cours d'un procès de violations des droits de la personne ou du droit international humanitaire. Ces associations viennent à l'audience comme tout spectateur ou tout observateur intéressé par l'affaire ; l'argument de base serait le manque de qualité et d'intérêt à agir dans le chef de ces associations. Il s'agit là d'un paradoxe qui interpelle les juridictions nationales pour l'évolution du droit interne et l'adaptation de celui-ci aux instruments juridiques internationaux et à la jurisprudence internationale et régionale[475]. En effet, la Cour pénale internationale admet la représentation des victimes par des associations et organisations de défense des droits de l'homme et ces dernières participent au procès au même titre que le coupable. Cette reconnaissance du droit de participation au procès des personnes morales pour le compte des victimes a été mise en lumière à l'occasion du procès *Procureur c. Thomas LUBANGA*. Agissant comme parties pour soutenir la cause des victimes et éclairer la justice, des associations, des organisations

---

[474] LECLERC (M), *Les class actions, du droit américain au droit européen : Propos illustrés au regard du droit de la concurrence*, Bruxelles, Larcier, 2012, p.28, cité par KANDOLO ON'UFUKU WA KANDOLO, (P-F), *Droit des réparations, Vol.2 : Mécanismes pour l'accès des victimes à la justice*, Paris, Edilivre, 2020, p.334.

[475] KANDOLO ON'UFUKU WA KANDOLO, (P-F), « Les réparations collectives pour violation des droits de l'homme et du droit humanitaire d'après la Cour pénale internationale : Analyse de la décision rendue dans l'affaire Procureur contre Thomas LUBANGA DYILO », *Les Analyses juridiques*, n°33, Décembre 2015, p.31.

ou des personnes abstraites ont été acceptées à prendre la parole et à déposer leurs mémoires pour soutenir les actions des victimes.

Dans une plus grande intention de protection des droits humains, il serait mieux de légaliser les actions du groupe, en permettant à plusieurs personnes victimes des mêmes violations des droits, de se regrouper en vue d'intenter une action en réparation devant la juridiction compétente et ce, en étant représentées par une ou plusieurs associations à même de défendre leurs droits respectifs. Il faut noter qu'en fonction de la nature de la violation, des circonstances dans lesquelles elle a eu lieu et des préjudices subis, la victime aura parfois besoin qu'on agisse pour elle dans la résolution des problèmes consécutifs à la réparation[476]. Etant donné le silence dans lequel se cantonnent les victimes des crimes odieux, surtout sexuels, les associations de défense des droits de victimes pourraient à cet effet agir en représentation de ces dernières. Cette participation au combat judiciaire par les associations d'assistance des victimes, dans les pays où elle est acceptée, donne du crédit et du poids à l'action des victimes qui se sentent soutenues. De plus, l'action de ces structures possède une véritable force dissuasive et a un effet préventif énorme, étant donné qu'elles défendent, au-delà des droits de la victime directement touchée par un acte de violation des droits humains, ceux de toutes les victimes potentielles[477].

Pour ce faire, il faudrait que le législateur congolais opère une réforme d'envergure afin de donner aux Associations d'assistance et de défense des droits de l'homme la qualité et l'intérêt à agir en lieu et place des victimes, bien entendu sur délégation de ces dernières. Au-delà de la consécration de cette action en représentation, nous estimons également utile de légaliser l'action collective.

---

476 KANDOLO ON'UFUKU WA KANDOLO, (P-F), *Droit des réparations, Vol.2 : Mécanismes pour l'accès des victimes à la justice, op.cit.*, p.233.
477 KANDOLO ON'UFUKU WA KANDOLO, (P-F), *Droit des réparations, Vol.2 : Mécanismes pour l'accès des victimes à la justice, op.cit.*, p.234.

L'action collective : un instrument de justice sociale

L'action collective consiste à regrouper des victimes ayant subi des dommages individuels au sein d'une seule et même action. Elle est introduite en justice par un justiciable qui a subi un dommage similaire à celui des personnes représentées. Il agit non seulement pour son propre compte, mais également pour le compte des autres victimes placées dans une situation similaire à la sienne. Lors de la saisine du tribunal, le demandeur représentatif sollicite de la juridiction saisie l'autorisation de représenter les autres personnes lésées et d'utiliser, à cet effet, la procédure d'action de groupe. Une fois autorisée, la procédure judiciaire sera conduite pour lui-même et pour les membres du groupe. En droits de la personne, ce genre de recours est souhaitable dans la mesure où il advient souvent les cas de violations massives qui rendent impossible la saisine du juge ou de l'autorité administrative par l'ensemble des personnes lésées ; une victime personne physique peut donc agir au nom du groupe pour obtenir réparation[478]. Par ailleurs, l'action collective permet d'envisager la réparation simultanée des dommages individuels et ceux collectifs, communs à de nombreux individus. Par le regroupement d'actions individuelles semblables, l'action collective permet de faire des économies des ressources judiciaires en évitant la duplication inutile de l'appréciation des faits et de l'analyse du droit dans des situations souvent complexes[479].

Plus qu'un simple moyen procédural, les recours collectifs se présentent comme un instrument de justice sociale dans la mesure où ils constituent un moyen réel d'accès à la justice en vue de l'exercice effectif par les justiciables de leurs droits subjectifs. Leur avantage réside dans leur simplicité dans l'utilisation, donnant ainsi aux victimes toutes les chances

---

478 KANDOLO ON'UFUKU WA KANDOLO (P-F), *Droit des réparations, Volume 1 : Droit général, droits de la personne et droit international humanitaire*, *op.cit.*, pp.333-334.

479 DEFFAINS (B), DORIAT (M-D) et LANGLAIS (E), *Economie des actions collectives*, Paris, P.U.F., 2008, pp.13 et S.

d'exercer leur droit à réparation. De ce point de vue, les recours collectifs sont prometteurs de résultats efficaces et offrent un potentiel considérable de développement des droits de l'homme. Ils en constituent un puissant agent de promotion et produisent inévitablement sur eux des effets modificateurs. Ils constituent une nouvelle procédure de mise en œuvre des droits, là où les modes procéduraux traditionnels s'avèrent insuffisants ou inadaptés[480]. La procédure de recours collectifs contribue à rétablir un équilibre dans les rapports de force entre les citoyens et les institutions. Le regroupement des actions individuelles permet de déboucher sur une indemnisation plus complète des personnes lésées ; l'union, dit-on, fait la force. Cette action est fort recommandable en matière de protection des droits humains où une seule victime de viols par exemple, peut saisir les instances judiciaires aux fins de réparation des préjudices subis par l'ensemble du groupe des femmes violées, qui à ces dernières de se joindre à l'action judiciaire après son enclenchement. En ce sens, l'action collective diminue également le coût de l'action en justice car un seul paiement effectué est amplement suffisant pour que la juridiction examine toutes les causes. L'exercice du recours collectif ressemble à de la politique publique : « *En exerçant le recours, le représentant assume un rôle de protection des justiciables et de gardien des politiques publiques qui appartient d'abord au gouvernement. L'impact public de cette procédure est indéniable. Si le recours collectif reste fondamentalement un moyen privé dans sa nature, rien n'empêche qu'il puisse devenir un instrument public dans ses effets* »[481].

Le droit congolais gagnerait ainsi à abandonner sa conception de la seule catégorie de victimes individuelles pour reconnaitre aussi la catégorie des victimes collectives. Pareille réforme

---

480 LAFOND (P-C), « Le recours collectif : Entre la commodité procédurale et la justice sociale », *Revue de droit de l'Université de Sherbrooke*, n°29, 1998-1999, pp.28-30.

481 JOLOWICZ (J-A), « The active role of the Court in civil litigation», *in* CAPPELLETTI (M) et JOLOWICZ (J-A), Dir., *Public interest parties and the active role of the judge in civil litigation*, Milano, Giuffrè/Dobbs Ferry, N.Y., Oceana Publications, 1975, p. 275, cité par LAFOND (P-C), *op.cit.*, p.34.

s'inscrirait utilement dans l'adaptation du droit congolais au droit international, dans le sens d'une meilleure protection des droits des victimes de violations des droits humains. En effet, plusieurs instruments juridiques internationaux recommandent la reconnaissance de la catégorie des victimes collectives par les États parties. Il en est ainsi la Déclaration des principes fondamentaux de justice relatifs aux victimes de la criminalité et aux victimes d'abus de pouvoir (1985), du Statut de Rome de la CPI (1998) et des Principes fondamentaux et directives concernant le droit à un recours et à réparation des victimes de violations flagrantes du droit international des droits de l'homme et de violations graves du droit international humanitaire (2005). Ce dernier texte accorde la titularité du droit au recours et à la réparation aux « *personnes, individuellement ou collectivement* »[482].

La CPI a donné un bel exemple aux juridictions nationales de la RDC dans la mise en œuvre de ces principes du droit international des droits de l'homme. Dans l'affaire *Procureur C/Thomas LUBANGA*, la CPI a admis les actions mues collectivement par les victimes de violations des droits de l'homme et du droit international humanitaire et a étendu les réparations même à des victimes non parties au procès. Tout d'abord, la Chambre d'appel de la CPI rappelle que les victimes qui peuvent bénéficier des réparations sont des personnes qui ont subi un préjudice du fait de la commission des crimes dont la culpabilité a été établie à charge de l'auteur, pourvu qu'il y ait un lien de causalité suffisant entre le préjudice subi par les membres de la communauté et les crimes dont l'auteur a été reconnu coupable. Ensuite, elle tranche qu'il est approprié d'accorder des réparations collectives à cette communauté, comprise comme un groupe de victimes. Cette collectivisation des réparations a le mérite d'accorder l'indemnisation non seulement aux victimes

[482] À ce sujet, lire D'ARGENT (P), « Le droit de la responsabilité internationale complété ? Examen des Principes fondamentaux et directives concernant le droit à un recours et à réparation des victimes de violations flagrantes du droit international des droits de l'homme et de violations graves du droit international humanitaire », *Annuaire français de droit international*, Vol.51, 2005, pp.40 et S.

qui ont participé au procès, mais également à toutes les victimes qui remplissent les conditions requises, indépendamment de leur non-participation au procès.

D'une manière générale, la doctrine s'accorde à reconnaitre que la victime est désormais reconnue par le droit international indépendamment de sa participation ou non au procès. Elle bénéficie du droit à la réparation indépendamment de sa qualité de « partie civile », de « plaignant » ou de simple « témoin ». La notion de victime est donc déconnectée de la notion de partie. Autrement dit, face aux victimes, le droit se rend à l'évidence et s'éloigne de la définition courante. Il ne voit plus la victime uniquement comme un créancier de dommages et intérêts ou d'indemnisation, ni même comme un demandeur à l'action civile : la victime est envisagée plus concrètement, plus prosaïquement, comme une personne qui souffre et qui, de ce fait, mérite un surplus d'attention[483]. Cette approche a le mérite de traiter les victimes de la même façon et de tendre vers une approche beaucoup plus efficace dans la protection de leurs droits.

---

[483] PIN (X), « Les victimes d'infractions : Définitions et enjeux », *Archives de politique criminelle*, n°28, 2006, Vol.1, pp.53-54.

SECTION II. LA RÉFORME DU SYSTÈME JURIDIQUE CONGOLAIS SOUS L'ANGLE DE LA RÉPARATION AU PROFIT DES VICTIMES DE VIOLATIONS DES DROITS DE L'HOMME

La réforme du système juridique congolais envisagée dans la présente Section se profile d'abord au niveau institutionnel (I). Ensuite, elle est envisageable au niveau fonctionnel (II).

I. La réforme institutionnelle

La politique criminelle actuellement mise en œuvre en RDC nous parait inadaptée à la protection efficace des droits de victimes des violations des droits humains. La justice pénale congolaise est centrée sur l'application de la peine au délinquant et ne se soucie guère des intérêts privés. De là résulte son affaiblissement et la nécessité de projeter ses modalités dans une nouvelle dynamique au travers de la justice réparatrice.

La justice réparatrice consiste à « *considérer le problème posé par un délit sous l'angle du préjudice qu'il a causé et non pas sous l'angle de la transgression d'une norme juridique (selon la justice punitive) ni sous celui des besoins du délinquant (selon la justice réhabilitative). La fonction principale de la réaction sociale n'est ni de punir, ni de traiter ou de protéger, mais bien de créer des conditions pour qu'une réparation et/ou une compensation raisonnable des préjudices puisse se réaliser* »[484].

---

484 WALGRAVE (L), « La justice restaurative : À la recherche d'une théorie et d'un Programme », *Criminologie*, Vol.32, 1999, n°1, pp.7-29, spéc. p.9.

À ce stade, il faut établir une distinction entre la justice réparatrice et la justice transitionnelle dont nous avons parlé ci-haut. La justice transitionnelle, ainsi que le souligne le Centre International pour la Justice transitionnelle (CIJT), est une réponse aux violations systématiques et massives des droits de l'homme. Elle cherche à promouvoir la paix, la réconciliation et la démocratie. La justice transitionnelle, poursuit le CIJT, n'est pas une forme spéciale de justice, mais la justice adaptée aux sociétés qui se transforment après des abus des droits de l'homme. Contrairement à la justice transitionnelle, la justice réparatrice traite de la façon dont une société voit et répond au crime. Comme le dit si bien M. Gerry JOHNSTONE dont les propos sont rapportés par M. Willy MOKA, « *la justice restauratrice tourne autour des idées que le crime est, en essence, une violation d'une personne par une autre personne (plutôt qu'une violation des règles légales) ; qu'en répondant au crime, nos premières préoccupations doivent être d'aider les coupables à prendre conscience du tort qu'ils ont causé, à comprendre et à accepter la responsabilité de réparer un tel tort et à s'assurer que d'autres torts sont évités* »[485].

La justice réparatrice s'appuie, en effet, sur la souffrance concrète des individus plutôt que sur des principes abstraits. Elle est résolument tournée vers l'avenir : il s'agit de réparer le préjudice, de restituer à la victime son estime de soi, et de réintégrer l'auteur de l'infraction dans la communauté[486]. On admet unanimement aujourd'hui en doctrine que « *le procès pénal, en plus d'être un instrument de recherche de la vérité, se double d'une mission de traduction des conflits interpersonnels, d'une mission réparatrice, d'une mission réhabilisatrice* »[487]. La justice réparatrice connait aujourd'hui un grand succès dans le monde auprès des différents acteurs intervenant dans les domaines judiciaire et de résolution des conflits.

---

485 JOHNSTONE (G), *Restorative justice : Ideas, Values, Debates*, Oregon, Willan Publishing, 2002, p.XI, repris par MOKA MUBELO (W), *op.cit.*, p.120.
486 BEBIN (X), *Pourquoi punir? L'approche utilitariste de la sanction pénale*, Paris, L'Harmattan, 2006, p.195.
487 CASORLA (F), « La justice pénale à l'épreuve du concept de 'restaurative justice' », *Revue pénitentiaire*, 2000, p.32.

Le modèle de justice pénale congolaise est resté ancrée sur la théorie du droit pénal classique qui mettait beaucoup plus d'accent sur le prévenu que sur la victime. De cette façon, il ne prend pas correctement en charge tous les protagonistes du conflit criminel (victimes, auteurs et société) étant donné qu'il se focalise sur la relation unilatérale entre l'auteur de l'infraction et l'État autour de la résolution d'un conflit d'ordre pénal. C'est un système fermé dans la mesure où la justice est rendue sur un mode autoritaire qui privilégie les intérêts de la société en ignorant les besoins réels et concrets de tous ceux concernés par l'infraction. La victime voit ses souffrances ignorées et imparfaitement réparées. Les besoins de l'infracteur n'étant pas considérés de manière globale, les liens entretenus avec la société sont encore davantage affaiblis. Au contraire, le modèle de justice moderne que représente la justice réparatrice, insiste sur le fait que le véritable tort d'une infraction réside dans le préjudice subi par la victime. C'est un processus ouvert dans lequel tous les protagonistes qui s'estiment affectés par l'infraction sont en effet invités à discuter librement : la victime, l'infracteur, leurs familles respectives, leurs proches, voire les représentants des communautés. Un tel processus basé sur la participation volontaire et la négociation encourage alors le dialogue et l'intercompréhension, en offrant à la victime et à l'infracteur un rôle central, à côté des représentants de l'État et de la communauté[488].

La société congolaise gagnerait beaucoup à instaurer en son sein la justice réparatrice dans la mesure où cette dernière permet à toutes les parties prenantes aux violations des droits humains d'obtenir satisfaction. En effet, du point de vue de la personne de la victime, les mesures réparatrices fournissent un cadre solide par lequel son état de victime est pleinement reconnu et sa réparation est globalement accomplie sur le plan matériel comme sur le plan symbolique. La justice réparatrice s'intéresse également aux besoins de l'auteur de l'infraction en l'encourageant à assumer ce qu'il a fait, à réparer les torts causés

---

488 MOONKWI (K), *Essai sur la justice restaurative illustré par les exemples de la France et de la Corée du Sud*, Thèse de doctorat en droit, Université Montpellier, 2015, pp.59-61.

à la victime et à la communauté et à améliorer son comportement, ce qui favorisera sa réintégration sociale. La communauté tire aussi des profits de la justice réparatrice. À travers la réintégration sociale des protagonistes, les liens sociaux brisés sont renoués et la paix de la communauté est restaurée[489].

Il ressort de tout ce qui précède que la justice réparatrice est un chemin vers une véritable réconciliation et une paix durable. Ainsi, elle constitue la voie idoine pour promouvoir la réconciliation en RDC. Elle contribue efficacement à la protection des droits humains dans la mesure où elle prend en compte l'état de victimes de personnes ayant souffert des violations de leur droit, sans nécessairement s'arrêter au désir de punition de l'auteur ; par cette œuvre, elle confère un nouveau sens à la justice en rééquilibrant la balance au bénéfice des victimes.

II. La réforme fonctionnelle

Pour bien d'observateurs du système pénal, la victime de l'infraction, techniquement qualifiée de « partie civile », apparait sans intérêt pour la justice pénale. Elle est étrangère au procès du délinquant dont tout le monde s'occupe. Elle est perçue comme « la grande oubliée du procès pénal » au profit du duel « parquet-délinquant », la préoccupation du délinquant dominant presqu'exclusivement la justice criminelle ; l'objet principal du procès est l'application de la peine au délinquant[490]. Partant de ce constat, il est important de réformer la fonction de l'action en réparation de la victime d'une violation des droits humains, en l'orientant vers un système d'indemnisation purement civile. Au sein de ce système et dans l'objectif d'assurer une réparation rapide et totale à la victime, un Fonds public d'indemnisation doit être créé au profit des victimes en vue d'une meilleure prise en charge des dommages subis par celles-ci.

---

489 MOONKWI (K), *op.cit.*, pp.62 et S.
490 STEFANI (G), LEVASSEUR (G), et BOULOC (B), *Procédure pénal*e, Paris, Dalloz. 15ème éd., p.97.

La réforme de l'action en réparation de la victime d'une violation des droits de l'homme : pour un système d'indemnisation purement civil

L'analyse approfondie de la procédure pénale congolaise montre que la victime est spoliée de son procès. Pour renforcer cette mise à l'écart de la victime, on fait valoir que le droit pénal a été conçu pour la défense de l'ordre social et non pour celle des intérêts privés. On ajoute que l'essentiel dans un procès pénal étant de savoir si l'infraction existe et qui en est l'auteur, le rôle de la victime doit se cantonner dans l'apport des preuves et la finalité de son action à l'indemnisation. La place que le droit pénal réserve à la victime est fort accessoire et réduite[491]. Cette conception est aujourd'hui largement dépassée. L'on enseigne à l'unanimité que « *la conception essentiellement répressive du procès pénal est le reflet d'une vision dépassée du droit pénal. Le procès pénal n'est pas seulement le procès du délinquant à qui il faut infliger une sanction. L'application d'une sanction pénale, en l'absence de l'indemnisation effective et suffisante de la victime, ne suffit pas à rétablir l'ordre social troublé* »[492].

La politique criminelle congolaise est peu soucieuse de la prise en charge véritable des droits de la victime, celle-ci étant entendue comme toute personne lésée par une infraction qui a porté atteinte à ses droits fondamentaux : droits à la vie, à la sûreté de sa personne, à sa propriété privée, à son intégrité physique, etc. Dès lors, dans l'optique d'une meilleure protection des droits des victimes, il serait préférable d'opter pour un système d'indemnisation purement civil. En effet, les préoccupations essentielles des victimes sont de deux ordres : d'une part son propre devenir, d'autre part l'intérêt qu'elle peut porter au devenir de l'auteur de l'infraction. Ces deux problèmes sont de nature différente : l'un est civil, l'autre est pénal. Le système judiciaire actuel offre à la victime un droit d'option :

---

[491] LAMAU (P), *La place de la victime dans le procès pénal*, Mémoire de Master en droit, Université de Panthéon-Assas (Paris II), 2010, pp.17 et S, pp.39 et S.

[492] MBARGA (A), *op.cit.*, p.12.

electa una via. Mais l'on ne peut ignorer d'une part que l'attente de la solution pénale qui suspend la voie civile en vertu de la règle *le criminel tient le civil en état*, peut s'avérer très préjudiciable pour la victime qui peut avoir besoin dans l'immédiat de certaines mesures conservatoires susceptibles d'éviter l'aggravation de son cas. On ne peut non plus ignorer qu'il y a pour la victime un avantage à s'associer au procès pénal qui est moins onéreux, plus rapide et qui lui donne l'opportunité de bénéficier de moyens de preuve recueillis par le ministère public. Quoi qu'il en soit, en amont du procès, estime M. AKELE ADAU, il y a un sérieux effort à déployer pour informer les victimes sur leurs droits. Un guide des droits de la victime pourrait s'avérer fort utile à cet égard. De même que l'ouverture au palais de justice, à l'office des parquets comme au siège des juridictions, de bureaux d'accueil et de renseignements pour le public et les victimes[493].

Le système juridique actuel ne permet pas un dédommagement rapide de la victime. En effet, en faisant participer la victime au procès pénal du délinquant depuis l'enquête jusqu'au jugement, la procédure pénale aggrave ses souffrances et son préjudice moral. De ce fait, il nous parait utile de faire sortir la victime du procès pénal pour régler sa situation de façon spécifique, à travers un système d'indemnisation purement civil. À ce stade, il faut faire une distinction entre les infractions pour lesquelles il existe un système d'indemnisation (accidents de circulation, accidents du travail) et celles pour lesquelles il n'en existe pas, infractions généralement volontaires pour lesquelles en principe c'est l'auteur qui doit indemniser sur ses deniers propres (vol, meurtre, abus de confiance…). Dans la première hypothèse, les campagnes d'assurances sont appelées à dédommager les préjudices. Il convient de revisiter la législation et la réglementation relative à ces matières pour rendre le système efficace, efficient, performant et crédible, de façon notamment à assurer un dédommagement quasi automatique de la victime, sur base de la responsabilité pour risque ou pour faute. S'agissant d'une responsabilité purement civile, le contentieux y relatif devrait être réservé aux juridictions civiles, dans le cadre de

---

[493] AKELE ADAU (P), *Réforme du Code pénal congolais*, *op.cit.*, p.85.

procédures d'indemnisation rapide après nomination d'expert en référé pour évaluer le préjudice matériel, corporel ou moral en cas de discussion, sinon indemnisation conventionnelle avec ou sans transaction. Ce système permettrait alors l'allocation rapide d'une provision à la victime ; de la sorte, l'option de la victime disparaitrait et l'action en réparation de la victime serait une action purement civile[494].

Dans la deuxième hypothèse, pour les infractions où il n'existe pas *a priori* d'organisme d'indemnisation des victimes, il faut distinguer deux cas. Le premier est celui où il est possible d'encourager les assureurs à prendre en charge certaines infractions (assurance contre le vol, l'incendie, la maladie). Le second est la situation des personnes qui ne bénéficient pas directement ou même indirectement d'une prise en charge, ou pour lesquelles l'auteur de l'infraction est inconnu, en fuite, insolvable ou de mauvaise foi. Pour elle, il faudrait instituer un fonds public d'indemnisation des victimes, géré par un organisme de l'État placé sous la tutelle du ministère de la Justice.

La création d'un Fonds public d'indemnisation au profit des victimes : pour une prise en charge de dommages non réparés

« *Le droit à la réparation est une conséquence logique du procès et les fonctions fondamentales de la justice sont de répondre aux besoins et de sauvegarder les intérêts de la victime. La justice recherche donc à réparer le dommage causé* »[495]. Dans cette quête, il nous semble judicieux de mettre sur pied un Fonds public d'indemnisation dans le but de réaliser la réparation, cette dernière étant un droit fondamental de la victime.

---

[494] AKELE ADAU (P), *Réforme du Code pénal congolais*, *op.cit.*, pp.80 et S.
[495] LOSAMBA (K), *Système congolais de répression des violences sexuelles basées sur le genre et de réparation en faveur des victimes*, Kinshasa, mai 2011, *Inédit*, repris par HEMEDI (C), « Plaidoyer pour la création d'un fonds au profit des victimes en RDC », *in* RCN JUSTICE & DEMOCRATIE, *Les 10 ans de la Cour pénale internationale : Bilan et perspectives*, *op.cit.*, pp.187-188.

La nécessité de la création d'un Fonds public d'indemnisation des victimes des violations des droits humains est largement inspirée du Statut de Rome de la CPI. Le rôle que joue le Fonds d'affectation spéciale auprès de la CPI doit constituer un modèle de référence pour les États en situation post-conflit, tels que la RDC. Le législateur congolais a intérêt à créer l'équivalent de pareil mécanisme, lequel devra travailler aux côtés des juridictions nationales. Le but de ce Fonds sera d'aider les juridictions à faire face aux besoins et garantir les droits des victimes. L'existence d'une pareille institution au sein de l'État congolais peut permettre la gestion d'un plan global et national d'indemnisation[496]. L'institution en RDC, du Fonds public d'indemnisation au profit de victimes se justifie par l'abondance des crimes de masse qui se commettent au pays, notamment les crimes contre l'humanité, les crimes de guerre et les crimes de génocide dont les auteurs sont souvent en fuite et les victimes ne savent pas contre qui intenter l'action en justice. En outre, la complexité de la détermination des préjudices subis par les victimes et des modalités de réparation ainsi que l'insuffisance des ressources financières des personnes coupables peuvent empêcher les victimes à recevoir une réparation satisfaisante. La mission du Fonds est donc de soutenir et mettre en œuvre des programmes prenant en charge les préjudices découlant des violations graves des droits de l'homme. Son objectif primordial se situe à la fois en amont et en aval : indemniser les victimes de dommages dont les auteurs sont inconnus et assurer la mise en œuvre des réparations matérielles ordonnées par la justice contre les personnes condamnées[497].

En RDC, au terme d'une procédure civile simplifiée, le Fonds public d'indemnisation accorderait une réparation complète aux victimes non assurées d'infractions volontaires, et serait de plein droit subrogé dans leurs droits et actions notamment contre le

[496] KANDOLO ON'UFUKU WA KANDOLO (P-F), « Les réparations collectives pour violation des droits de l'homme et du droit humanitaire d'après la Cour pénale internationale : Analyse de la décision rendue dans l'affaire Procureur contre Thomas LUBANGA DYILO », *op.cit.*, p.33.

[497] Rapprocher GUILLAUME (J), « Le droit à réparation devant la CPI : Promesses et incertitudes », *Politique étrangère*, n°4, 2015, pp.55-56.

délinquant. S'agissant d'un organisme public, celui-ci serait mieux armé qu'un particulier pour faire valoir ses droits. Il sera plus persévérant si sa créance doit s'échelonner dans le temps pour être satisfaite. Le Fonds sera tenu à une obligation subsidiaire : il n'interviendra que si la victime démontre qu'il lui est impossible d'obtenir réparation de son préjudice d'une autre personne, physique ou morale. Le Fonds, dans une telle hypothèse, paie pour un responsable défaillant. La personne défaillante est bien considérée comme le responsable qui aurait dû s'acquitter de la dette d'indemnisation versée par le Fonds. Ayant indemnisé la victime, le Fonds se retrouve par la même occasion subrogé dans ses droits et dispose de ce fait d'une action récursoire en vue de faire peser le poids définitif de l'indemnisation sur le responsable de la réparation[498].

Pour minimiser le poids financier de ce Fonds sur le budget de l'État, on veillera à limiter l'indemnisation aux hypothèses où il n'y a pas d'indemnisation par une compagnie d'assurance et où le délinquant est soit en fuite, soit insolvable. En outre, ce Fonds public devrait être alimenté notamment par l'affectation à cette caisse des frais d'amende et d'une partie du cautionnement, ainsi que par les prévisions budgétaires. De la sorte, la justice pénale retrouverait sa véritable vocation de ne traiter que de l'action publique ; la victime ne serait alors que le témoin principal, qui ne pourrait pas déclencher l'action publique, mais plutôt dénoncer les faits au ministère public qui a seul l'initiative de la poursuite[499].

Ce système préconisé présente de nombreux avantages. Tout d'abord, au regard de la victime d'une infraction, c'est de permettre son indemnisation ou sa prise en charge rapide et aussi complète que possible. Ensuite, le contentieux civil ne serait plus gravement alourdi. L'unité du système d'indemnisation permettrait une meilleure harmonisation et éviterait ces différences notables qu'on observe aujourd'hui suivant que

[498] SELLIER-GUILLET (L), *Les fonds d'indemnisation : Essai d'une approche transversale*, Thèse de doctorat en droit, Université Jean Moulin Lyon 3, 2008, pp.361-362.
[499] AKELE ADAU (P), *Réforme du Code pénal congolais*, *op.cit.*, pp.85 et S.

l'indemnisation est évaluée par une juridiction civile ou une juridiction pénale. Le contentieux pénal également serait allégé. Le procès pénal retrouverait, au mieux des intérêts de tous, sa vocation fondamentale : celle de veiller à la protection de la société, sans que le juge pénal ait à consacrer son temps à régler des problèmes civils. Enfin, le système préconisé n'amoindrirait pas la prise de conscience de sa responsabilité par le délinquant, car s'il ne dédommage pas directement sa victime, il dédommagerait néanmoins un organisme de substitution qui aura meilleur mémoire pour lui rappeler sa dette.

Le fondement juridique de l'intervention de l'État en faveur des victimes d'infractions repose généralement sur la notion de la *solidarité collective*, la délinquance étant assimilée à un risque social susceptible de motiver l'appel à la solidarité nationale en faveur des victimes. Le régime d'indemnisation à travers le Fonds public s'analyse en une véritable sécurité sociale des victimes de la violation des droits de l'homme[500]. La mise en place du Fonds public d'indemnisation procède de la poursuite de l'objectivisation de la responsabilité. En effet, tel que nous l'avons démontré ci-haut, il se constate que les règles en matière de réparation des dommages résultant des violations des droits de l'homme sont vétustes et inadaptées au droit international des droits de l'homme. Cette situation a pour conséquence que beaucoup de personnes restent sans indemnisation quand bien même elles ont subi de dommages importants. D'où la création du Fonds public d'indemnisation pour réparer des dommages qui n'auraient pu l'être selon les règles de la responsabilité civile, administrative ou encore pénale dans le cadre de l'action civile[501].

L'objectif poursuivi par la création de ce système d'indemnisation *ad hoc* est l'amélioration du sort des victimes non indemnisées. Ainsi, à côté des mécanismes d'indemnisation par le jeu de la responsabilité fondée sur la faute (articles 258 et 260 du Code civil congolais, Livre 3), nous proposons un autre

---

500 VINEY (G), « Les différentes voies de droit proposées aux victimes », *Archives de politique criminelle*, n°24, 2012, Vol.1, pp.37 et S.
501 SELLIER-GUILLET (L), *op.cit.*, p.21.

mécanisme d'indemnisation objectif, fondée sur la *solidarité nationale*[502]. Cette notion renvoie à l'idée que chaque individu doit agir en vue de renforcer le rapport de dépendance réciproque au sein de l'ensemble social ; en conséquence, pour accroitre l'interdépendance mutuelle, l'État doit mettre en place des services d'intérêt général dans le but de venir en aide à ceux qu'un triste sort aura frappé. Autrement dit, il s'agit d'une politique distributive en faveur des populations défavorisées, laquelle vise la cohésion de la collectivité nationale et la garantie des droits de chacun. Elle rappelle qu'une société digne de ce nom assure aux individus qui la composent la jouissance effective des droits qui leur ont été préalablement reconnus. La solidarité est ainsi basée sur l'idée de la garantie des droits de chacun et la responsabilité de tous[503]. L'objectivation de la responsabilité et sa socialisation résultent de l'évolution des besoins de la société, obligeant par la même occasion la puissance publique à agir. Les fondements de la responsabilité étatique mutent de la notion de faute à celle de risque et aujourd'hui à celle de garantie sociale[504].

---

502 Sur la notion de solidarité nationale, Voir KNETSCH (J), *Le droit de la responsabilité et les fonds d'indemnisation : Analyse en droits français et allemand*, Thèse de doctorat en droit, Universités de Cologne et de Panthéon-Assas (Paris II), 2011, pp.68-97 ; KNETSCH (J), « La solidarité nationale : Genèse et signification d'une notion juridique », *Revue française des affaires sociales*, n°1-2, 2014, pp.32-43.

503 BLAIS (M-C), « La solidarité », *Le Télémaque*, n°33, 2008, Vol.1, pp.9-24, spéc. pp.17 et pp.20-21.

504 QAZBIR (H), « L'indemnisation des victimes d'actes terroristes : Responsabilité publique ou garantie sociale ? », *Les Annales de droit*, n°12, 2008, p.205.

CONCLUSION DE LA DEUXIEME PARTIE

Suffit-il de légitimer les exigences de réalisation portées par la personne et manifestées dans le corps social, par leur reconnaissance juridique et leur formulation explicite ? Il ne semble guère. En effet, des problèmes subsistent et se posent encore à propos de leur mise en application, c'est-à-dire au niveau institutionnel. Sans « intronisation », terme hérité de Winston CHURCHILL, les droits de l'homme resteraient de simples vœux pieux, de simples préceptes métaphysiques ou un jeu de l'esprit.

La protection institutionnelle s'avère être la mise sur pied des mécanismes adéquats (juridictionnels et non juridictionnels), comme la mobilisation des ressources indispensables, permettant de répondre aux exigences reconnues de la promotion humaine[505]. Il se dégage un impératif politique : tout gouvernement a pour fonction d'échafauder les structures sociales, juridiques et constitutionnelles qui assurent la protection et la promotion des droits humains, de constituer le support, comme l'indique Jean LADRIERE, d'une entreprise qui doit produire certains résultats concrets et positifs comme l'organisation d'un réseau scolaire ou d'un service médical adéquat[506]. Il s'en infère que les droits de l'homme ne deviennent effectifs que dans et par la protection institutionnelle. L'effectivité des droits de l'homme repose sur l'État et ce, conformément à la correspondance de principe entre ces droits et les objectifs politiques. C'est ainsi qu'aujourd'hui et de façon plus réaliste, les droits de l'homme s'appréhendent comme ce

---

505 LADRIERE (J), *Vie sociale et destinée humaine*, Bruxelles, Ed. J. Duculot, 1973, p.118.
506 LADRIERE (J), *Ibidem*, p.118.

que les États s'engagent à garantir et protéger en vertu des Conventions et Accords pertinents signés en faveur de leurs ressortissants. L'individu doit donc pouvoir compter sur les ressources et les initiatives de l'État en vue d'obtenir ce qui est socialement nécessaire à son propre épanouissement. Il y a donc correspondance entre l'idéal de la protection des droits humains et l'action de l'État. Ainsi se profile la mission authentique et première de l'État, de l'autorité en tant que protecteur des droits de l'homme[507].

L'engagement de l'État consiste à garantir la jouissance et la protection des droits de l'homme contre ses propres entraves et celles des tiers, par la mise sur pied des structures sociales à même d'y parvenir. Pour cela, la réforme des institutions judiciaires s'avère une urgence nationale dans la mesure où le juge est la personne la mieux placée pour protéger les droits fondamentaux des citoyens. Au-delà de la voie juridictionnelle, il faudrait reformer les mécanismes non juridictionnels existants au pays : il serait judicieux de doter la Commission nationale des droits de l'homme des moyens humains, matériels et financiers adéquats en vue de lui permettre de remplir convenablement sa mission. Par ailleurs, des réformes législatives s'imposent pour moderniser le cadre juridique congolais relatif aux droits de l'homme, tant il est vrai que la législation existante en la matière est non seulement vétuste, mais également inadaptée par rapport aux traités et Accords internationaux ratifiés par la RDC. Plusieurs domaines sont ainsi à revisiter : il s'agit notamment du fondement de la responsabilité de l'État pour violations des droits de l'homme, des actions collectives des victimes des violations des droits humains, de la question des victimes indirectes de ces violations, etc. Par-dessus tout, il faut remodeler le mouvement associatif des droits de l'homme dans le sens d'une efficacité et d'une visibilité beaucoup plus grandes.

---

507 KABESA KONDWEKE (P), *op.cit.*, pp.287-288.

CONCLUSION GENERALE

La RDC a pris une multitude d'engagements internationaux relatifs aux droits de l'homme et a constitutionnalisé ces derniers, consacrant ainsi la matérialisation de l'idée d'un État de droit et démocratique. Paradoxalement, la réalité sur terrain démontre un constat malheureux de l'écart entre les textes promulgués et l'insécurité qui règne en matière des droits fondamentaux. Les droits de l'homme souffrent d'ineffectivité dans leur mise en œuvre. Les causes de cette ineffectivité sont à rechercher tant au niveau juridique qu'au niveau socio-politique.

Au niveau socio-politique, le manque de démocratie et l'absence d'un État de droit ont rendu impossible la garantie effective des droits et libertés fondamentaux des citoyens. En effet, mus par des intérêts égoïstes, le gouvernement et le parlement congolais sont toujours portés à entreprendre sur des droits par nature inaliénables, tels la liberté d'opinion, la liberté d'expression, la liberté d'information, le droit à la vie, etc. Par ailleurs, l'État congolais se trouve déboussolé et totalement absent de la vie communautaire de sa population. Il affiche l'image d'une entité bien faible et fragile. Il va de soi que cette situation a entrainé une pauvreté chaotique des citoyens, dont la majorité manque des services sociaux de base tels que le logement, l'eau, la nourriture, l'électricité, les soins de santé primaires. Au-delà de la précarité des conditions socio-économiques, la population congolaise vit en pleine insécurité au jour le jour. Cette dernière est caractérisée par la multiplicité des violences sexuelles et sexistes ainsi que des conflits armés à répétition qui déchirent le pays et occasionnent des décès qui se comptent par milliers. La voie la plus réaliste nous semble résider dans la mise sur pied des structures et d'institutions de contrôle du gouvernement afin que ce dernier fonctionne de manière à répondre aux aspirations et aux besoins vitaux de la population. L'impératif de la participation des citoyens à la gestion de la chose publique est déclaré ici. L'on voit la nécessité de la démocratie dont la volonté de faire participer la population au gouvernement repose sur l'idée que cette participation légitime est susceptible d'avoir des incidences sur le sort des individus et sur celui des groupes auxquels ils s'identifient[508]. Il nous revient donc que l'instauration d'un État de droit et démocratique est un engagement essentiel de l'État afin de promouvoir et protéger les droits et libertés fondamentaux des citoyens. En outre, l'État doit s'engager dans la quête de l'effectivité des mécanismes institutionnels de protection des droits de l'homme dans la mesure où ce sont de tels organes, juridictionnels et non-juridictionnels, qui assurent une protection pratique de ces droits.

Au niveau juridique, la protection des droits de l'homme souffre à la fois de l'inadéquation de l'administration de la justice, considérée comme la plus fondamentale des garanties, à laquelle on peut ajouter des incohérences légales. En effet, le juge est le protecteur naturel des droits de l'homme, sans lequel ceux-ci ne deviennent que pure formalité et ont une autre nature purement cosmétique. Pour ce faire, il doit être le dépositaire d'un certain nombre de qualités lui permettant d'assurer sa mission avec efficience et efficacité : l'indépendance, l'intégrité, l'impartialité. L'absence de ces qualités justifie la mise en péril des droits de l'homme, laissant ainsi libre cours à l'impunité, la corruption et le trafic d'influence[509]. L'on observe également une méfiance des juges à l'égard de la mise en application des traités et Accords internationaux relatifs aux droits de l'homme et ce, en dépit du fait que la RDC y est un État partie. Cette timidité n'est pas propre aux juges, le législateur en fait également preuve : la législation congolaise est très lente en matière des droits humains. Au-delà de l'inertie, on observe une tolérance des lois et pratiques judiciaires en total déphasage avec l'idéal des droits et libertés fondamentaux de l'homme. C'est le cas du maintien de la peine de mort et de la peine des travaux forcés dans l'arsenal

---

[508] LAGROYE (J), *Sociologie politique*, 2ème éd., Paris, Dalloz, 1993, p.333.
[509] LUZOLO BAMBI (E) et BAYONA BA MEYA (N), *op.cit.*, p.42.

répressif congolais. Somme toute, le cadre juridique congolais est vieillissant et ne s'adapte pas aux nombreux Accords et traités relatifs aux droits de l'homme ratifiés par le pays. Il en résulte un déficit énorme en matière de réparation des droits des victimes des violations des droits humains.

Plusieurs réformes ont été effectuées dans le but d'assurer aux citoyens une protection efficace de leurs droits, mais les résultats sont demeurés mitigés sur le terrain. En effet, les mécanismes de justice transitionnelle n'ont pas pu fonctionner correctement pour relever le défi. La Commission nationale des droits de l'homme est butée à toutes sortes de difficultés, matérielles, humaines et financières, au point qu'elle n'a pas d'impact majeur sur terrain.

Au vu de la fréquence et de l'ampleur des violations massives et systématiques des droits de l'homme, nous croyons prioritaire de rendre effectif le droit à la réparation des victimes de ces violations. Sur ce point, il convient tout d'abord de se doter d'une nouvelle loi qui va clarifier le fondement de la responsabilité de l'État en matière de protection des droits de l'homme, étant donné que le cadre juridique actuel constitué des articles 258 à 260 du Code civil congolais livre 3, s'avère vétuste et inadapté. En la matière, il y a lieu d'adapter le droit congolais au droit international tant en ce qui concerne l'objectivisation de la responsabilité de l'État pour violations des droits de l'homme commises par ses forces de l'ordre qu'en ce qui concerne l'extension du droit à la réparation aux victimes indirectes de ces violations. Ensuite, il s'avère important d'instaurer la justice réparatrice comme choix de politique criminelle, dans le but de réconcilier la société congolaise. Aux côtés de cette forme de justice à consacrer, il y a lieu de procéder à la création d'un Fonds public d'indemnisation des victimes de violations des droits humains. Ces réformes visent à éviter que les droits de l'homme ne soient vidés de leur contenu dans la mise en œuvre de la réparation des victimes.

BIBLIOGRAPHIE SÉLECTIVE

A. OUVRAGES

AKELE ADAU (P), Dir., *Réforme du Code pénal congolais, Tome 3 : Options axiologiques et techniques fondamentales, Volume 1, Options axiologiques*, Kinshasa, éd. Du CEPAS, 2009, 236p.

AKELE ADAU (P), *Le citoyen-justicier dans l'État de droit*, Kinshasa, ODF Editions, 2002, 135p.

AYIMPAM (S), *Economie de la débrouille à Kinshasa : Informalité, commerce et réseaux sociaux*, Paris, Karthala, 2014, 334p.

BADIDIKE (J-P) et AA., *Guerre et droits de l'homme en République Démocratique du Congo*, Paris, l'Harmattan, 2009, 272p.

BAGENDA (P), *Le Congo malade de ses hommes : Crimes, pillages et guerres*, Bruxelles, éd. Entraide et fraternité, 2003, 180p.

BANZA MBOMBO (L) et HEMEDI BAYOLO (C), *La femme dans la tourmente des guerres en RD. Congo*, Kinshasa, éd. Du centre international des droits de la personne et du développement, 2002, 82p.

BOFOE LOKANGU (S), *La criminalité pharmaceutique en République Démocratique du Congo : Une véritable menace au droit à la santé*, Paris, l'harmattan, 2019, 238p.

DE VILLERS (G), *République Démocratique du Congo : De la guerre aux élections. L'ascension de Joseph KABILA et la naissance de la troisième République (Janvier 2001-août 2008)*, Paris, L'Harmattan, 2009, 478p.

EYASU (R), *Démocratie en Afrique francophone, une pure fiction : Le cas de la République démocratique du Congo*, Paris, L'Harmattan, 2010, 115p.

FROMONT (A) et AA, Dir., *Renforcement des systèmes de santé : Capitalisation des interventions de la Coopération belge au Burundi, en République Démocratique du Congo et au Rwanda*, Paris, L'Harmattan, 2012, 380p.

ÉVEILLARD (G), Dir., « La guerre des juges aura-t-elle lieu ? Analyse comparée des offices du juge administratif et du juge judiciaire dans la protection des libertés fondamentales », *Revue générale du droit on line*, n°23372, 2016.

ISUNGU KAKOKO (R*), La supercherie de l'élection présidentielle du 30 décembre 2018 en RDC : Un simulacre de démocratie*, Paris, L'Harmattan, 2019, 160p.

ISUNGU KAKOKO (R), *Une mascarade de justice en République Démocratique du Congo*, Paris, L'Harmattan, 2018, 172p.

KABONGO TUNSALA (J), *La corruption* en *République Démocratique du Congo*, Paris, L'Harmattan, 2016, 130p.

KALINDYE BYANJIRA (D), *Civisme, développement et droits de l'homme : Conditions d'instauration d'un État de droit en République Démocratique du Congo*, Kinshasa, éd. De l'Institut africain des droits de l'homme et de la démocratie, 2003, 270p.

KALINDYE BYANJIRA (D), *Traité d'éducation aux droits de l'homme en République Démocratique du Congo, tome 5 : Doctrine congolaise*, Kinshasa, éd. De l'Institut africain des droits de l'homme et de la démocratie, 2004, 584p.

KALINDYE BYANJIRA (D), *Traité d'éducation aux droits de l'homme en République Démocratique du Congo, tome 1 : La Déclaration universelle des droits de l'homme en langage courant et en français facile*, Kinshasa, éd. De l'Institut africain des droits de l'homme et de la démocratie, 2004, 225p.

KALINDYE BYANJIRA (D), *Traité d'éducation aux droits de l'homme en République Démocratique du Congo, tome 4 : Doctrine étrangère*, Kinshasa, éd. De l'Institut africain des droits de l'homme et de la démocratie, 2004, 324p.

KALUBA DIBWA (D), *La justice constitutionnelle en République Démocratique du Congo : Fondements et modalités d'exercice*, Bruxelles, Academia,2013, 657p.

KAMUKUNY MUKINAY (A), *Contribution à l'étude de la fraude en droit constitutionnel congolais*, Paris, L'harmattan, 2011, 574p.

KANDOLO ON'UFUKU WA KANDOLO (P-F), *Droit des réparations, Volume 1 : Droit général, droits de la personne et droit international humanitaire,* Paris, Edilivre, 2020.

KANDOLO ON'UFUKU WA KANDOLO (P-F), *Droit des réparations, Vol.2 : Mécanismes pour l'accès des victimes à la justice*, Paris, Edilivre, 2020

KAZADI MPIANA (J), *La position du droit international dans l'ordre juridique congolais et l'application de ses normes,* Paris, éd. Publibook, 2013, 564p.

KEBA MBAYE, *Les droits de l'homme en Afrique*, Paris, Pedone, 1992, 307p.

KIFWABALA TEKILAZAYA (J-P), FATAKI WA LUHINDI (D), et WETSH'OKONDA KOSO (M), *République démocratique du Congo : Le secteur de la justice et l'État de droit*, Open Society Foundations, 2013, 172p.

KILENDA KAKENGI BASILA (J-P), *L'affaire des 315 magistrats de Kinshasa : Une purge néo-mobutiste*, Paris, L'harmattan, 2004, 290p.

KILENDA KAKENGI BASILA (J-P), *Le contrôle de la légalité des actes du magistrat dans l'administration de la justice criminelle en République démocratique du Congo*, Bruxelles, Academia Bruylant, 2006, 882p.

LOKO MANTUONO (G), *Couverture sociale des maladies à caractère professionnel en République Démocratique du Congo* : *Plaidoyer pour la réforme de la sécurité sociale*, Paris, l'Harmattan, 2016, 226p.

LUZOLO BAMBI LESSA (E), et BAYONA BA MEYA (N), *Manuel de procédure pénale congolaise,* Kinshasa, P.U.C., 2011, 810p.

MANDEFU YAHISULE (J-O), *Élections et changement politique en République démocratique du Congo : Six décennies perdues pour le développement*, Paris, l'Harmattan, 2021, 452p.

MAPATANO KARUME (J), *Violences sexuelles : Régime juridique et limites à la répression de ces crimes en République Démocratique du Congo*, Torino, L'Harmattan, 2012, 176p.

MARYSSE, (S), et OMASOMBO TSHONDA, *Conjonctures congolaises 2014 : Politiques, territoires et ressources naturelles, changements et continuités*, Paris, L'Harmattan, 2015, 309 p.

MASUDI KINGOMBE (D-B), (Coord.), *Cinquante ans de la Déclaration universelle des droits de l'homme*, Actes des Journées de réflexions du 7 au 11 décembre 1998, Lubumbashi, P.U.L., 1998, 212p.

MATADI NENGA (G), *La question du pouvoir judiciaire en République Démocratique du Congo : Contribution à une théorie de réforme*, Kinshasa, Droit et Idées nouvelles, 2001, 530p.

MAUGENEST (D) et POUGOUE (G), *droits de l'homme en Afrique centrale*, Colloque régional de Yaoundé (9-11 novembre 1994), Paris-Yaoundé, éd. Karthala-Presses de l'UCAC, 1996, 283p.

MAWANZI MANZENZA (T), *Les dérives de l'État postcolonial* en *République Démocratique du Congo*, Paris, l'harmattan, 2018, 272p.

MBUYI KABUNDA et JIMENEZ LUQUE (Coord.), *La République Démocratique du Congo : Les droits humains, les conflits et la construction/destruction de l'État*, Barcelone, éd. Fundació Solidaritat UB et Inrevés, 113p.

MPUNGA BIAYI (P), *La crise de la justice congolaise : Les origines du mal et les remèdes appropriés*, Lubumbashi, Presses Universitaires, Coll. Nouvelle citoyenneté, 2017, 202p.

MUGANGU MATABARO (S), Dir., *Les droits de l'homme dans la région des grands lacs : Réalité et illusions*, Louvain-la-Neuve, Bruylant Academia, 2003, 439p.

MUSAFIRI NALWANGO (P), *Pièges symboliques et violation des droits humains en droit positif congolais*, Lubumbashi, Ed. La Dialectique, 2014, 302p.

MUTATA LUABA (L), *La protection du droit à la sexualité responsable*, Kinshasa, Ed. Du Service de documentation et d'études du Ministère de justice, 2009, 427p.

MUZITO (A), *République Démocratique du Congo : Un royaume des aveugles conduit par des borgnes*, Paris, l'harmattan, 2015, 38p.

N'KUPA NTIKALA (D), *Le Congo-Kinshasa : Une République démocratique ?*, Paris, L'Harmattan, 2016, 664p.

NGALULA (J), *Oser la défendre dans son inviolabilité*, Kinshasa, Ed. Mont Sinaï, 2006, 198p.

NGONDANKOY NKOY (P-G), *Droit congolais des droits de l'homme*, Louvain-La-Neuve, Bruylant, 2004, 489p.

NIZA, *L'État contre le peuple : La gouvernance, l'exploitation minière et le régime transitoire en République Démocratique du Congo,* Netherlands institute for Southern Africa, 2006, 80p.

NTUMBA MUSUKA (Z), *Le rôle du juge administratif congolais dans l'émergence de l'État de droit*, Paris, L'Harmattan, 2014, 364p.

NZANGI BATUTU (M), *L'action policière et les droits de l'homme en RD. Congo*, Kinshasa, Médiaspaul, 2003, 72p.

ODIMULA LOFUNGOSO (L), *La justice constitutionnelle et la juridisation de la vie politique en droit positif congolais*, Paris, L'Harmattan, 2016, 446p.

OTITA LIKONGO (M), *Guerre et viol : Deux faces de fléaux traumatiques en République Démocratique du Congo*, Paris, L'Harmattan, 2015, 216p.

SOUGA NIEMBA (J), *État de droit, démocratique, fédéral au Congo-Kinshasa : Source de stabilité en Afrique centrale*, Paris, L'Harmattan, 2002, 393 p.

TAVERNIER (P), Dir., *Regards sur les droits de l'homme en Afrique*, Paris, L'Harmattan, 2008, 306p.

TREFON (T) (Ed.), *Ordre et désordre à Kinshasa* : *Réponses populaires à la faillite de l'État*, Paris, L'Harmattan, 2004, 252p.

TREFON (T) (Ed.), *Parcours administratifs dans un État en faillite : Récits populaires de Lubumbashi (RDC)*, Paris, L'Harmattan, 2007, 162p.

TREFON (T) (Ed.), *Réformes au Congo RDC : Attentes et désillusions*, Paris, L'Harmattan, 2009, 290p.

VAN PARYS (J-M), *Dignité et droits de l'homme : Recherches sur l'Afrique*, Louvain-la-Neuve, éd. Noraf, 1989, 158p.

VUMILIA NAKABANDA (N), *La protection de la veuve en République Démocratique du Congo : Quelle effectivité ?*, Paris , L'Harmattan, 2017, 950p.

VUNDUAWE TE PEMAKO (F), *Traité de droit administratif*, Bruxelles, Larcier, 2007, 958p.

WEIBEZAHL (T), Dir., *L'armée et l'État de droit en République Démocratique du Congo*, Kinshasa, Fondation Konrad Adenauer, 2012, 224p.

WETSH'OKONDA KOSO (M), *La protection des droits de l'homme par le juge constitutionnel congolais : Analyse critique et jurisprudence (2003-2013)*, Paris, L'Harmattan, 2014, 286p.

WETSH'OKONDA KOSO (M*), République démocratique du Congo : La justice militaire et le respect des droits de l'homme. L'urgence du parachèvement de la réforme*, Johannesbourg, Open Society Initiative for Southern Africa, 2009, 89p.

WILLAME (J-C), *L'Accord de Lusaka : Chronique d'une négociation internationale*, Paris, L'Harmattan, 2002, 219p.

YABILI (M), *État de droit : Les contrôles de constitutionnalité par la Cour constitutionnelle, les Cours et tribunaux*, Lubumbashi, PUL, 2012, 335p.

YAMB (G-D), *Droits humains, démocratie, État de droit*, Paris, l'Harmattan, 2009, 252p.

ARTICLES

AKEKE ADAU (P) et DJOLI (J), « Les élections : Pour quel projet de société ? Elections et émergence d'une société démocratique », *Congo-Afrique*, n°402-403, 2006, pp.67-101.

BAKADISULA KATUMBA (C), « Exigence de la pratique des droits de l'homme en RDC pour l'épanouissement individuel et le développement collectif », *Revue de l'UKA : droits de l'homme et développement durable*, Vol.2, n°3, mai 2014, pp.27-41.

BALANDA MIKUIN (E), « L'administration de la justice et les droits de l'homme en République Démocratique du Congo », *in Administration de la justice et droits de l'homme en RDC*, Actes de Séminaire du 23-25 août 1999, Kinshasa, Novembre 1999, pp.39-50.

BANYWESIZE MUKAMBILWA (E), « Une démocratie autoritaire ? Considérations sur la gouvernementalité en RD Congo », *Congo-Afrique*, n°531, Janvier 2019, pp.7-27.

BIRINGANINE (E), « Mise en œuvre des mécanismes de justice transitionnelle : Une alternative à la lutte contre l'impunité des crimes internationaux commis en RD Congo », *Recherches africaines : l'Afrique et son vécu*, n°36, Janvier-Mars 2014, pp.18-32.

BITOTA MUAMBA (J), « Le respect des droits de l'homme, gage d'un développement participatif », *Congo-Afrique*, n°512, Février 2017, pp.118-131.

BONGA (T), « De qui la société civile doit-elle être l'alliée en République Démocratique du Congo ? », *Congo-Afrique*, n°508, Octobre 2016, pp.746-757.

BUEYA (E), « L'Université en RD Congo : Le spectre du chômage ? », *Congo-Afrique*, n°507, Septembre 2016, pp.630-649.

DE DECKER (H), « La Déclaration universelle des droits de l'homme, quarante ans plus tard : Une mise en question africaine et une vision chrétienne », *Congo-Afrique*, n°236,1989, pp.269-287.

DE NOORDHOUT (F-M), « Violences sexuelles en République démocratique du Congo : ''Mais que fait la police ?'' Un état de non-droit à la recherche d'un système normatif. Le cas d'EUPOL RD Congo », *Revue interdisciplinaire d'études juridiques*, n°2, 2013, Vol.71, pp.213-241.

DJOLI ESENG'EKELI (J), « Le Mapping report et la justice transitionnelle en RD Congo », *Congo-Afrique*, n°516, 2017, pp.544-560.

DJOLI ESENG'EKELI (J), « Le souverain primaire face à la Cour constitutionnelle », *Congo-Afrique*, n°526, 2018, pp.504-520.

ILUNGA (S) et AA., « Les violences sexuelles en milieu urbain : Cas de la Ville de Lubumbashi, République Démocratique du Congo », *Santé Publique*, Vol.29, n°1, 2017, pp.125-131.

KABASELE LUSONSO (G), « Constitutionnalisation et internationalisation du droit judiciaire et du droit pénal congolais pour une meilleure garantie de protection des droits fondamentaux », *Les Analyses Juridiques*, n°23, pp.15-34.

KABASELE LUSONSO (G), « L'influence du modèle euro-américain de contrôle de constitutionnalité sur le régime congolais du contentieux constitutionnel », *Les Analyses juridiques*, n°38, Novembre 2017, pp.6-34.

KABASELE LUSONSO (G), « La Cour constitutionnelle et justice constitutionnelle en RDC », *Les Analyses juridiques*, n°29, Juillet 2014, pp.7-35.

KABASELE LUSONSO (G), « Les droits de la défense et le principe du contradictoire, garanties procédurales : Principes, pratiques et application jurisprudentielle », *Les Analyses juridiques*, n°36, 2016, pp.14-38.

KABESA KONDWEKE (P), « droits de l'homme et action gouvernementale en République Démocratique du Congo après l'indépendance », *in Quarante ans d'indépendance : mythes et réalités, Tome II : Questions sociales, Lubumbashi*, P.U.L., 2004, pp.287-299.

KABEYA VULUKA (V), « La sacralité de la vie mise à l'épreuve. Le code pénal congolais a vécu : Ne touchez pas à Caien », *in* YAV KATSHUNG (J), *Le Droit à l'épreuve du temps, Lubumbashi,* P.U.L., 2010, pp.156-168.

KAHOMBO (B), « La Cour suprême de justice faisant office de Cour constitutionnelle : Esquisse du bilan de près de cinq ans sous l'empire de la Constitution congolaise du 18 février 2006 », *in* HAMANN (H) et KUMBU (J-M), *Librairie africaine d'études juridiques*, Volume 6, pp.27-50.

KALALA (M-M), « Cinquante ans d'indépendance de la RD Congo : Que peut-on dire sur le rôle de la femme ? », *Congo-Afrique*, n°443, 2010, pp.167-179.

KALINDYE BYANJIRA (D), « De la suspension de l'exercice des droits politiques pour la consolidation des droits de l'homme : Respect ou violation de la Charte africaine de la démocratie, des élections et de la gouvernance. L'expérience du Burkina-Faso est-elle extrapolable en RD Congo ? », *Cahiers de l'IREA*, n°9, pp.121-192.

KANDE KATANKU (R), « Les droits humains en RDC : De la Déclaration à la mise en œuvre », *Revue de l'UKA : droits de l'homme et développement durable*, Vol.2, n°3, mai 2014, pp.43-51.

KANDOLO ON'UFUKU WA KANDOLO, (P-F), « Les réparations collectives pour violation des droits de l'homme et du droit humanitaire d'après la Cour pénale internationale : Analyse de la décision rendue dans l'affaire Procureur contre Thomas LUBANGA DYILO », *Les Analyses juridiques*, n°33, Décembre 2015, pp.5-33.

KANDOLO ON'UFUKU WA KANDOLO, « Pour une nouvelle constitutionnalisation des droits de l'homme : La République Démocratique du Congo toujours au rond-point », *Les Analyses Juridiques*, n°13-14, 2007-2008, pp.25-38.

KASHAMA TSHIKONDO (R), « Avec l'arrêt R.Const.0089 du 08 septembre 2015, la Cour constitutionnelle est mal partie », *Les Analyses Juridiques*, n°34, 2016, pp.7-19.

KATAMBU BULAMBO (A), « S'exprimer au Congo-Kinshasa », *Aspects, n° 1, 2008*, pp.57-82

KAZADI MPIANA (J), « La Cour pénale internationale et la République démocratique du Congo : 10 ans après. Étude de l'impact du *statut de Rome* dans le droit interne congolais »,

Revue québécoise de droit international, n°25, 2012, Vol.1, pp.57-90.
KEUDJEU DE KEUDJEU, « L'effectivité de la protection des droits fondamentaux en Afrique subsaharienne francophone », *Revue CAMES/SJP*, n°001/2017, pp.99-129.
KINGUDI MUNGUL (B), « La suspension de l'exécution des décisions judiciaires ordonnées par l'inspectorat général des services judiciaires : Déficit ou excès de pouvoir ? », *Les Analyses juridiques*, n°32, 2016, pp.21-31.
KUBOYA (T), et KALENDA (S), « De l'application du principe de légalité criminelle en droit pénal congolais : Cas de la peine d'amende », *in* KATSHUNG (Y), *Le droit à l'épreuve du temps,* Mélanges MBUYI TSHIMBADI, Lubumbashi, PUL, 2010, pp.189-217.
LUTUNDULA APALA (C), « Des engagements et devoirs de l'État en matière de protection des droits de l'homme », *Congo-Afrique*, n°328, Octobre 1998, pp.450-466.
LUYAMBA WA LEMBA (M), KABANGE KITENGE (A) et KATAMEA (V), « La justice au Congo : Rétrospective et perspectives d'avenir », *in Quarante ans d'indépendance : Mythes et réalités, Tome II : Questions sociales, Lubumbashi*, P.U.L., 2004, pp.301-307.
MANA (K), « La bonne gouvernance comme vecteur de la démocratie et du développement : Ce que l'expérience de la RD Congo apporte à l'Afrique », *Congo-Afrique*, n°524, Avril 2018, pp.307-317.
MANA (K), « La société civile en RD Congo », *Congo-Afrique*, n°521, Janvier 2018, pp.37-44.
MANGWAYA BUKUKU (C), « Les violations des droits syndicaux en République Démocratique du Congo », *Congo-Afrique*, n°385, Mai 2004, pp.261-284.
MINAMI BIHUZO (R), « République Démocratique du Congo : La démocratie à l'épreuve de la géopolitique et de la bonne gouvernance », *Congo-Afrique*, n°423, Mars 2008, pp.217-228.
MOKA MUBELO (W), « L'utopie de la justice restauratrice », *Congo-Afrique*, n°522, Février 2018, pp.114-131.

MOUFFLET (V), « Le paradigme du viol comme arme de guerre à l'Est de la République Démocratique du Congo », *Afrique contemporaine*, n°227, 2008, Vol.3, pp.119-133.

MPUNGA BIAYI (P), « Discriminations positives, parité et quotas : Libres propos sur l'arrêt R.Const.274 », *Congo-Afrique*, n°533, Mars 2019, pp.247-258.

MPUNGA BIAYI (P), « Le Conseil de sécurité des Nations Unies et les droits de l'homme », *Revue québécoise de droit international*, n°32, 2019, Vol.2, pp.173-201.

MUKONGO NGAY (Z), « Congo-Kinshasa : La paix à l'épreuve d'une justice bègue et balbutiante », *Les Analyses Juridiques*, n°21, 2011, pp.30-44.

MULUMA MUNANGA (A), « Corruption et pauvreté : Que faire pour la relance socio-économique en RD Congo ? » *Congo-Afrique*, n°430, Décembre 2008, pp.819-833.

NDAYWELLE (I), « Pour lutter contre le chômage des jeunes : Un service civique universitaire ? », *Congo-Afrique*, n°511, Janvier 2017, pp.46-57.

NGOMA BINDA (E), « Lutte contre l'impunité pour l'État de droit au-delà de la réconciliation », *Congo-Afrique*, n°399, Novembre 2005, pp.448-459.

OKITONEMBO WETSHONGUNDA, « La théorie des actes de gouvernement dans l'arrêt de la Cour Suprême de Justice RA 459 et Consorts du 26 septembre 2001 sur la révocation des 315 magistrats », *Les Analyses Juridiques*, n°5, 2005, pp.13-27.

POLLET-PANOUSSIS (D) « La Constitution congolaise de 2006 : Petite sœur africaine de la Constitution française », *Revue française de droit constitutionnel*, n°75, 2008, Vol.3, pp.451-498.

SETIBO BATUZOLELE (V), « Rape in the Eastern Congo: Attempting a healing process in a wounded society », *Congo-Afrique*, n°533, Mars 2019, pp.259-273.

TEKILA (J), « La liberté d'expression sur internet au carrefour des droits de l'homme et des peuples en Afrique centrale : Ce dont on ne parle pas », *Congo-Afrique*, n°514, Avril 2017, pp.330-340.

TSHINGOMBE MULUBAY (F), « La RDC face à la crise alimentaire mondiale », *Congo-Afrique*, n°429, Novembre 2008, pp.736-746.

TSHITAMBWE KAZADI (H), « Des violations récurrentes des Constitutions en République démocratique du Congo : Une mise en œuvre des thérapeutiques est nécessaire », *Les Analyses Juridiques*, n°28,2014, pp.5-35.

TUPA MELI (M), « L'impunité : Un défi à relever pour le renforcement de la répression en République démocratique du Congo », *Paroles de justice : Revue annuelle de doctrine*, 2005, pp.168-179.

WETSH'OKONDA (M), « La neutralisation du principe constitutionnel de la parité homme-femme dans la gestion de la chose publique en RD Congo », *Congo-Afrique*, n°523, Mars 2018, pp.214-224.

TABLE DES MATIÈRES

Structures éditoriales du groupe L'Harmattan

L'Harmattan Italie
Via degli Artisti, 15
10124 Torino
harmattan.italia@gmail.com

L'Harmattan Hongrie
Kossuth l. u. 14-16.
1053 Budapest
harmattan@harmattan.hu

L'Harmattan Sénégal
10 VDN en face Mermoz
BP 45034 Dakar-Fann
senharmattan@gmail.com

L'Harmattan Cameroun
TSINGA/FECAFOOT
BP 11486 Yaoundé
inkoukam@gmail.com

L'Harmattan Burkina Faso
Achille Somé – tengnule@hotmail.fr

L'Harmattan Guinée
Almamya, rue KA 028 OKB Agency
BP 3470 Conakry
harmattanguinee@yahoo.fr

L'Harmattan RDC
185, avenue Nyangwe
Commune de Lingwala – Kinshasa
matangilamusadila@yahoo.fr

L'Harmattan Congo
67, boulevard Denis-Sassou-N'Guesso
BP 2874 Brazzaville
harmattan.congo@yahoo.fr

L'Harmattan Mali
ACI 2000 - Immeuble Mgr Jean Marie Cisse
Bureau 10
BP 145 Bamako-Mali
mali@harmattan.fr

L'Harmattan Togo
Djidjole – Lomé
Maison Amela
face EPP BATOME
ddamela@aol.com

L'Harmattan Côte d'Ivoire
Résidence Karl – Cité des Arts
Abidjan-Cocody
03 BP 1588 Abidjan
espace_harmattan.ci@hotmail.fr

Nos librairies en France

Librairie internationale
16, rue des Écoles
75005 Paris
librairie.internationale@harmattan.fr
01 40 46 79 11
www.librairieharmattan.com

Librairie des savoirs
21, rue des Écoles
75005 Paris
librairie.sh@harmattan.fr
01 46 34 13 71
www.librairieharmattansh.com

Librairie Le Lucernaire
53, rue Notre-Dame-des-Champs
75006 Paris
librairie@lucernaire.fr
01 42 22 67 13

www.ingramcontent.com/pod-product-compliance
Lightning Source LLC
LaVergne TN
LVHW011300061026
849535LV00005B/1332
* 9 7 8 2 3 4 3 2 2 8 4 3 3 *